KB140121

부동산투자회사제도의
법적 구조와 세제

박 훈

景仁文化社

머 리 말

요즘 같은 저금리 시대에는 예전처럼 저축만 많이 하는 것이 자산을 불리는 최선의 방법이라 하기 어렵게 되었습니다. 따라서 사람들은 무엇인가 자산을 불리는 다양한 방법을 찾게 되었습니다. 퇴직은 빨라지고 퇴직이후 생활은 평균수명이 늘어나 길어져 단순히 자산을 더 불려 여유로운 삶을 살겠다는 차원에서 뿐만 아니라 노후생활을 대비하기 위해서 보다 적극적으로 수익이 높은 투자처를 찾게 됩니다. 이러한 투자처를 찾을 때 본인이 직접 투자를 하는 경우도 있지만 전문가에게 돈을 맡기고 전문가가 투자를 하는 간접투자를 이용하게 됩니다.

부동산이 높은 수익률을 가져오면서 부동산 간접투자가 많은 관심을 끌게 되었습니다. 부동산 투자가 복덕방 수준에서의 투기가 아닌 기업화되고 좀 더 사회에 긍정적인 모습으로 나타나고 있습니다. 부동산에 투자하는 것을 무조건 투기로 보아 부정적으로만 볼 것은 아닙니다. 이러한 부동산투자는 금융과 연계하여 보다 복잡해지고 그 만큼 이해하기 어려워지고 있습니다.

2003년 2월 저자가 리츠로 박사학위논문을 내 놓을 당시만해도 이 논문을 통해 미국에서 이미 1960년대부터 제도화되기 시작한 부동산 간접투자방법이 우리나라 부동산투자회사법 제정시 어떠한 모습으로 제도화되었고 세제상 어떠한 혜택이 주어지는 지를 나름대로 잘 정리했다고 생각했습니다. 그런데 그 이후 간접투자자산운용업법의 제정 및 개정, 속칭 자본시장통합법의 도입예정, 부동산 간접투자에 대한 세제의 변화로 박사학위논문의 내용이 현실성이 떨어져 어느 정도 손을 보지 않으면 안 되었습니다. 그 과정에서 서울대 법학연구소와 약속한 날짜가 훌쩍 1년 이상이 넘게 되었습니다.

박사학위논문 발표이후 주요한 개정에 대해서는 학회의 발표논문을 통해 계속 공부를 하기는 했지만 박사논문에서 만큼 완결성을 갖도록 전체 내용을 다 고치기가 제한된 시간 내에는 어렵다는 결론을 내렸습니다. 따라서 2003년 2월 이전의 부동산투자회사의 제도의 모습은 그대로 두고 그 이후 2006년 12월 현재까지의 주요 개정내용은 관련된 부분에서 부분부분마다 설명하기로 하였습니다. 어찌하든 이 책이 나온 이후에도 부동산 간접투자에 관한 법제도와 세제는 계속 바뀔 것입니다. 독자 여러분들께서 이 책에서 현행제도의 내용을 볼 수도 있겠지만 그 보다는 2003년 전후한 부동산투자회사제도의 변천모습과 그 과정에서의 이론적 배경에 관심을 가져주었으면 합니다.

이 책이 나오기 까지 인내를 갖고 끝까지 기다려주신 서울대학교 법학연구소의 정인섭 소장님, 이 책의 기틀이 된 박사논문을 지도해 주신 이창희 교수님, 그리고 예쁘게 책을 만들어주신 경인문화사의 편집부 여러분들께 감사드립니다. 그리고 곁에서 항상 함께 해준 사랑하는 아내 진영과 딸 가현, 그리고 항상 격려와 사랑을 주시는 양가 부모님에게도 감사드립니다. 더욱 열심히 노력하는 학자가 되고 그 이전에 신앙인으로 바로 설 수 있도록 더욱 기도하고자 합니다. 독자 여러분들께도 하나님의 은총과 사랑이 함께 하기를 기원합니다.

2007년 2월 5일

박 훈 씀

〈차 례〉

제1장 들어가며

오늘날 투자의 형태는 투자자가 직접 투자대상에 투자하는 것이 아니라 전문적인 투자관리자에게 재산운용을 위탁하여 그 투자관리자가 투자대상에 직접적으로 투자를 하고 그 수익을 투자자가 분배받는 투자형태가 중요시되고 있다. 이러한 간접투자의 투자대상은 주식, 채권, 예금과 같은 금융자산과 부동산, 기계, 장비와 같은 실물자산 등 다양하다. 더 나아가 부동산 증권화로 실물자산과 금융자산의 경계가 허물어지면서 다양한 금융상품이 나오고 있다. 집합재산과 투자관리자의 재산을 법적으로 분리하는 법적 형식도 신탁, 회사, 조합 등 다양하다.

투자대상은 증권이고 집합재산과 투자관리자의 재산을 신탁으로 분리한 증권투자신탁 즉 신탁형 증권 간접투자는 일찍이 1970년부터 이용되었고 1998년에 증권투자회사와 부동산투자신탁이, 2001년 7월에 회사형 부동산 간접투자인 부동산투자회사가 도입되었다. 이러한 도입순서에서 볼 수 있듯이 증권 간접투자가 부동산 간접투자보다는 훨씬 먼저 간접투자의 유형으로 많이 알려져 있었고 연구성과도 많이 축적되어 있다. 간접투자라고 하면 흔히 증권 간접투자라고 말하고 부동산에 투자하는 경우에는 간접투자 앞에 부동산이라는 말을 붙여야 하는 것에서도 증권 간접투자와 부동산 간접투자에 대한 인식의 차이를 알 수 있다.

부동산투자신탁과 부동산투자회사로 대표되는 부동산 간접투자는 1997년 IMF 관리체제로 부동산 경기가 하락하면서 그제서야 본격적으로 도입이 논의되었다. 그 시점을 전후하여 그 제도적 도입을 놓고서 여러

연구보고서와 논문들이 나왔고 그러한 성과를 반영하여 신탁업법시행령과 부동산투자회사법이 재개정 되었다. 그러나 부동산 간접투자에 대한 연구는 증권 간접투자에 관한 연구와 비교해 볼 때 연구성과가 많지 않다.

이 책에서는 부동산 간접투자의 법적 구조와 과세에 대해 현행법 및 이의 모델이 된 미국과 일본의 입법례의 검토를 통해 부동산 경기침체나 부동산 경기과열이라는 사회·경제적 현상과는 별개로 부동산 간접투자의 법적 구조와 세제에서 나타나는 문제점과 그 개선방안을 중심으로 살펴보고자 한다. 이 책에서 가장 중점적으로 다루고자 하는 간접투자는 회사형 부동산 간접투자이다.

그런데 회사형 부동산 간접투자도 간접투자의 하나라는 점에서 간접투자의 법적구조와 과세에 대한 이론적 검토가 밑바탕을 이룰 필요가 있다. 따라서 이 책은 부동산과 증권을 망라한 간접투자의 일반적 법적 구조와 과세에서 시작한다. 뒤이어 부동산에 투자한다는 특수성으로 인하여 법적 구조와 과세상 다른 간접투자와 어떤 차이가 나는지, 특히 증권 간접투자와는 어떤 점에서 다른지를 살펴본다. 2003.10.4 간접투자자산운용업법 제정으로 위 법에 의한 투자신탁형 부동산간접투자기구가 허용되고, 2004.10.15 간접투자자산운용업법 개정으로 투자회사형 부동산간접투자기구가 허용되면서 간접투자자산운용업법상 부동산간접투자기구와 부동산투자회사의 관계가 새로운 문제가 되고 있는데, 이에 대해서도 살펴본다.

부동산투자회사는 부동산 간접투자로서 미국의 REIT(Real Estate Investment Trust)와 이의 영향을 받은 일본의 J-REIT, 싱가포르의 S-REIT와 유사하며, 이외에도 상장된 부동산펀드인 영국의 Property Funds, 호주의 Listed Property Trust와도 유사한 면을 갖는다. 그러나 이 논문에서는 외국의 입법례와 관련해서는 우리나라 부동산투자회사제도의 주요한 모델이 된 미국의 REIT와 일본의 J-REIT에 국한하여 살펴본다. 미국의 REIT는 이미 1960년에 미 연방세법상 도입되었고, 일본의 J-REIT는 우리나라 부동산투자회사법이 제정되기 1년여 전에 도입되었다는 점에서 우리나라 부동산투자회사제도 연구에 시사하는 바가 크기 때문이다. 부동산 간접투자에 대해서는 투자론의 입장에서 체계적인 투자관리과정이라는 관점에서 접근할 수도 있지만 이 책에서는 법령에서 나타난 부동산 간접투자의 법적 구조와 과세의 내용과 문제점을 중심으로 살펴본다.

제2장에서는 부동산 간접투자의 법적 구조와 과세에 관한 구체적이고 개별적인 내용 및 문제점에 대해 논하기에 앞서 부동산 간접투자의 일반론에 대해 살펴본다. 제1절, 제2절에서는 간접투자의 전반에 대한 법적 구조와 과세에 대해 신탁형과 회사형으로 나누어 살펴본 후, 제3절에서는 부동산 간접투자는 투자대상이 부동산이라는 점에서 다른 간접투자와 법적 구조와 과세에 있어 어떠한 차이가 있는지 검토한다. 이어서 부동산투자회사법 제정 당시 다른 투자수단이 부동산 간접투자를 하는데 어떠한 제한이 있었는지 그리고 부동산투자회사법은 어떻게 제정되었는지에 대해 살펴본 후 이 법에 따른 부동산투자회사의 현황에 대해 알아본다.

제3장에서는 회사형을 중심으로 부동산 간접투자의 법적 구조와 그 문제점을 살펴본다. 신탁형인 부동산투자신탁이 우리나라에서는 그 자산의 운용을 부동산 관련 유동화증권의 매입과 토지매입을 위한 대출을 중심으로 하여 투자자산을 부동산 매입하는데 운용하는 부동산 간접투자로서는 그 기능을 충분히 하고 있지 않기 때문이다. 나라별로는 미국(제1절), 일본(제2절), 우리나라(제3절)의 순으로, 내용전개는 투자수단 자체, 투자자, 투자대상, 외부기관, 감독기구 순으로 한다.

제4장에서는 부동산 간접투자의 과세와 그 문제점을 살펴본다.[1] 제1절에서는 제4장의 전체적인 논의의 흐름을 보여주고, 제2절과 제3절에

---

1) 이 책은 2006년 12월 세법 개정이전의 과세문제를 다루고 있다. 2006년 12월 세법 개정사항을 포함한 부동산간접투자의 과세문제에 대해서는, 박훈, "부동산간접투자에 따른 과세문제", BFL 제21호, 서울대학교 금융법센터, 2007.1, 55~67쪽 참조.

서는 부동산 간접투자에 대한 소득과세를 신탁형과 회사형으로 나누어 미국, 일본, 우리나라의 순으로 살펴본다. 제4절에서는 부동산 유통에 관한 세금의 감면의 타당성을 검토한다.

제5장은 이 글의 결론으로 제3장부터 제4장까지 지적되었던 부동산 간접투자의 법적 구조와 과세에 관한 주요 논의와 개선점을 정리한다.

제2장 부동산 간접투자에 관한 일반이론

제1절 개 설

투자란 확실한 현재의 소비를 희생하여 이에 대한 보상으로 불확실한 미래의 이득을 바라는 행위를 말한다.[1] 이러한 투자는 투자자가 투자대상에 직접적으로 투자를 하는가 아니면 누군가를 매개로 하여 투자를 하는가에 따라 직접투자와 간접투자로 나눌 수 있다.

간접투자란 직접투자와는 달리 전문적인 투자관리자에게 재산운용을 위탁하여 그 투자관리자가 투자대상에 직접적으로 투자를 하여 그 수익을 투자자에게 분배하는 투자를 말한다. 이러한 간접투자 가운데에는 사모투신과 같이 주로 소수의 거액투자자의 자금을 운용하는 경우도 있지만, 이 논문에서는 불특정다수의 투자자들이 제공한 자금을 집합하여 투자펀드를 조성하고, 이를 전문적인 투자관리자가 관리·운용하고 그 수익을 투자자에게 분배하는 집합투자[2]를 중심으로 살펴보고자 한다.

---

1) 박정식·박종원, 『현대투자론』, 2002.7, 24쪽.
2) 이 논문에서 다루는 간접투자는 주로 집합투자의 경우라는 점에서 특별한 경우를 제외하고는 간접투자와 집합투자를 동일한 개념으로 사용한다.

〈그림 1〉 직접투자와 간접투자의 기본구조

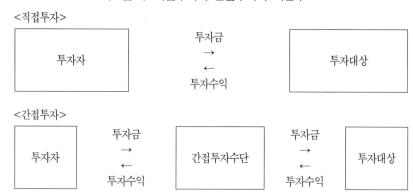

간접투자 즉 집합투자는 전문적인 투자관리자의 도움을 받을 수 있게한다. 소액투자자는 통상적으로 정보수집의 범위가 좁고 기관투자자에비해 정보분석능력이 떨어져 정보의 질이 떨어진다. 이러한 문제점을 해결하기 위하여 소액투자자는 개별적으로 투자전문가의 도움을 받을 수있지만 용역의 대가로 지급되는 비용 때문에 이러한 도움을 받기도 쉽지 않다. 그러나 집합투자를 통해 투자자 개인별로는 그다지 크지 않은비용으로 투자전문가의 도움을 받을 수 있게 된다.

또 다른 간접투자의 장점으로 간접투자는 분산투자를 가능케 한다.포트폴리오이론3)에 의하면 투자자는 적절한 분산투자를 통하여 투자위험을 최소화할 수 있지만 개인이 소규모자금으로 직접 투자하는 경우에

---

3) 포트폴리오이론이란 위험자산만이 존재하는 경우 최적선택과정을 설명하는 이론을 말한다. 포트폴리오이론은 1952년 마코위치(H. Markowitz)에 의해제시된 이후 현대투자론의 근간을 이루고 있다. 여기서 포트폴리오란 광의로는 주식·채권·부동산·골동품 등의 여러 자산이 결합된 자산군을 말하고, 협의로는 증권시장에서 거래되는 주식과 채권 등의 금융자산의 집단을말한다. 박정식·박종원, 위의 책, 153쪽 참조 ; 전통적으로는 주식·채권·국채로서 구성되던 포트폴리오에 부동산을 포함시킨 것은 최근의 일이며,부동산은 포트폴리오의 효율성을 높인 것으로 평가받고 있다. William B. Brueggeman & Jeffrey D. Fisher, Real Estate Finance & Investment(11 ed. 2001), 607.

는 자금규모가 작기 때문에 분산투자를 위한 포트폴리오 구성이 쉽지 않다. 그러나 소액투자자라도 간접투자를 이용하는 경우에는 자산관리자가 다양한 증권으로 포트폴리오를 구성함으로써 투자위험을 최소화할 수 있게 된다.

간접투자는 이외에도 투자 및 투자자금 회수가 간편하고, 다양한 투자기회를 제공한다는 장점을 갖고 있다. 간접투자는 사회 전체적으로 본 기업지배구조와 관련하여, 수많은 소액투자자와 기업 사이에 소액투자자(주주)의 이익을 대변하는 매체인 펀드를 개입시켜 경영진이 주주이익을 침해하는 결정을 하는 경우 이를 통제할 수 있게 한다는 점에서는 기업지배의 개선효과를 가져올 수 있는 면도 있다. 다만 실제 그 효과에 대해서는 논란이 있다.4) 오히려 근시안적 경영의 강요라는 부작용을 가져올 수 있다는 지적도 있다.5)

간접투자는 이처럼 전문적인 투자관리자의 지원 가능, 분산투자의 가능, 투자 및 투자자금 회수의 편리, 다양한 투자기회의 제공, 기업지배구조 개선 등의 장점을 가지지만, 소유와 경영이 분리된 회사에서 생기는 경영자와 주주 사이의 이른바 대리인문제(agency problems)는 피할 수 없다.6) 간접투자의 경우에도 자금제공자와 투자관리자가 분리되기 때문에 이러한 대리인문제가 마찬가지로 발생하게 된다. 간접투자의 경우 주도

---

4) 김건식, 『증권거래법』(보정 제2판), 2002, 394~395쪽 ; 소액투자자들로 구성된 펀드의 운용을 담당하는 기관투자자의 경우 ⅰ) 감독으로부터의 이익이 감독비용보다 크다는 점, ⅱ) 개인보다 전문성이 있고 정보접근이 용이하여 감독비용이 낮은 점, ⅲ) 개인의 경우보다 더 많은 영향력을 행사하여 감독이 보다 효과적이라는 점 등 때문에 주주의 수동성(주주가 회사경영에 무관심하여 경영진을 제대로 감독하지 못하는 속성)을 극복하고 적극적으로 회사를 감독하게 된다. 이제원, '기관투자자의 의결권행사에 관한 법적 검토', 상장협 제41호, 2000.3, 4~5쪽 참조.

5) 이제원, 위의 글, 14쪽.

6) 채권자와 주주 내지 경영진 사이의 대리인문제에 대해서는 윤영신, "사채권자보호에 관한 연구―주주와 사채권자의 이익충돌을 중심으로―," 서울대학교 법학박사학위논문, 1997.2, 9~16쪽 참조.

적 역할을 수행하는 것은 자금제공자인 투자자가 아니라 전문가인 투자
관리자이다. 따라서 자금제공자와 투자관리자 사이의 이익상충을 최소
화할 수 있는 제도적 장치가 요구되고 이러한 대리인문제는 운용단계에
서 뿐만 아니라 판매단계에서도 나타난다.

간접투자는 대리인문제가 있지만 전문적인 투자관리자의 지원, 분산
투자 등의 장점 때문에 오늘날 중요한 투자방법으로 등장한 것이다. 이러
한 간접투자는 투자대상이 무엇이냐에 상관없이 성립할 수 있다. 유가증권
뿐만 아니라 부동산, 상품, 파생상품 등도 그 투자대상이 될 수 있다.[7]

그중 주된 투자대상이 유가증권인 간접투자 또는 집합투자수단[8]을
증권 간접투자라 한다. 우리나라의 경우 증권투자회사법에 의한 증권투
자회사와 증권투자신탁업에 의한 증권투자신탁이 여기에 해당한다. 주
된 투자대상이 부동산인 간접투자를 부동산 간접투자라 한다. 우리나라
의 경우 부동산투자회사법에 의한 부동산투자회사, 기업구조조정 부동
산투자회사와 신탁업법에 의한 부동산투자신탁이 여기에 해당한다.[9]

부동산 간접투자의 경우 주된 투자대상이 부동산이라는 점에서 투
자대상에서 부동산이 차지하는 비율이 일정비율을 넘는 경우에는 반

---

7) 김건식, 위의 책, 395쪽.

8) '집합투자수단(collective investment scheme)'이라는 용어는 문헌에 따라 '집단
   적 투자수단'(김건식, 위의 책, 394쪽), '집단적 투자계획'(이중기, '투자신탁
   펀드의 지배구조에 관한 비교법적 연구', 증권법연구 제2권 제2호(2001), 67
   쪽), '집합투자기구'(박삼철, 『투자신탁해설』, 2001.9, 39쪽), '집합투자조직'
   (김정수, 『현대 증권법원론』, 2002.12, 299쪽) 등으로 표현되기도 한다. 2003.10.4
   제정된 간접투자자산운용업법에서는 '간접투자기구'라는 용어를 사용하고
   있다.

9) 부동산 간접투자에는 이외에도 ABS, MBS 등이 있다. 그러나 ABS, MBS 등의
   경우에는 자산보유자가 보유하는 부동산 및 부동산관련채권이 있고 이를
   소액화 하여 투자자를 모은다. 이와 달리 부동산투자신탁과 부동산투자회
   사는 투자자로부터 자금을 모아 그 모아진 자금으로 부동산에 투자하는 방
   법이라는 점에서 차이를 보인다. 이 책에서 부동산 간접투자라고 하면 부동
   산투자신탁과 부동산투자회사, 특히 후자를 중심으로 살펴본다.

드시 투자대상이 부동산에 국한되는 것이 아니고 유가증권 및 기타자산도 가능하다. 투자대상이 부동산이라고 하여 부동산의 소유권을 취득하는 방법으로만 투자하는 것은 아니고 대출을 해주고 담보권을 설정하는 방법이나 ABS, MBS 등 부동산을 유동화 하는 증권을 취득하는 방법도 가능하다. 그러나 이 논문에서는 부동산의 소유권을 취득하는 방법으로서 투자하는 부동산 간접투자를 중심으로 살펴본다. 부동산 간접투자의 경우 부동산을 유동화 하는 증권을 투자대상으로 하면서 유가증권을 주된 투자대상으로 하는 증권 간접투자와의 구별이 모호해지는 경향이 있다.[10]

---

10) 中央靑山監査法人 編,『不動産投信の實務』, 2001.7, 22頁.

제2절 간접투자의 법적 구조

간접투자가 성립하기 위해서는 투자자들의 투자와 전문적인 투자관리자가 필요하다. 투자관리자는 투자자들이 제공한 자금을 집합하여 관리한다. 그 과정에서 투자자의 집합재산과 투자관리자의 재산이 혼합될 가능성이 있다. 투자자의 집합재산과 투자관리자의 재산이 혼합되면 집합재산이 줄어들거나 투자관리자의 도산시에 투자관리자의 채권자들이 집합재산에 대해 권리행사를 할 우려가 높다. 이 때문에 간접투자는 투자관리자의 집합재산과 투자관리자의 재산을 법적으로 분리해 둘 필요가 있다.[1] 재산의 분리를 위해서는 다양한 법적 형식이 활용될 수 있는데, 대표적인 형태가 신탁과 회사이다.

〈그림 2〉 신탁형과 회사형의 기본구조

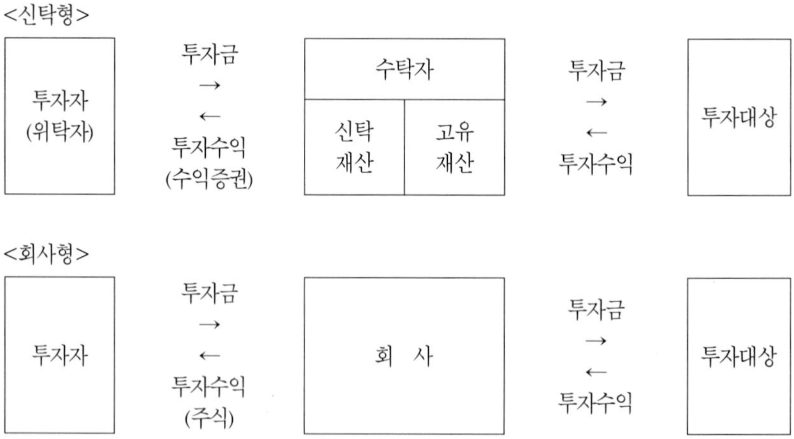

---

1) 김건식, 위의 책, 395~396쪽.

신탁형에서는 어떤 사람(위탁자)이 다른 사람(수탁자)에게 일정한 재산(신탁재산)의 소유권을 넘기고 수탁자는 위탁자 본인 또는 기타 제3자(수익자)를 위해 그 신탁재산을 관리 또는 처분한다.[2] 회사형은 회사의 출자자(신탁형에서의 위탁자)가 출자재산(신탁재산)을 회사에게 귀속시키고, 임원 또는 이사(수탁자)가 이를 사업(관리, 처분)을 함에 있어서 그 수익을 주주(수익자)에게 분배한다는 점에서 신탁형과 유사한 면을 갖는다.[3]

그러나 회사형에서는 투자자가 맡긴 재산들이 독립적 단위가 되어 이를 관리하는 자(임원 또는 이사)의 개인재산과 섞이지 않는 반면, 신탁형에서는 재산이 수탁자의 재산이 된다는 점에서 회사형과 신탁형은 차이를 보인다. 신탁형에서 수탁자는 신탁계약에 따라 재산을 관리할 의무를 지지만 재산 자체는 일단 수탁자의 재산이 되기 때문에 수탁자의 고유재산과 신탁재산의 구별문제가 생긴다. 법에서는 수탁자에게 구분관리의무를 지우고, 신탁 받은 재산이 금전인 경우에는 구분계산의무를 지우고 있다(신탁법 30조, 신탁업법 12조).

회사형은 주식회사를 설립하는데 따른 부대비용, 주주총회 등 기관운영에 따른 비용, 임원 보수 등으로 비용면에서 신탁형보다 불리한 면이 있다.[4] 그러나 신탁형은 투자자가 신탁상의 수익자의 지위를 갖는데 반하여, 회사형은 투자자가 주주로서의 지위를 갖기 때문에 주주총회를 통해 경영에 관여함으로써 자기의 이익을 보호하고, 이사의 충실의무와 선관의무를 매개로 운용자의 부당한 운용행위를 견제할 수 있다는 조직법상의 장점을 갖는다.[5]

---

2) 우리나라의 경우 민법에서는 신탁이라는 정형계약은 없고 신탁법 제1조에서 신탁에 대해 정의규정을 두고 있다.

3) 이재욱·이상호, 『신탁법 해설』, 2000.1, 21쪽.

4) 현대증권주식회사편, 『투자신탁의 이론과 실무』(전면개정판), 2002.6, 463~464쪽.

5) 단순한 투자자에 불과한 주주의 주주총회 참석을 기대하기 어렵고 독립적이고 전문적인 감독이사의 선임이 쉽지 않다는 점을 들어 회사형의 경우도

우리나라의 경우 2003.10.4 간접투자자산운용업법 제정 이전에는 투자대상 자산과 투자수단의 유형에 따라 신탁형은 증권투자신탁(증권투자신탁업법), 부동산투자신탁(신탁업법), 회사형은 증권투자회사(증권투자회사법), 부동산투자회사(부동산투자회사법) 등이 있었다. 이러한 간접투자의 유형을 표로 정리하면 다음과 같다.

〈표 1〉 우리나라 간접투자의 대표적인 유형
: 간접투자자산운용업법 제정 이전

법적형식 주된 투자대상	신탁형	회사형
유가증권	증권투자신탁	증권투자회사
(근거법령)	(증권투자신탁업법)	(증권투자회사법)
부동산	부동산투자신탁	부동산투자회사
(근거법령)	(신탁업법)	(부동산투자회사법)

그런데 신탁형 상품을 대상으로 하는 증권투자신탁업법과 회사형 상품을 대상으로 하는 증권투자회사법을 각각 별도로 제정·운용하는 입법방식은 투자자보호에 문제가 있다. 양 법률이 간접투자와 관련된 기관 및 상품에 대한 규제라는 동일한 기능을 수행하고 있음에도 불구하고 각 금융기관별·상품별로 별도의 법률이 규제하는 경우 대리인 문제를 규정함에 있어 위 양 법률 간에 다소 차이가 있을 경우 투자자보호를 어떻게 할지가 문제되는 것이다. 이러한 문제의식 하에서 간접투자자산운용업법이 제정되었다. 이 법에서는 종전 증권투자신탁업법과 증권투자회사법을 통합하면서 증권투자신탁 및 증권투자회사의 고유구조는 유지하되 중복되는 영역은 통합하여 재구성하고 있다. 투자대상에 따른 구별은 따로 두지 않고 법적 형식에 따라 투자신탁과 투자회사로 나누어 규정하고 있다.

이하에서는 간접투자를 그 법적 형식에 따라 신탁형과 회사형으로 나

투자자보호에 한계가 있다는 견해가 있다. 박삼철, 위의 책, 117쪽.

누고, 각각의 경우 그 구조를 유형별로 나누어 본 후 여러 간접투자 중 주된 투자대상이 유가증권인 증권 간접투자를 중심으로 그 의의와 도입 배경 및 기본구조를 살펴본다. 간접투자자산운용업법 제정 이전의 증권 간접투자를 중심으로 살펴본다.6)

Ⅰ. 신탁형

1. 신탁형의 구분

1) 외부관리형과 내부관리형

신탁형 간접투자는 자산관리 및 운용기능의 소재에 따라 외부관리형 과 내부관리형으로 세분화 할 수 있다.

〈그림 3〉 신탁형 : 외부관리형과 내부관리형의 기본구조

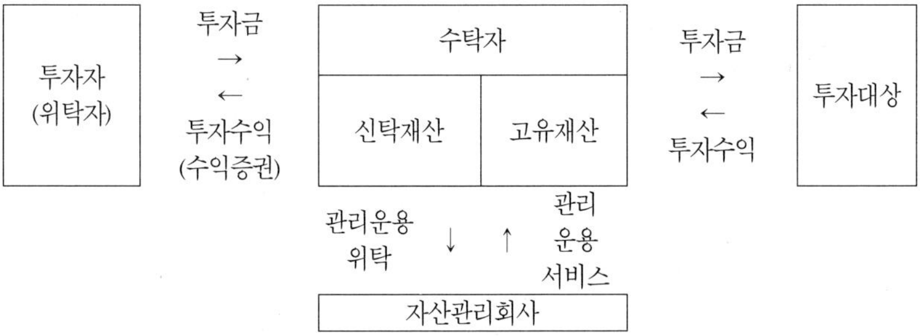

6) 현행 간접투자자산운용업법상 자산운용회사에 대해서는 법령제정 실무작 업반, 『간접투자(펀드) 해설』(개정판), 박영사, 2006.6, 85~126쪽 참조.

<내부관리형>

외부관리형은 수탁자가 자산운용 및 관리의 주체로서 전문적인 자산
관리회사를 100% 출자방식으로 설립하거나 계약을 통하여 관리를 위탁
하게 된다. 자산운용 전문인력이 조직의 외부에 있어 추가적인 관리 및
감독이 요구된다. 자산관리회사에 대한 철저한 관리와 감독을 통해 도덕
적 해이 및 투기적 단기거래의 방지를 할 수 있게 되고 결국 투자자의
권익을 보호하게 된다. 자산관리회사의 공신력을 위해서 일반적으로 자
산관리회사의 최저자본금 규모에 대한 조건과 자산운용 및 관리인력의
자격에 대한 조건이 특별히 요구된다. 자산보관은 자산보관회사에, 일반
사무는 사무수탁회사에 위탁할 수 있다.

내부관리형은 자산 관리 및 운용기능이 수탁자 내부에 있다. 외부관
리형과 비교하여 책임의 소재가 수탁자에게 명확하다는 장점이 있다. 그
러나 신탁형이라는 점에서 내부관리형도 투자자가 자산운용 및 관리절
차에 대하여 투자자가 직접적으로 통제할 수 없다는 문제는 여전히 존
재한다. 신탁재산과 고유재산의 엄격한 분리와 함께 자산운용 및 관리과
정에서의 투명성 확보가 필요하다.

2) 委託者指導型[7])과 委託者非指導型

신탁형 간접투자는 수탁자가 신탁재산을 위탁자의 지도에 따라 운용

---

7) 일본에서는 위탁자지도형의 '지도'의 한자로 '指圖'를 사용하나, 이 때의 지
도는 위탁자의 지시를 의미하므로 여기에서는 '어떤 목적이나 방향으로 가
르쳐 이끌어 가는 것'이라는 의미의 '指導'라는 한자로 표기한다.

하는지 여부에 따라 위탁자지도형과 위탁자비지도형으로 세분화할 수 있다.

〈그림 4〉 위탁자지도형과 위탁자비지도형의 기본구조

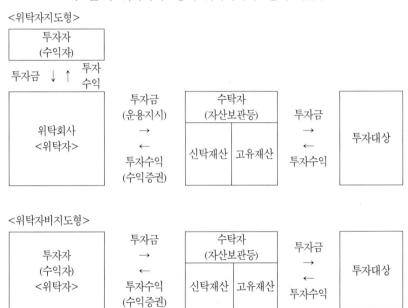

위탁자지도형은 수탁자가 신탁재산을 위탁자의 지도에 따라 특정자산에 대한 투자로 운용할 것을 목적으로 하는 신탁을 말한다.8) 우리나라 종전 증권투자신탁업법상의 증권투자신탁(증권투자신탁업법 24조)과 일본의 투자신탁법상의 증권투자신탁9)은 위탁자지도형만 인정된다. 위탁자지도형에는 수익자인 투자자, 위탁자인 위탁회사, 수탁자인 수탁회사가 주요 당사자로 등장한다.

---

8) 위탁자지도형과 위탁자비지도형에 대해서는 일본 투자신탁법 2조 1항, 2항에서 개념규정을 하고 있다.
9) 일본 투자신탁법 2조 4항.

이에 반해 위탁자비지도형은 수탁자가 신탁재산을 위탁자의 지도에 따르지 않고 특정자산에 대한 투자로 운용할 것을 목적으로 하는 신탁을 말한다. 위탁자비지도형은 투자자 1인이 위탁자로서 수탁자와 신탁계약을 체결한다. 신탁계약이 투자자의 수만큼 존재하지만 그 계약은 1개의 신탁약관에 따라 체결되기 때문에 신탁계약의 내용은 모두 동일하다.

위탁자지도형에서는 신탁의 구조설계와 자금운영을 위탁회사가 하고, 위탁자비지도형에서는 수탁자(위탁자지도형의 수탁회사에 해당)가 한다는 점에서 차이를 보인다.

이하에서는 우리나라 간접투자자산운용업법 도입 이전 증권투자신탁업상 증권투자신탁을 중심으로 살펴본다.

2. (증권)투자신탁

1) 의 의

증권투자신탁이란 주된 투자대상이 유가증권인 간접투자를 말한다. 증권투자신탁업법상 증권투자신탁이란 투자자로부터 유가증권 등의 투자에 운용할 목적으로 자금 등을 수입하는 위탁자가 그 자금 등(신탁재산)을 수탁자로 하여금 당해 위탁자의 지시에 따라 특정 유가증권 등에 대하여 투자운용하고 그에 따른 수익권을 분할하여 당해 투자자에게 취득시키는 것을 말한다(증권투자신탁업법 2조 1항).

증권투자신탁업법에서 규율하는 투자신탁에는 이러한 증권투자신탁 이외에도 유가증권 등에 관하여 그 종류에 따라 다수종목의 가격수준을 종합적으로 표시하는 지수의 변화에 연동하여 운영되는 상장지수투자신탁(증권투자신탁업법 2조 2항), 투자신탁재산의 상당부분을 다른 투자신탁회사의 펀드나 증권투자회사에 투자하는 간접투자신탁(증권투자신탁업법 2조 3항), 모자펀드 방식에 의한 모펀드와 같이 증권투자신탁으로 보는 신탁(증권투자신탁업법 3조) 등이 있다.

증권투자신탁은 투자자에게 환매권이 인정되는지 여부에 따라 환매권이 인정되는 개방형과 환매권이 인정되지 않는 폐쇄형으로 나눌 수 있다. 투자자는 환매권을 행사하여 투자금을 회수할 수 있고(증권투자신탁업법 7조), 환매권이 인정되지 않는 경우에는 유통시장에서 투자지분을 매도할 수 있도록 수익증권을 상장하여야 한다(증권투자신탁업법 8조). 수익증권을 환매하는 경우 환매가격의 산정방법이나 결정방법은 현재의 수익자와 잠재적 수익자에게 중대한 영향을 미치는 사항이어서 위탁회사의 임의에 맡기지 않고 법령에서 이를 구체적으로 정하고 있다(증권투자신탁업법 7조 6항, 29조 1항).

2) 도입배경

증권 간접투자는 19세기 후반 영국에서 산업혁명 이후 축적된 잉여자본을 유럽대륙 및 신대륙에 투자하기 위한 목적으로 등장하였다. 해외투자에는 커다란 위험이 수반되는데 자금의 결합, 전문가에 의한 자산의 관리운용, 분산투자의 세 가지를 기본요소로 하는 증권 간접투자로 그러한 위험을 피하고자 한 것이다. 세계 최초의 증권투자신탁으로서는 1868년 영국의 Foreign and Colonial Government Trust가 설립되었다. 그 이후 증권 간접투자는 증권시장의 발전과 함께 큰 발전을 이룩하였고 오늘날에는 급속한 증권시장 규모의 팽창, 국제적 증권투자의 증가, 투자상품의 다양화, 리스크관리의 중요성 증대 등으로 전 세계 여러 나라에서 중요한 투자수단으로 인정받고 있다.[10]

우리나라의 경우 국민경제의 고도성장을 지속하기 위한 효율적인 국내자본동원기구로서 자본시장 육성을 위해 1968년 11월 22일 '자본시장

---

10) 영국, 미국, 프랑스, 일본에 있어서 집합증권투자수단의 생성 및 발전에 대해서는 현대증권주식회사 편, 위의 책, 13~21쪽 참조.

육성에관한법률'이 제정되었고 동법을 근거로 1968년 12월 16일 자본시장을 선도해 나갈 중추기관으로 한국투자개발공사가 설립되었다. 이러한 한국투자개발공사의 업무의 하나로 증권투자신탁업무가 포함되어 증권투자신탁이 우리나라에 처음 도입되는 계기가 되었다(자본시장육성에관한법률 38조).

1969년 8월 4일 증권투자신탁업법이 단일 법률로 제정되면서 국가경제 발전에 필요한 산업자금을 원활히 조달하는 한편 일반대중에게 새로운 금융저축수단을 제공할 수 있는 증권투자신탁을 실시하는데 필요한 실질적인 법적 근거를 마련하였다. 이러한 배경 하에서 1970년 5월 20일 한국투자개발공사[11]가 최초로 1억원 규모의 주식형투자신탁 상품인 '증권투자신탁'(이후 안정선장1월호로 명칭이 변경됨)을 설정하고 수익증권을 발행함으로써 투자신탁제도의 시발점을 마련하게 되었다.

3) 기본구조

증권투자신탁은 재산운용자인 위탁회사, 재산관리자인 수탁회사, 투자자인 수익자의 3자 관계로 구성되며, 기본적으로 위탁회사와 수탁회사 간에 신탁계약이 체결됨으로써 성립된다. 즉 위탁자지도형에 의한다.

위탁회사는 투자신탁설정의 주체로서 수익증권을 발행하여 판매하고 현금 또는 유가증권을 수탁회사에 예탁하는 등 신탁재산의 운용을 담당하는 회사이다. 증권투자신탁업법은 위탁회사의 업무를 운용업무와 판매업무로 구분하고 위탁회사를 운용업무만 허가받은 회사와 양자를 모두 허가받은 회사로 구분하고 있다. 업계에서는 전자를 투신운용사, 후

---

11) 대한투신탁증권(주)의 전신이다. 한국투자개발공사는 한국투자공사로 명칭이 변경되었고, 1977년 1월 한국투자공사가 발전적으로 해체되어 투자신탁 전업회사인 대한투자신탁(주)이 설립되었다. 2000년 6월 증권사 전환으로 '대한투자신탁증권주식회사'로 회사명이 변경되었다. http://www.daetoo.com 참조(2002.12.18 방문).

〈그림 5〉 증권투자신탁의 기본구조

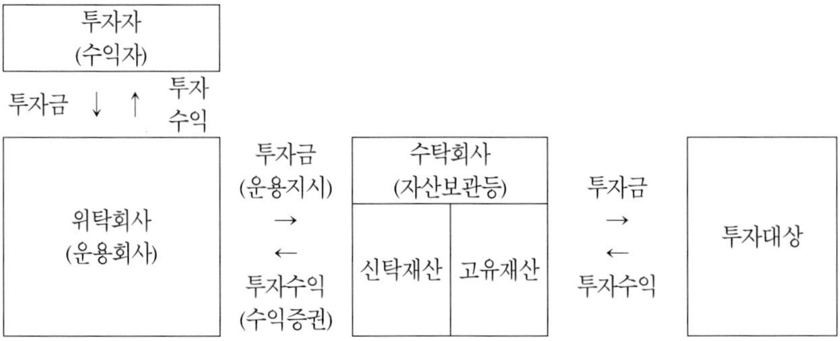

투자자 (수익자)				
투자금 ↓ ↑ 투자수익				
위탁회사 (운용회사)	투자금 (운용지시) → ← 투자수익 (수익증권)	수탁회사 (자산보관등) 신탁재산 | 고유재산	투자금 → ← 투자수익	투자대상

자를 투신사로 각각 부르고 있다.[12] 판매회사는 위탁회사의 투자신탁에 대한 제반 정보와 투자신탁의 신탁재산 운용에 대한 분석과 평가를 통하여 투자자에게 적합한 위탁회사의 상품을 판매할 의무를 지며, 투자자에게 사전적인 정보 제공과 사후적인 서비스 제공 등을 통하여 투자위험을 줄이는 역할을 수행하여야 하는 의무도 진다.

수탁회사는 위탁자의 신탁계약에 따라 신탁재산을 보관·관리하는 것을 주 업무로 하며 증권투자신탁업법과 신탁업법에 의해 자격이 제한되어 있다. 현재 투자신탁의 수탁회사로는 증권투자신탁업법에 의한 회사는 없고 신탁업법에 의해 은행이 수탁업무를 담당하고 있다.

수익자는 증권투자신탁이 발행한 수익증권을 소유한 투자자로서 수익의 배분 등의 수익권을 행사할 권리를 갖는다. 위탁회사와 수탁회사라는 신탁계약의 직접적인 당사자와는 별도로 신탁이익을 실질적으로 향유할 주체인 수익자가 별도로 존재하는 데에 증권투자신탁의 특징이 있다. 수익자와 위탁회사의 관계에 대해서는 명문의 규정이 없어 단순한 위임관계 이외에 신탁관계가 있는지에 대해 논란이 있다.[13]

---

12) 김건식, 위의 책, 419쪽.
13) 김건식, 위의 책, 405쪽.

Ⅱ. 회사형

1. 회사형의 구분

회사형도 신탁형의 경우와 마찬가지로 자산관리 및 운용기능의 소재에 따라 외부관리형과 내부관리형으로 세분화 할 수 있다.

〈그림 6〉 회사형 : 외부관리형과 내부관리형의 기본구조

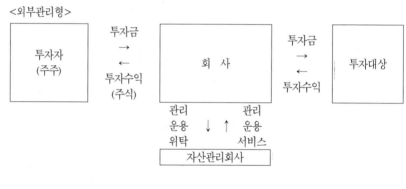

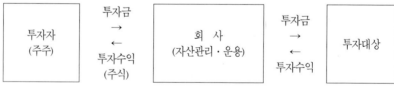

이하에서는 간접투자자산운용업법 도입 이전 증권투자회사법상 증권투자회사를 중심으로 살펴본다.

2. (증권)투자회사

1) 의 의

증권투자회사는 주된 투자대상이 유가증권인 회사형 증권 간접투자를 말한다. 증권투자회사법상의 증권투자회사란 유가증권투자등을 목적으로 설립된 회사가 주식을 발행하여 투자자로부터 자금을 모집한 후 그 운용수익을 주주(투자자)에게 배당금 형태로 분배하는 증권 간접투자의 한 형태를 말한다(증권투자회사법 2조 1호). 증권투자 전문가인 자산운용회사가 투자자들로부터 자금을 모아 주식회사인 증권투자회사를 조직하고, 일반투자자는 그 주주가 되어 재산은 관리협정에 따라 보관자인 자산보관회사에게 예탁하는 형태를 취한다. 이러한 증권투자회사는 펀드 하나가 독립적인 법인격의 형태로 설립된다는 점에서 별도의 법인격이 주어지지 않는 증권투자신탁과 차이를 보인다. 주주의 환매청구권이 인정되는 것을 개방형 증권투자회사, 환매청구권이 인정되지 않는 것을 폐쇄형 증권투자회사라 한다(증권투자회사법 50조).

우리나라의 경우 증권투자회사가 반드시 주식회사의 형태로 설립된다는 점에서 증권투자신탁과는 달리 일정부분 상법의 규제를 받게 되지만(증권투자회사법 3조 1항, 2항), 증권투자회사는 본질적으로 설립목적이나 운영방법이 일반주식회사와 다르고 상근직원이 없는 서류상 회사(paper company)로서 운영된다는 점에서 상법의 규정을 배제하는 많은 예외적 조항도 갖고 있다(증권투자회사법 84조 2항).

증권투자회사법에서는 이러한 기본적인 증권투자회사 이외에 소수의 투자자를 대상으로 하는 사모증권투자회사(증권투자회사법 79조), 일시적인 유동성위기로 인해 재무상태가 악화되었으나 회생가능성이 있는 기업이 발행하는 유가증권의 인수를 통하여 경영정상화를 지원하기 위하여 설립된 기업구조조정 증권투자회사(증권투자회사법 78조), 그리고

상장지수증권투자회사(증권투자회사법 2조 1의2호), 간접증권투자회사
(증권투자회사법 2조 1의3호)의 설립과 업무에 대해 규정하고 있다.

증권투자회사도 증권투자신탁과 마찬가지로 주주의 환매청구권이 인
정되는 경우를 개방형, 환매청구권이 인정되지 않는 경우를 폐쇄형이라
고 한다(증권투자회사법 50조). 폐쇄형의 경우에는 유가증권시장에서 주
식매각을 통해 투자자금을 회수할 수 있고, 개방형의 경우에는 환매청구
를 통해 자금을 회수할 수 있다.

2) 도입배경

근대적 의미의 투자회사의 기원은 19세기말 영국과 벨기에에서 폐쇄
형 투자회사가 설립되면서부터 시작되었다. 현대적 의미의 투자회사는
1924년 미국에서 설립된 Massachusettes Investors Trust에서부터 시작되었
다. 초기의 투자회사는 발행주식의 모집 및 매출·자산운용·회사자산
의 보관 및 관리에 관한 전반적인 업무를 직접 영위하는 영속적이고 실
체가 있는 회사였는데 투자자의 확대, 관리자의 효율성 등 기능분화의
필요성이 강조되고 전문기관에 의한 업무수행이 보편화되면서 현재의
투자회사는 페이퍼 컴퍼니(paper company)로서 투자의 매개로만 이용되
고 있다.14)

미국에서는 대공황을 거치면서 개방형 투자회사 즉 뮤추얼펀드(Mutual
Fund)를 중심으로 한 투자회사가 자리를 잡게 되었다. 항상 순자산가치대
로 환매에 응한다는 점, 단일자본구성으로 되어 있기 때문에 불신의 표
적이었던 레버리지 작용이 없다는 점, 공황기에 치명적인 경영곤란에 빠
진 적이 없고 불황을 극복한 주가상승기에는 종목이 고정된 단위형 보
다 좋은 성적을 거두었다는 점 등이 그 원인이 되었다.15) 1940년에는 투

---

14) 현대증권주식회사 편, 위의 책, 464쪽.
15) 박삼철, 위의 책, 58쪽.

자회사의 설립, 지배구조 및 자산운용 전체에 대한 규제, 투자회사의 등록, 공시와 보고에 관한 규정을 담은 투자회사법(Investment Company Act)이 제정되어 증권 간접투자에 대한 규제의 틀을 마련하였다.

우리나라는 이러한 미국의 투자회사제도를 모태로 한 1998년 9월 증권투자회사법에 의해 회사형 증권 간접투자가 도입되었다. 투자자에게 다양한 증권투자수단을 제공하고 제도의 국제적인 정합성을 제공하며[16] 펀드의 투명성과 독립성 측면에서 한발 앞선 회사형 증권 간접투자를 도입함으로써 투자자들의 신뢰회복을 위한 것이었다.[17] IMF 관리체제 이후 침체되어 있는 증권시장을 활성화시키고 우리나라 투자신탁업계의 구조조정을 돕는 동시에 새로운 변화도 일으킬 수 있을 것으로도 기대되었다.[18] 그러나 채권유통시장이 미비해 있고 채권시가평가제도가 완전히 실시되지 않고 있는 시장 여건 하에서 유가증권 등의 시장매각에 의한 환매가 어려울 것이라는 우려와 기존의 증권투자신탁자금이 증권투자회사로 급격히 이동하는 경우에는 투신사의 유동성위기가 발생할 수 있다는 부담감 때문에 처음에는 폐쇄형만 허용되었다.[19] 증권투자회사법 부칙으로 개방형 증권투자회사의 금감위 등록을 허용하지 않고 5년 이내의 범위 안에서 대통령령이 정하는 날로부터 등록을 할 수 있도록 한 것이다.

2000년 8월 5일 증권투자회사법시행령의 개정으로 일정기간이 경과한 후에 환매가 가능한 준개방형이 도입되었고 개방형은 2001년 2월부터 허용되었다.[20]

16) 국회 재정경제위원회, "증권투자회사법안 심사보고서", 1998.9, 3~5쪽.
17) 김건식, 앞의 책, 440쪽.
18) 김화진, "뮤추얼펀드 산업의 현황과 규제방향-우리나라 금융산업과 제도의 국제적 정합성론", 민사판례연구 XXⅢ, 2001, 773쪽.
19) 박삼철, 위의 책, 582쪽.
20) 2001.2.9에 금융감독원이 개방형 증권투자회사의 세부시행방안을 발표하여 그 이후에야 실질적으로 개방형 증권투자회사의 주식이 판매될 수 있게 되었다. 투자신탁협회 편, "국내·외 투자신탁 동향(2001-2호)", 2001.2, 10쪽.

3) 기본구조

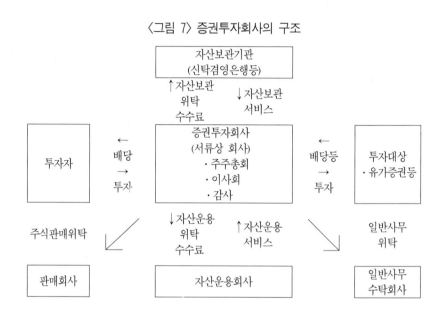

〈그림 7〉 증권투자회사의 구조

증권투자회사는 외부관리형만이 가능하다. 그러나 증권투자회사는 주식회사의 형태를 취하므로 일반주식회사처럼 주주총회, 이사회, 그리고 감사라는 내부적인 구조를 가지고 있다. 투자자는 주주로서 주주총회에 참석하여 의결권을 행사하는 등 경영에 관여하고, 이사회와 감사는 증권투자회사 및 자산운용회사의 자산운용업무에 관한 집행과 감독기능을 분담한다.

증권투자회사는 상근직원이 없는 서류상 회사로서 운영되기 때문에 증권투자회사의 업무를 실질적으로 담당하는 다수의 외부회사와 관계를 맺고 있다. 자산운용은 투자전문가인 자산운용회사가 맡고, 자산의 보관은 증권투자신탁과 마찬가지로 신탁겸용은행이 담당하며, 일반사무는 일반사무수탁회사에 맡기도록 되어 있다. 실제로는 자산운용회사가 사무처리를 담당하는 것이 보통이다.

제3절 간접투자의 과세

간접투자는 직접투자의 경우와는 달리 투자자와 투자대상 사이에 간접투자수단이 등장하게 된다. 따라서 간접투자의 과세에는 간접투자수단에 대한 과세문제가 따로 검토되어야 한다. 간접투자수단에 투자금이 모이고 투자금의 운용에 따른 수익이 생기는 경우 투자금 운용에 따른 수익에 대해 투자자와는 별도로 간접투자수단에 과세할 것인지 그리고 그 투자수익을 투자자에게 돌려주는 경우에 어떻게 과세할 것인지가 문제된다.

신탁형의 경우라면 투자수익에 대해 신탁재산단계에서 어떻게 과세할 것인지, 그리고 신탁재산에서 투자자에게 투자수익이 분배되는 경우에 이자소득, 배당소득에 대한 과세가 문제된다. 회사형인 경우에는 투자수익에 대해 회사단계에서 어떻게 과세할 것인지, 그리고 회사가 투자자에게 배당을 하는 경우 배당소득에 대한 과세가 문제된다.

I. 신탁형

1. 신탁재산 자체에 대한 납세의무 인정여부

신탁형 간접투자의 경우 신탁재산을 별도의 납세의무자로 삼을지에 대해서는 입법례가 서로 다르다. 미국의 경우에는 신탁재산을 별도의 납세의무자로 보고 있고,[1] 우리나라의 경우에는 신탁재산을 별도의 납세의무자로 보지 않는다(소득세법 46조, 법인세법 5조). 일본의 경우에는 일반적인 신탁재산은 별도의 납세의무자로 보지 않지만 불특정다수의

---

[1] IRC 641(a)조.

투자매체가 된 신탁재산에서 생기는 소득에 대해서는 따로 법인세를 매겨서 수탁자로부터 걷고 있다.[2]

1) 신탁재산을 별도의 납세의무자로 보는 경우

신탁재산을 별도의 납세의무자로 보는 경우에는 신탁재산에서 생긴 소득에 대해 신탁재산단계에서 과세하고, 수익자에게 또 과세하는 문제가 발생할 수 있다. 미국의 경우 이러한 문제를 해결하기 위해 신탁재산에 생기는 소득에 대하여 따로 신탁재산단계에서 소득세(우리나라의 법인세에 해당)를 매기면서도 그런 소득 가운데에서 수익자에게 지급한 금액은 빼고 남은 차액에 대해서만 과세하는 방법을 취하고 있다.[3] 다만 위탁자가 신탁재산에 대해 지배권을 유보하는 신탁(grantor trust)의 경우에는 신탁재산에서 생기는 소득은 위탁자의 소득으로 보아 바로 과세된다.[4]

2) 신탁재산을 별도의 납세의무자로 보지 않는 경우

신탁재산을 별도의 납세의무자로 보지 않는 경우에는 신탁재산에 생긴 소득을 수탁자에게 일단 과세할 것인지 아니면 수익자 또는 위탁자에게 과세할 것인지, 그리고 수익자 또는 위탁자에게 과세하는 경우에는

---

2) 일본 법인세법 7조의2, 82조의 2이하.

3) IRC 651(a)조, 662(a)조.

4) IRC 672조 이하 ; grantor trust는 세법상 과세소득이 수익자에게 귀속하지 않고 위탁자에게 귀속된다는 점에서 '위탁자신탁'이라고 번역할 수 있다. 이러한 위탁자신탁이 발생하는 경우로는 ⅰ) 신탁계약상 신탁자산이나 신탁소득이 위탁자에게 복귀하는 경우, ⅱ) 위탁자의 배우자가 신탁계약을 취소할 수 있는 권한 등을 소유하는 경우, ⅲ) 신탁계약상 위탁자가 수익대상자를 임의로 정하거나 제한할 수 있는 경우, ⅳ) 위탁자가 신탁의 재산운용에 관한 관리권한을 가지고 신탁과의 거래를 통해 이득을 얻을 수 있는 경우, ⅴ) 위탁자가 신탁계약 자체를 취소할 수 있는 권한을 가진 경우 등이 있다. 김재진·홍용식, 『신탁과세제도의 합리화방안』, 1998.7, 76쪽 참조.

신탁재산에 소득이 생긴 즉시 과세를 할 것인지 아니면 분배되는 시점에 가서 과세를 할 것인지가 문제될 수 있다. 신탁재산에 대한 사법상의 소유권은 수탁자에게 있고 거기에서 생기는 소득을 실제 누리거나 누릴 자는 수익자 또는 위탁자이기 때문에 사법상의 소유권을 중요시하면 수탁자에게, 실제 소득의 귀속자를 중요시하면 수익자 또는 위탁자에게 과세하는 형태를 취하게 된다.

우리나라의 경우에는 실제 소득의 귀속자를 중요시하여 수익자 또는 위탁자에게 과세하는 형태를 취하고 있다. 그러면 신탁재산에 귀속하는 소득을 수익자 또는 위탁자에게 바로 과세하는지가 또 문제될 수 있다. 토지·건물 등을 신탁하고 거기에서 생기는 원리금을 수익자에게 내어주는 실물신탁에는 바로 과세할 수 있겠지만 수많은 사람들의 투자로 이루어진 불특정금전신탁이나 증권투자신탁의 경우에는 바로 과세하기가 어렵다. 따라서 이러한 신탁의 경우에는 신탁재산의 원리금이 수익자에게 분배되는 시점에 가서 수익자에게 과세되어 수익자는 결국 과세이연의 효과를 누리게 된다.

이하에서는 우리나라 현행법하의 (증권)투자신탁과 관련된 과세를 신탁재산에 대한 과세와 수익자에 대한 과세로 나누어 살펴보고자 한다.[5]

2. (증권)투자신탁

1) 신탁재산에 대한 과세

신탁재산에 따르는 소득은 신탁에 대한 과세원칙에 따라 수익자에게 귀속된다(소득세법 46조 9항, 법인세법 5조 1항).

---

5) 신탁 형태의 투자는 이외에도 자산유동화회사, 주택저당채권유동화회사에서도 가능하다. 이 모든 신탁형태의 투자에 대한 법적 구조와 과세문제에 대해서는 이창희, "국제투자기금과 특수목적법인에 대한 과세", 조세법연구 Ⅷ-1, 2002.7, 7~33쪽 참조.

신탁재산을 수익자로부터 위탁받은 자는 증권투자신탁의 경우는 신탁회사이다. 이러한 신탁회사는 자기 고유의 재산과 신탁재산을 관리해야 하고(법인세법시행령 4조), 신탁재산에 귀속되는 수입과 비용은 신탁회사의 수입과 비용에 포함되지 아니한다(법인세법 5조 2항). 간접투자자산운용업법 제정 이전에는 '신탁업법 및 증권투자신탁업법의 적용을 받는 법인의 신탁재산'이라고 하였던 것을 그 법 제정이후 '신탁업법 및 간접투자자산운용업법의 적용을 받는 법인의 신탁재산(동법 제135조의 규정에 의한 보험회사의 특별계정을 제외한다. 이하 같다)'라고 변경되었을 뿐이다.

신탁재산 자체는 법인세의 납세의무를 지지 않으므로 신탁을 통해 받는 소득에 대한 과세는 이연된다. 다만 신탁재산에 지급되는 이자에 대해서는 14% 원천징수 세금이 부과된다(법인세법 73조 2항). 신탁회사는 수익자에게 소득을 배당하는 단계에서 원천징수하여 납부할 세금에서 이 14% 원천징수세를 공제받을 수 있다(법인세법시행령 112조 3항).

2) 수익자에 대한 과세

(1) 수익자가 개인인 경우

투자신탁의 수익에는 보유 유가증권에서 발생하는 이자·배당금 수익과 보유 유가증권의 가격상승에 의한 평가익 내지 양도차익 등이 있다. 소득세법에서는 이러한 투자신탁으로부터 수익자가 받는 수익에 대해 신탁의 유형에 따라 이자소득 또는 배당소득으로 나누고 있다.

간접투자자산운영업법 제정 이전에는 증권투자신탁 이외의 신탁으로부터의 소득과 증권투자신탁 중 공채 및 사채의 투자신탁에서 받는 신탁의 이익은 이자소득으로 보았다(구소득세법 16조 1항 5호). 이 때 공채 및 사채의 투자신탁이란 자산의 50%이상을 공채, 사채 기타 이자소득을 발생시키는 유가증권에 투자하는 신탁을 말한다(구소득세법시행령 23조

1항). 공채 및 사채의 투자신탁이 아닌 다른 증권투자신탁에서 받는 신탁의 이익은 배당소득이 보았다(구소득세법 17조 1항 5호).

간접투자자산운영법 제정 이후에는 증권투자신탁과 증권투자신탁이 아닌 경우, 증권투자신탁에서 공채 및 사채의 투자신탁과 그 이외의 신탁이라는 구별이 없어졌다. 이자부 투자신탁과 그 이외의 투자신탁으로 나뉘게 되었다. 그러나 투자신탁이익이 신탁에 편입된 자산 비중에 따라 이자 또는 배당소득으로 구분되는 입장에는 변화가 없다. 신탁자산중 이자소득이 발생하는 자산이 50%이상인 경우에는 이자소득, 신탁자산중 배당소득이 발생하는 자산이 50% 초과하는 경우에는 배당소득이 과세된다(소득세법 16조 1항 5호 ; 동법시행령 23조 1항).

이러한 과세방식은 투자신탁의 이익을 이자·배당소득으로 구분하는 것은 과세상 차이 없이 세제의 복잡성만 초래하다는 비판이 가능하다. 2006년 9월 정부의 세법개정안에서는 신탁에 편입된 자산 비중에 관계없이 배당소득으로 단일화하고 있다.

(2) 수익자가 법인인 경우

신탁재산으로부터 받는 이익은 수익자가 법인인 경우 익금에 산입된다(법인세법 15조 3항, 동법시행령 11조 10호). 신탁재산이 아닌 법인으로부터 받는 이익의 경우라면 배당을 하는 회사단계와 배당을 받는 회사단계의 이중과세가 문제가 되어 익금불산입방식에 의해 이중과세 조정을 하지만(법인세법 18조의3), 신탁재산으로부터 받은 이익의 경우라면 신탁재산 자체는 법인세 납세의무를 지지 않으므로 이러한 이중과세 조정이 필요하지 않다.

신탁회사는 지급액의 14%를 반드시 원천징수해야 한다(법인세법 73조 1항, 소득세법 127조 1항, 16조 1항 5호). 수익자는 이를 기납부세액으로 공제받을 수 있다(법인세법 64조 1항 4호).

II. 회사형

1. 이중과세 조정방법

회사형 간접투자의 경우 회사를 별도의 납세의무자로 삼지 않는다면 신탁형 간접투자에서처럼 회사가 투자수익을 올린 경우 투자자[6])에 대해 언제 과세를 할 것인지가 문제될 수 있다. 회사에 대하여 법인세를 아예 매기지 않고 투자자에게 바로 과세하는 방식은 수많은 주주가 있고 그 주주가 끊임없이 바뀌는 오늘날의 상장기업 기타 회사조직에서는 받아들이기 어렵다.[7]) 미국의 경우 소규모 폐쇄기업(S corporation)은 이러한 과세를 선택할 수 있다.[8])

회사를 투자자와 별도의 납세의무자로 삼고 있는 경우에는 동일한 투자수익에 대해 회사단계에서 한번 과세되고 투자자단계에서 또 한번 과세되는 경제적 이중과세문제가 발생할 수 있다. 이는 주주가 회사를 거쳐 버는 소득이 다른 소득에 비해 높게 과세되어 경제의 왜곡을 가져올 수 있다는 점에서 문제가 된다.[9]) 이러한 문제를 해결하는 데에는 다음과 같은 여러 가지 방법이 있다.

1) 투자자단계에서 배당과세를 하지 않는 方法

법인세의 세율을 개인소득세의 세율과 같은 수준에 놓고 투자자단계

---

6) 회사에 대한 투자자는 주주뿐만 아니라 채권자도 될 수 있다. 전통적인 견해에 따르면 주주에게 분배되는 소득에 대해서는 배당소득, 채권자에게 분배되는 소득에 대해서는 이자소득이 문제된다. 여기에서는 주주인 투자자를 중심으로 살펴본다.
7) 이창희, 『세법강의』, 2001.9, 383쪽.
8) IRC 1361(b)조.
9) 이창희, 위의 책, 382쪽.

에서는 배당소득을 과세하지 않는 방식이 있을 수 있다. 그러나 이러한 방식은 누진세 제도 하에서 고소득자 경과세로 말미암아 수직적 형평을 깨뜨린다는 문제가 있다.10)

2) 지급배당손금산입방식

회사는 별도의 납세의무자이지만 회사가 투자자에게 배당금을 분배하는 경우에 회사소득에서 이 배당금을 손금산입 하여 법인세의 대상에서 제외하는 지급배당손금산입방식이 있을 수 있다. 배당금 전액을 손금산입 하는 경우에는 법인소득 중 배당에 충당한 부분에 관한 한 이중과세가 완전하게 배제된다. 다만 회사의 유보이익에 대해서는 누진세 제도 하에서 고소득자가 상대적으로 경과세 되는 문제가 있고, 유보이익을 나중에 배당한 경우 이미 납부한 법인세 환급의 문제가 생긴다.11)

이러한 지급배당손금산입방식이 인정되는 예로는, 미국의 RIC (Regulated Investment Company)12)와 REIT,13) 일본에 있어서 투자법인(투자대상이 증권이든 부동산이든 상관없다),14) 우리나라의 기업구조조정 부동산투자회사(법인세법 51조의2) 등이 있다.

3) 배당세액공제방식 또는 법인세주주귀속방식

투자자가 받은 배당금의 일정비율 또는 일정액을 소득세액에서 공제하는 방식인 배당세액공제방식이 있다. 배당소득자의 소득계층 여하에 불구하고 배당의 이중과세로부터 구제액이 동일하지만, 이중과세로 인

---

10) 이태로 · 안경봉, 『조세법강의』(신정4판), 2001.1, 273쪽.
11) 金子宏, 『租税法』(第八版增補版), 2002.4, 240∼241쪽.
12) IRC 851조.
13) IRC 856조.
14) 일본 조세특별조치법 67조의15.

한 과다과세로부터의 구제율은 고소득계층에 있는 납세자일수록 높아진다는 문제가 있다. 유보소득에 대한 문제도 여전히 존재한다. 일본에서 채택하고 있는 방식이다.[15]

특히 투자자가 받은 배당금과 그 배당금에 해당하는 법인세를 합친 금액을 종합소득에 합산하여 산출한 종합소득세액에서 그 배당금에 해당하는 법인세액과 같은 금액의 세액공제를 하는 방식을 법인세주주귀속방식(imputation method)이라고 한다.[16] 법인세주주귀속방식도 결국 투자자에게 배당세액의 전부 또는 일부 공제를 허용하는 결과를 가져온다는 점에서 배당세액공제방식으로 볼 수 있다. 이 방식에서는 법인의 소득을 주주의 소득으로 인정하여 법인세는 주주가 낼 세금의 선납으로 본다. 우리나라에서는 원칙적으로 이 방식을 취한다(소득세법 17조 4항, 56조 1항). 다만 현행 소득세법은 법인세율이 13%라는 것을 전제로 배당소득에 가산하는 금액 및 배당세액공제를 하는 금액을 15%로 정하므로 배당세액공제율이 실제 법인세 부담과 맞지 않는다는 점에서 부분적 법인세주주귀속방식을 취하고 있다고 할 수 있다.[17]

4) 배당소득공제방식

투자자가 받은 배당금의 일정비율 또는 일정액을 소득에서 공제하는 배당소득공제방식[18]이 있다. 법인주주의 경우 법인주주단계에서 회사로

---

15) 일본 소득세법 92조.
16) 일본에서 취하는 배당세액공제방식은 배당금의 일정비율 또는 일정액을 바로 배당세액으로 공제한다는 점에서 우리나라에서 채택하고 있는 법인세주주귀속방식과 차이를 보인다. 이 때문에 법인세주주귀속방식을 배당세액공제방식과 구별하여 설명하기도 한다. 이태로·안경봉, 위의 책, 274쪽 ; 金子宏, 위의 책, 241頁.
17) 강남언·옥무석, '배당세제 개선에 관한 연구―주식양도세제의 포함', 한국상장회사협의회, 2001.7, 36쪽 ; 이태로·안경봉, 위의 책, 164쪽 ; 배당세액공제율을 얼마로 정할 것인가는 금융소득종합과세 제도와 얽혀 있는 복잡한 문제이다. 이창희, 위의 책, 390쪽.

부터 받은 배당금의 일정부분을 익금불산입 하는 방식도 이에 포함된다.[19] 이러한 방식은 누진율세제 하에서 세 부담의 경감이 고액소득자에게 크다는 문제가 있다. 미국,[20] 일본,[21] 우리나라(법인세법 18조의3) 모두 법인주주의 수입배당금에 대해서는 이 방식에 의한다.

  이하에서는 우리나라 현행법하의 (증권)투자회사, 일반 부동산투자회사, 기업구조조정 부동산투자회사, 위탁관리 부동산투자회사와 관련된 과세를 각 간접투자마다 회사에 대한 과세, 투자자에 대한 과세로 나누어 소득세 및 법인세를 중심으로 살펴본다.

2. (증권)투자회사

1) 회사에 대한 과세

  증권투자회사는 주식회사로서 그의 자산운용결과로 취득한 배당금과 이자는 증권투자회사의 수익이 되므로 법인세 납세의무를 진다(법인세법 2조). 그러나 동일한 소득에 대해 법인단계, 주주단계에서 각각 과세하는 것은 경제적 이중과세를 가져온다.

  이러한 문제를 해결하기 위해 증권투자회사의 경우에는 배당가능이

---

18) 법인세법 제51조의2는 '유동화전문회사등에 대한 소득공제'를 규정하고 있다. '소득공제'라는 용어 때문에 유동화전문회사등(투자회사, 사모투자회사, 투자목적회사, 기업구조조정 투자회사, 기업구조조정 부동산투자회사, 위탁관리부동산투자회사 포함)의 경우에는 이중과세 배제방식으로 배당소득공제방식을 채택하는 것으로 오해하기 쉬우나, 유동화전문회사등에 대한 이중과세 배제방식은 배당금을 지급하였을 때 배당금을 지급한 회사의 소득에서 그 배당금을 공제하는 것으로 '지급배당손금방식'에 해당한다.

19) 최명근, 『법인세법』(97증보판), 1997.3, 64쪽.

20) IRC 243(a)조.

21) 일본 법인세법 23조 1항, 4항.

익의 90%이상을 주주들에게 배당하면 그 배당액을 소득공제할 수 있는 지급배당손금방식을 채택하고 있다(법인세법 51조의2 1항). 증권투자회사는 상근임직원을 둘 수 없는 서류상의 회사로서 투자도관의 성격을 갖고 있다는 점에서 일반회사의 경우와는 다른 이중과세조정방법을 취하고 있다.22)

이때 배당가능이익은 당기순이익(유가증권의 평가에 따른 손익을 포함)에 이월이익잉여금을 가산하거나 이월결손금을 공제하고 이익준비금을 차감한 금액을 말한다(법인세법시행령 86조의2 1항). 증권투자회사는 유동화전문회사, 기업구조조정투자회사, 기업구조조정 부동산투자회사와 같이 이중과세조정방법으로 지급배당손금방식의 적용을 받지만, 유가증권의 평가에 따른 손익을 당기순이익에 포함한다는 점에서 차이를 보이고 있다. 지급된 배당액이 과세대상을 초과하는 경우에는 그 초과분은 이월되지 않고 그대로 소멸한다(법인세법시행령 86조의2 2항).

2) 투자자에 대한 과세

증권투자회사의 국내 개인거주자인 주주가 회사로부터 받는 이익은 배당소득으로 과세된다(소득세법 17조 1항). 증권투자회사의 편입자산 중 상장 또는 등록된 유가증권 및 벤처기업 주식 등의 양도·평가손익으로부터 받은 배당은 주주가 증권투자회사로부터 받는 배당소득금액에서 제외된다. 다만 상장·등록채권의 양도·평가손익은 배당소득금액에 포함된다(조세특례제한법 91조의2 1항).23) 개방형 증권투자회사의 자기주식환매에 따른 소득은 배당소득으로 보아 배당금액을 계산하고, 양도소득세와 증권거래세는 과세되지 아니한다(조세특례제한법 91조의2 7항).

---

22) 국회 재정경제위원회, "법인세법중개정법률안 검토보고", 1999.11, 8쪽.
23) 2000.12.29 조세특례제한법(법률 제6297호)이 개정되기 전에는 상장·등록채권의 양도·평가손익은 배당소득금액에서 제외되었다.

주주의 연간 금융소득이 분리과세대상인 경우에는 배당금은 14% 원천징수세로 분리되어 과세되고(소득세법 14조 3항 4호), 종합과세대상인 경우에는 최대 누진세율이 적용된다.

증권투자회사가 배당가능이익의 90%이상을 배당하는 경우 그 배당액은 증권투자회사의 소득에서 공제되어 증권투자회사단계와 주주단계의 이중과세를 해결한다. 따라서 주주단계에서는 배당액의 일정액을 가산(gross-up)하여 배당소득금액을 계산하고 가산한 금액을 배당세액으로 공제하는 법인세주주귀속방식이 인정되지 아니한다(소득세법 17조 3항 4호, 동법시행령 27조의2 1항, 동조 2항 1호, 법인세법 51조의2, 소득세법 56조 1항).

증권투자회사가 배당가능이익의 90%이상을 배당하지 않는 경우에는 증권투자회사단계에서 그 배당액에 대해 소득공제를 받지 못한다. 증권투자회사는 배당가능이익의 90%이상을 배당할 의무가 있는 것은 아니지만 이러한 배당을 하는 경우에만 배당액을 소득공제 받을 수 있다는 점(법인세법 51조의2 1항)에서 이러한 요건을 충족하지 못하는 경우에는 소득공제를 받지 못한다고 해석할 수 있다. 이때 증권투자회사단계에서는 이중과세가 조정되지 않기 때문에 주주단계에서라도 이중과세를 조정할 필요가 있다. 세법상 증권투자회사가 배당가능이익의 90%미만의 배당을 하는 경우 증권투자회사의 주주가 받는 배당액에 대해서는 일반 주식회사의 경우와 마찬가지로 법인세주주귀속방식에 의하는 것으로 보인다. 소득세법 제17조 제3항 제4호, 동법 제27조의2 제1항 제1호, 법인세법 제51조의2 제1항 제2호에 따르면, 증권투자회사의 경우라도 소득공제를 받는 경우에만 법인세주주귀속방식의 적용을 받지 않으므로 소득공제를 받지 못하는 경우라면 그 주주에게 이중과세 조정을 위해 법인세주주귀속방식을 적용토록 하는 것이 타당하기 때문이다.

주주가 법인인 경우에는 배당가능이익의 90%이상을 배당하여 그 배당액을 해당 사업연도의 과세소득금액계산상 법인주주의 소득 자체에 대하여 과세를 하지 않는 경우에는 수입배당금의 익금불산입 조항은 적용되지 아니한다(법인세법 18조의3 2항 4호). 이러한 경우까지 수입배당금 익금불산입이라는 혜택을 준다면 전 법인단계 즉 증권투자회사와 법인주주에 걸쳐서 법인세를 전혀 내지 않는 결과가 생기기 때문이다.[24)

---

24) 한만수, "수입배당금의 익금불산입제도에 관한 고찰", 조세법연구 Ⅷ-2, 2002.11, 458~459쪽.

제4절 부동산 간접투자의 특수성

부동산 간접투자와 다른 간접투자와 가장 큰 차이는 투자대상이 부동산이라는 점이다. 따라서 투자대상으로서의 부동산의 특성으로 인해 부동산 간접투자가 다른 간접투자 특히 증권 간접투자와 비교하여 법적 구조와 과세에 있어 어떠한 특수성이 있는지 살펴본다.

Ⅰ. 법적 구조에 있어서 특수성

1. 투자대상으로서의 부동산

1) 실질회사형과 SPC형

증권 간접투자와 부동산 간접투자의 가장 큰 차이는 투자대상의 차이라 할 수 있다. 증권 간접투자의 주된 투자대상인 유가증권은 개별성 및 특수성이 낮고 투자단위가 대부분 소액화라는 등의 이유 때문에 기동성 있게 매매가 이루어질 수 있어 유동성이 높다. 이 때문에 운용이익을 높이기 위해서는 보통 시기를 잘 잡아 기동적으로 투자종목을 사고파는 것이 중요하다. 이에 반해 부동산 간접투자의 주된 투자대상인 부동산은 개별성 및 특수성이 높고 투자단위가 거액이라는 여러 이유 때문에 매매가 단순하지 않아 유동성이 부족한 반면,[1] 타인에게 임대함으로써 안정적인 수익이 발생하는 자산이다.[2] 이러한 부동산의 성질을 비추어 볼

---

[1] 부동산은 이외에도 투자정보량이 적고 수익이 물건의 관리운용에 좌우되는 단점이 있다. 三口有一朗, 『入門 不動産金融工學』, 2001.8, 31~32쪽 참조.

때 운용이익을 높이기 위해서는 부동산을 기동성 있게 매매하는 것보다는 처음 물건을 선택할 때부터 투자대상물건의 수익력에 중점을 두고 수익력 개선을 하는 것에 중점을 둘 필요가 있다.

이처럼 부동산은 유동성이 낮고 수익성이 높기 때문에 부동산 투자는 장기를 요한다. 부동산 간접투자는 장기적 투자라는 부동산의 특징 때문에 회사형 부동산 간접투자의 경우 간접투자수단 자체가 장기적 투자에 적합하도록 일반회사와 마찬가지로 부동산의 관리·운용자체를 사업목적으로 하는 형태를 취할 수 있다. 이를 실질회사형이라 부를 수 있다. 다른 한편으로는 자금이 모이는 투자의 도관체라는 성격을 강조하여 부동산의 관리·운용 등은 외부에 위탁하고 간접투자수단 자체는 SPC (Special Purpose Company)로서만 기능할 수 있다. 이를 SPC형이라 부를 수 있다. 실질회사형은 필요에 따라 부동산의 관리·운용을 자회사나 타 회사에 위탁할 수 있다는 점에서 실질회사형이 반드시 내부관리형은 아니지만, SPC형은 투자의 도관체로서 그 자체 부동산의 관리·운용을 할 수 없다는 점에서 외부관리형이 될 수밖에 없다.

2) 환매권의 제한

부동산 간접투자의 경우 환매를 요구할 때마다 투자자산을 평가하기가 쉽지 않고 투자기간이 장기간 소요되어 수시로 투자자의 환매에 응하기가 쉽지 않다.[3] 따라서 증권 간접투자의 경우와는 달리 부동산 간접

---

2) 부동산은 수익의 안정성 이외에도 ⅰ) 투자에 의해 공간을 이용할 수 있고, ⅱ) 상각자산으로 절세효과가 있고, ⅲ) 우량한 것은 담보가치가 있고 자금조달이 쉬우며, ⅳ) 물가상승률과 동등하게 가치가 오를 것으로 기대할 수 있고, ⅴ) 부동산의 수익률은 주식·채권과 다르게 변화하기 때문에 부동산을 주식·채권의 포트폴리오에 포함시킨 경우 전체적으로 위험이 감소하고, ⅵ) 부동산증권화로 부동산의 위험을 여러 사람에게 분담시킬 수 있으며, ⅶ) 부동산파생금융상품으로 위험을 회피할 수 있는 장점이 있다. 三口有一朗, 위의 책, 33쪽 참조.

투자는 환매권을 제한할 필요가 있다. 예컨대 우리나라 일반부동산투자회사의 경우처럼 부동산 장기투자를 하는 실질회사형의 경우 환매권을 인정하지 않는 폐쇄형으로만 운용된다.

환매권의 제한은 투자자의 입장에서 보면 투자금의 회수를 제한하는 것이기 때문에 환매권이 제한되는 경우에는 상장을 통해 투자금 회수를 쉽도록 해 줄 필요가 있다. 예컨대 우리나라 일반 부동산투자회사의 경우 환매권은 제한되지만 상장 또는 등록의 강제를 통해 주식거래를 통한 투자금 환수가 쉽도록 하고 있다(부동산투자회사법 20조).

결국 일반 부동산투자회사는 투자대상인 부동산이 일반적으로 장기간을 요하는 경우가 많고 환금성에 제약이 많다는 점에서 투자자에게 환매권이 인정하지 않고 있다. 그러나 일반 부동산투자회사는 상장 또는 등록이 강제되어 있기 때문에 주식거래를 통한 투자금 환수가 용이하다(부동산투자회사법 20조).

3) 부동산 감독기구의 관여

부동산 간접투자의 감독기구로는 자금을 관리하는 행정기관뿐만 아니라 부동산을 관리하는 행정기관이 관여하게 된다. 예컨대 우리나라 기업구조조정 부동산투자회사의 경우 건설교통부장관과 금융감독위원회의 공동감독을 받게 된다.

이하에서는 신탁형의 경우에는 우리나라 신탁업법상 부동산투자신탁을 중심으로 살펴보고, 회사형의 경우에는 부동산투자회사법상 일반부동산투자회사, 기업구조조정 부동산투자회사를 중심으로 살펴본다. 간접투자자산운용업법 도입이전의 경우이다.

---

3) 이상영 외 3인, "부동산투자회사 제도의 도입방안에 관한 연구", 1999.1, 135쪽.

2. 신탁형

1) 의 의

신탁형 부동산 간접투자인 부동산투자신탁은 일반적으로 부동산에 직접 투자할 여력이 없는 소액투자자들로부터 금전을 위탁받아 부동산에 투자하고 그 부동산으로부터 발생되는 수익을 투자자에게 배당하는 신탁을 말한다.[4] 이러한 부동산투자신탁의 경우 투자자는 개별신탁계약에 의해 발행된 수익증권을 매입하는 형태로 투자하는 데 반해, 회사형 부동산 간접투자인 부동산투자회사의 경우에는 투자자는 해당 회사의 주식을 취득하는 형태로 투자한다. 부동산투자신탁은 투자대상이 부동산이라는 점에서 투자대상이 유가증권인 증권투자신탁과 차이를 보인다.

그러나 우리나라에서 현실적으로 은행을 통한 부동산투자신탁은 부동산 매입을 통한 간접투자라기 보다는 부동산관련 유동화증권의 매입과 토지매입을 위한 대출에 자금을 투자하는 것으로 운용되고 있다. 초기에는 은행권의 부동산관련 전문지식 및 경험의 부족과 부동산 투자의 과정에서 발생 가능한 높은 리스크에 대한 회피로 부동산투자신탁은 바로 시행되지는 못하였고, 2000.7.24 국민은행의 빅맨부동산투자신탁 1호[5]가 최초로 은행의 부동산투자신탁상품으로 발매된 이후에는 조달자금은 부동산을 매입하는데 사용되기보다는 부동산관련 유동화증권의 매입과 토지매입을 위한 대출에 주로 이용된 것이다.

---

4) 이상영 외 3인, 위의 글, 3쪽.
5) 우리나라 본격적인 부동산 간접투자 시대를 연 것으로 평가되는 빅맨부동산투자신탁제1호의 신탁자금 조달규모는 총 130억원으로 단위형 및 폐쇄형 방식의 불특정금전신탁으로 이루어졌다. 최저가입한도 500만원에 최고 가입한도 13억원이라서 소액으로도 투자가 가능했다. 판매개시 2분 만에 소진하는 인기를 끌었고 2002년 1월 25일 1년 6개월 만기 청산될 때 만기배당률 12.13%로 당시 정기예금 금리의 2.5배 정도에 달하는 수익률을 보였다. 머니투데이, 2002.1.25자.

2) 도입배경

신탁형 부동산 간접투자는 19세기 중반 미국 메사츄세츠 신탁(Massachusetts trust)[6]에서 형성되었다고 볼 수 있다. 그 당시 미국은 산업혁명으로 인해 부가 축적되면서 부동산에 대한 투자기회에 대한 요구는 많아졌지만 주법에서는 회사가 업무용 부동산이외의 부동산을 소유하는 것을 금지하였다. 이에 따라 부동산 투자를 할 수 있는 법적 형태인 메사츄세츠 신탁이 이용되었다. 메사츄세츠 신탁은 신탁선언에 의해 영리목적으로 설립되어 수탁자에게 출자재산을 귀속시키고 수탁자는 특정사업을 경영하여 획득한 수익을 수익증권의 소지인인 수익자에게 분배한다.[7] 이러한 메사츄세츠 신탁은 투자를 위한 도관으로 인정되어 신탁 단계에서는 과세가 되지 않고 수익자 단계에서만 과세가 되었다.[8] 이러한 메사츄세츠 신탁은 오늘날 미국 REIT(Real Estate Investment Trust)[9]의 기본개념이 되었다.

우리나라의 경우 1997년 말 외환위기 발생으로 부동산시장은 침체

---

6) business trust 또는 common-law trust라고도 한다. Comment, 'The Real Estate Investment Trusts : State Tax, Tort, and Contract Liabilities of the Trust, Trustee, and Shareholder', 71 *Mich. L. Rev. 808*, 808 (1972∼1973).

7) Hect v. Malley, 265 U.S. 144, 146∼47 (1924).

8) Su Han Chan, John Erickson & Ko Wang, Real Estate Investment *Trusts : Structure, Performance, and Investment Opportunities* (October, 2002), 14∼15.

9) 이를 직역하면 '부동산투자신탁'이 된다. 그런데 미국 연방세법상 REIT의 법적 형태는 신탁에만 국한하지 않고 회사형태도 가능하다. 일본에서 '일본판 REIT' 또는 'J-REIT'라고 할 때에도 신탁형뿐만 아니라 회사형도 함께 포함된 개념으로 쓰이고 있다. 그런데 우리나라에서 거래계에서 많이 쓰이고 있는 리츠라는 것은 미국의 회사형 REIT를 말하는 것으로 부동산투자회사 법상 부동산투자회사와 기업구조조정 부동산투자회사를 말한다. 거래계에서는 전자는 일반 리츠, 후자는 CR 리츠로 불리고 있다. 그리고 부동산투자회사제도의 영문명칭으로 신탁을 의미하는 REIT(Real Estate Investment Trust) 대신 회사형을 의미하는 REIC(Real Estate Investment Company)를 쓰기도 한다. 임승옥, "외국사례, 주요내용, 기대효과", 부동산투자회사제도도입을 위한 공청회 자료, 2000.5.29, 36쪽 참조.

국면에 빠졌고 이는 기업 및 금융기관의 유동성 악화를 야기하여 구조
조정의 과정에서 소요되는 담보채권 및 보유 부동산의 처분을 어렵게
만들었다.10) 당시 정부는 구조조정의 원활화와 부동산 거래의 활성화
를 위하여 자산담보부증권(ABS)과 주택저당채권담보부증권(MBS)의 도
입을 논의함과 함께 1998년 4월에 신탁업법시행령을 개정하여 신탁겸
영은행에게 부동산투자신탁 업무를 허용하였다(신탁업법시행령 11조).
이로써 신탁형 부동산 간접투자수단을 운용할 수 있는 제도적 기반을 마
련하였다.11)

3) 기본구조

신탁법이나 신탁업법등에서는 부동산투자신탁에 대해 정의규정을 갖
고 있지는 않지만, 부동산투자신탁의 운용과 관련된 여러 규정을 두고
있다. 즉 신탁자금의 운용과 관련하여 신탁회사는 신탁재산에 속하는 금
전을 부동산의 매입 및 개발에 사용할 수 있고(신탁업법 15조의2 1항, 동
법시행령 11조), 신탁회사가 신탁자금을 부동산의 매입에 사용하는 경우
위탁자의 보호 및 건전한 신탁거래질서의 유지를 위하여 필요하다고 판
단될 때는 금융감독위원회가 일정한 기준을 제정하여 금전신탁 자금

---

10) IMF 관리체제 이후 우리나라 부동산시장의 제도변화에 대해서는 손재영,
"IMF이후 부동산시장의 새로운 틀", 토지연구 제9권 제3호(1998년 송년호),
5∼19쪽 참조.

11) 왕세종, "계약형 부동산투자신탁제도의 도입배경과 쟁점사항", 계약형 부동
산투자신탁제도 활성화를 위한 세미나 자료집, 2000.7.3, 6∼7쪽 ; 부동산투
자신탁제도의 도입이전인 1997년 10월에 이루어진 은행, 종금사, 보험회사,
투신사 등의 66개 금융기관 종사자 691명에 대한 설문조사에 따르면 부동
산투자신탁의 국내도입에 대해 전체응답자 61.8%가 즉각적인 찬성의사를
나타냈고 찬성은 하되 현재는 시기상조라고 생각하는 비율은 28.4%, 반대
한다고 응답하는 비율은 4.2%에 불과했다. 박신영·김영범, "부동산투자신
탁의 국내도입가능성 검토", 주택금융 제211호(1998.3), 78∼79쪽.

의 운용에 따른 문제점을 예방할 수 있으며(신탁업법 15조의2 3항, 동법시행령 13조), 신탁업감독규정에서 신탁자금의 운영과 관련하여 부동산투자신탁자금을 연평균 수탁금액의 70/100이상 부동산의 매입 또는 개발, 부동산의 매입 또는 개발을 위한 대출, 부동산관련 유동화 증권투자 등에 운용하도록 신탁회사에 의무를 지우고 있다(신탁업감독규정 19조의2).[12)]

이러한 부동산투자신탁은 투자자로부터 금전이 신탁되는 불특정금전신탁이라는 점에서 신탁의 대상물이 금전이 아닌 부동산인 부동산신탁과는 개념상 구별된다. 부동산신탁은 부동산소유자가 부동산을 부동산신탁회사에 신탁하면 부동산신탁회사는 수탁자로서 신탁 목적에 따라 소요자금의 조달, 토지조성, 건물의 건축, 임대, 분양 등을 행하고 그 성과를 부동산소유자인 수익자에게 교부하는 신탁을 말한다.[13)]

부동산투자신탁의 경우 신탁회사가 고유재산으로도 수익증권을 매수할 수 있고(신탁업법 17조의6), 신탁만기일 전에도 중도해지가 가능하지만(신탁업법 10조 2항, 동법시행령 10조 1호, 신탁업감독규정 5조 1항) 투자자가 적극적으로 환매청구권을 갖는 것은 아니다. 환매에 제한을 받는 경우에는 수익증권의 상장을 통해 투자금의 회수를 손쉽게 할 수 있도록 하는 것이 필요한데, 부동산투자신탁의 경우에는 그 수익증권이 현행법상 어렵게 되어 있다.[14)] 현행 신탁법과 신탁업법에서는 수익증권의 상장에 아무런 규정을 두고 있지 않고, 신탁겸업은행이 발행하는 수익증권에 대해 증권거래법 유가증권에는 포함되지만(증권거래법 2조, 동법시

---

12) 신탁업법 개정을 통하여 신탁형 부동산 간접투자의 정의를 분명히 하여야 한다는 견해가 있다. 두성규, "계약형 부동산투자신탁제도의 법적 검토를 통한 활성화 방안", 계약형 부동산투자신탁제도 활성화를 위한 세미나 자료집, 2000.7.3, 39쪽.

13) 윤황지, "부동산신탁제도에 관한 연구", 부동산학보 제17집, 한국부동산학회, 2000.12, 283쪽.

14) 두성규, 위의 글, 46쪽.

행령 2조의3) 유가증권상장규정에서 규정한 상장신청 가능한 수익증권에 포함되어 있지 않기 때문이다(유가증권상장규정 6조 1항).

부동산투자신탁은 투자상품으로서 ⅰ) 차별적인 성격을 갖는 개별 펀드의 조성으로 투자자의 입장에서 선택의 폭이 넓고 상품별로 특화된 투자대상을 확정할 수 있고, ⅱ) 펀드별로 조성된 자금으로 운영되어 관리비용의 절감이 가능하고 금융감독기관의 관리 및 감시가 쉬우며, ⅲ) 신탁기간별 청산형으로서 펀드별 사업성과에 따른 분배가 명확하다는 장점을 갖고 있다.15)

신탁업법에 기초한 신탁계정을 근간으로 운영되는 부동산투자신탁의 구조는 자산관리 및 운용기능의 소재에 따라 외부관리형과 내부관리형으로 세분할 수 있다.

외부관리형은 부동산 매입 및 부동산담보대출을 위한 투자를 목적으로 신탁겸영은행이 신탁계정을 설정하여 투자자에게 수익증권을 발행하여 자금을 조성한다. 신탁겸영은행은 자산 운용 및 관리의 주체로서 전문적인 자산관리회사를 100% 출자방식으로 설립하거나 계약을 통하여 관리를 위탁하고, 자산관리회사는 신탁계정과 관리·운용을 위한 별도의 계약을 체결한다.

이에 반해 내부관리형은 신탁겸영은행이 자산관리 및 운용기능을 내부조직으로 갖는다. 즉 신탁업법에 근거한 신탁겸영은행이 신탁계정의 설정, 자산보관·관리·운영의 주체로서 자산보관의 기능과 더불어 부동산 및 부동산관련 유가증권의 운용기능을 모두 담당하는 구조이다.

---

15) 왕세종, 위의 글, 9쪽.

〈그림 8〉 부동산투자신탁의 구조 : 외부관리형

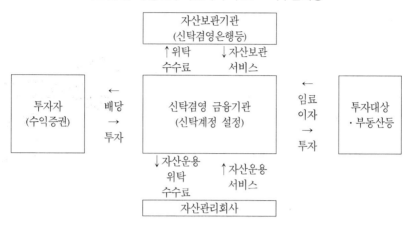

〈그림 9〉 부동산투자신탁의 구조 : 내부관리형

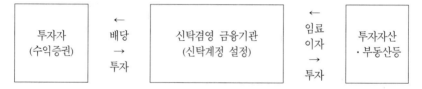

4) 증권투자신탁과의 비교

증권투자신탁과 부동산투자신탁은 투자대상에 있어 차이를 보이고 있지만 집합재산과 투자관리자의 재산을 법적으로 분리하는데 신탁을 이용한다는 점에서는 공통점을 보이고 있다.

여기서 신탁이란 신탁설정자(위탁자)가 신탁을 인수하는 자(수탁자)가 특별한 신임관계에 기하여 위탁자가 특정의 재산권을 수탁자에게 이전하거나 기타의 처분을 하고 위탁자로 하여금 일정한 자(수익자)의 이익을 위하여 또는 특정의 목적을 위하여 그 재산권을 관리, 처분하게 되는 법률관계를 말한다고 할 수 있다(신탁법 1조 1항).

이하는 증권투자신탁, 부동산투자신탁, 일반신탁을 표로 비교 정리한
것이다.

〈표 2〉 증권투자신탁, 부동산투자신탁, 일반신탁의 비교

구 분	증권투자신탁	부동산투자신탁	일반신탁
적용법규	증권투자신탁업법	신탁업법	신탁업법
신탁의 대상	금전	금전	금전, 금전 이외의 재산
투자의 대상	특정유가증권	부동산, 부동산관련유가증권 개발사업대출	유가증권, 금전대출등
발행증권 및 발행의무	수익증권(의무적)	수익증권(임의)	수익증권(임의) * 금전신탁의 경우
상장여부	임의	임의	임의 * 금전신탁의 경우
신탁재산의 보관	수탁회사	수탁회사(내부관리형) 자산관리회사(외부관리형)	수탁회사(내부관리형) 자산관리회사(외부관리형)
신탁재산의 운용	위탁회사	위탁회사(내부관리형) 자산관리회사(외부관리형)	위탁회사(내부관리형) 자산관리회사(외부관리형)
감독기관	금융감독위원회	금융감독위원회	금융감독위원회

5) 현 황

2000.7.24 국민은행의 빅맨부동산투자신탁 1호가 최초로 은행의 부동
산투자신탁상품으로 발매된 이후 신탁겸용은행의 부동산투자신탁 규모
는 2000년 말 1,747억원, 2001년 말 6,669억원, 2002년 11월 말 현재 1조
2,173억원으로 2년 만에 697%나 증가하였다. 부동산투자신탁은 조흥은
행, 우리은행, 외환은행, 국민은행, 한미은행, 하나은행, 대구은행, 산업
은행, 기업은행 등 9개 은행에서 영위중이다.

시행초기(2000년~2001년)에는 대출운용비율이 높았으나 동일인 대출
한도 축소 등의 사유로 현재는 부동산관련 유동화증권의 매입운용에 치
중하고 있다. 2002년 11월 말 현재 총 운용규모 1조 11,807억원 중 부동
산관련 유동화증권의 매입에 64%(7,576억원), 토지매입을 위한 대출

에 36%(4,231억원)을 주로 사용하고 있다.16) 이와 달리 부동산투자회사의 경우에는 주로 부동산의 매입에 투자자금을 운용한다.

3. 회사형

1) 의 의

부동산투자회사는 ⅰ) 소액투자자의 시장참여를 가능케 하고, ⅱ) 부동산투자의 전문성을 높이며, ⅲ) 부동산수요를 확대하고, ⅳ) 부동산시장의 선진화·투명화를 꾀하고 ⅴ) 자본시장을 지원 육성하기도 하며 ⅵ) 건설회사의 새로운 자금조달 수단을 제공하고 ⅶ) 기업의 구조조정을 지원하는 등의 효과가 있다.17)

이러한 부동산투자회사는 간접투자수단 자체가 장기적 투자에 적합하도록 일반회사와 마찬가지로 부동산의 관리·운용자체를 사업목적으로 하는 형태를 취하는 실질회사형과 자금이 모이는 투자의 도관(pass-through)이라는 성격이 강조되어 부동산의 관리·운용 등은 외부에 위탁하고 간접투자수단 자체는 SPC인 SPC형이 존재한다. 부동산투자회사법상 실질회사형으로는 일반 부동산투자회사, SPC형으로는 기업구조조정 부동산투자회사가 있다.18)

일반 부동산투자회사란 주식발행을 통하여 다수의 투자자로부터 자금을 모으고 그 자금을 부동산에 투자·운용하여 얻은 수익을 투자자에게 배당하는 것을 목적으로 하는 주식회사를 말한다(부동산투자회사법 2조 1호, 동법 3조 1항). 주요자산을 기업구조조정 부동산으로 제한하고

---

16) 금융감독원 보도자료, "신탁겸영은행의 부동산투자신탁현황", 2002.12.31.
17) 부동산투자회사제도의 영향과 기대효과에 대해서는 박상덕 외 8인, 『우리나라 리츠 이론과 실무』, 2001, 31~40쪽 참조.
18) 회사형 증권 간접투자인 증권투자회사와 기업구조조정 증권투자회사의 경우에는 둘 다 SPC형이다.

있는 부동산투자회사를 기업구조조정 부동산투자회사라 한다(부동산투자회사법 49조의2 1항 1호).[19] 기업구조조정 부동산투자회사는 장기간의 투자를 요하는 부동산 간접투자수단이기는 하지만 기업구조조정의 긴박성과 단기성 때문에 실질회사가 아닌 SPC형을 취하고 있다.

일반 부동산투자회사는 실질회사로서 지속성을 가질 수 있어 장기간의 투자를 요구하는 부동산의 사업에 적합하고 내부관리방식에 의하는 경우 자산관리 및 운용의 책임주체가 명확하다는 장점을 갖는다. 그러나 일정수준 이상의 규모로 성장하기 이전에는 자기관리 비용 부담이 크고, 내부관리방식에 의한 자산운영 및 관리는 내부거래의 투명성 확보를 곤란하게 하고 투자대상 혼합으로 인한 수익률 혼재의 문제가 있다.[20] 기업구조조정 부동산투자회사는 서류상의 회사로서 외부관리방식에 의해서만 자산운영 및 관리가 가능하다.

2) 기본구조

실질회사형인 일반 부동산투자회사는 주식회사의 형태를 취하므로 기관으로 주주총회, 이사회, 감사가 있다. 투자자는 주주로서 주주총회에 참석하여 의결권을 행사하는 등 경영에 관여하고, 이사회와 감사는 부동산투자회사의 자산운용업무에 관한 집행과 감독기능을 분담한다.

일반 부동산투자회사는 3인 이상의 전문운용인력을 둔 실질회사로 운영되고 내부기관을 통해 자산운용을 하게 된다. 자산운용의 자문 및 평

---

19) 부동산투자회사라고 하면 광의로는 이러한 기업구조조정 부동산투자회사를 포함한 개념이고, 협의로는 기업구조조정 부동산투자회사와는 달리 영속적이며 실체가 존재하는 부동산투자회사만을 지칭한다. 용어의 혼동을 피하기 위해 협의의 부동산투자회사를 일반 부동산투자회사라고도 한다. 부동산투자회사법상 부동산투자회사는 협의의 부동산투자회사만을 말한다.

20) 왕세종, 위의 글, 10쪽.

가업무에 대해서는 부동산자문회사에 위탁할 수 있고, 부동산등 자산은 자산보관기관에 보관을 위탁하여야 한다.

〈그림 10〉 일반 부동산투자회사의 구조

일반 부동산투자회사는 투자대상인 부동산이 일반적으로 장기간을 요하는 경우가 많고 환금성에 제약이 많다는 점에서 투자자에게 환매권이 인정하지 않고 있다. 그러나 일반 부동산투자회사는 상장 또는 등록이 강제되어 있기 때문에 주식거래를 통한 투자금 환수가 용이하다(부동산투자회사법 20조).

SPC형인 기업구조조정 부동산투자회사도 주식회사의 형태를 취하므로 주주총회, 이사회, 그리고 감사라는 기관을 가지고 있다. 그러나 기업구조조정 부동산투자회사는 기업구조조정의 긴박성과 단기성으로 직원을 고용하거나 상근임원을 둘 수 없는 서류상 회사로서 운영되기 때문에 기업구조조정 투자회사의 업무를 실질적으로 담당하는 다수의 외부기관과 관계를 맺는다. 자산의 투자·운용업무는 투자전문가인 부동산투자자문회사가 가 맡고, 자산의 보관은 신탁겸용은행이 담당하며, 일반사무는 일반사무수탁회사에서 맡는다.

기업구조조정 부동산투자회사의 투자자도 원칙적으로 환매가 금지되어 상장 또는 등록된 주식의 거래를 통해서 투자금을 환수할 수 있다. 다만 기업구조조정 부동산투자회사는 SPC형으로서 투자도관으로서의

성격이 강조되어 일반 부동산투자회사의 경우와는 달리 발행주식이 일
정 기간 내에 상장 또는 등록되지 아니하는 경우에는 환매를 통한 투자
자의 투자금환수가 인정된다(부동산투자회사법 49조의5).

〈그림 11〉 기업구조조정 부동산투자회사의 구조

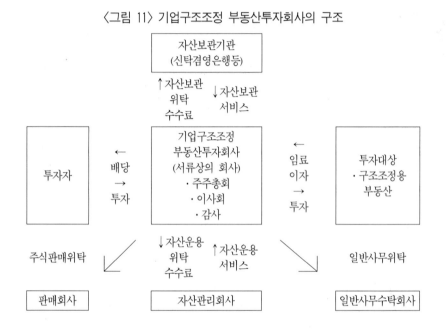

3) 증권투자회사와의 비교

간접투자자산운용업법 제정 이전의 부동산투자회사와 증권투자회사
를 비교하면 다음과 같다. 부동산투자회사와 증권투자회사는 투자대상
에 있어 차이를 보이고 있지만 집합재산과 투자관리자의 재산을 법적으
로 분리하는데 회사를 이용한다는 점에서는 공통점을 보이고 있다. 양자
모두 주식회사의 형태를 취하므로 일반주식회사처럼 주주총회, 이사회,
그리고 감사라는 기관이 있다.

그러나 증권투자회사는 본질적으로 설립목적이나 운영방법이 일반주식

회사와 다르고 상근직원이 없는 서류상 회사로서 운영된다는 점에서 상법의 규정을 배제하는 많은 예외적 조항을 갖고 있다(증권투자회사법 84조 2항).

일반 부동산투자회사의 경우도 본질적으로 설립목적이나 운용방법이 일반 주식회사와는 달라 상법상의 규정이 그대로 적용되지는 않는다. 예컨대 상법상 변태설립사항(회사설립시 현물출자등), 이익준비금, 감사위원회 등에 관한 규정이 그대로 적용되지는 않는다(부동산투자회사법 3조 2항, 11조, 19조 1항, 28조 1항, 49조 1항). 기업구조조정 부동산투자회사의 경우는 상근직원이 없는 서류상 회사로서 운영된다는 점에서 증권투자회사와 유사한 속성을 갖고 있어 증권투자회사법상의 일부규정이 준용되기도 하고(부동산투자회사법 49조의7), 일반 부동산투자회사와 차이를 보여 일반 부동산투자회사에 관한 부동산투자회사법상의 일부규정의 적용을 배제하기도 한다(부동산투자회사법 49조의2 1항).

이하는 간접투자자산운용업법 제정이전 증권투자회사, 일반 부동산투자회사, 기업구조조정 부동산투자회사, 일반 주식회사를 표로 비교 정리한 것이다.

〈표 3〉 증권투자회사, 부동산투자회사, 일반 주식회사의 비교

구 분	증권투자회사	부동산투자회사		일반 주식회사
		기업구조조정 부동산투자회사	일반 부동산투자회사	
근거법	증권투자회사법	부동산투자회사법	부동산투자회사법	상법
설 립	금감위 등록	건교부장관 인가	건교부장관 인가	준칙주의
최저자본금	2억원 이상(순자산액)	500억원	500억원	5천만원
내부기관	• 주총, 이사회, 감사 • 상근 임직원 없음	• 주총, 이사회, 감사 • 상근 임직원 없음	• 주총, 이사회, 감사 　(많은 업무 외부위 　탁/주총, 이사회결의 　사항 강화) • 자산전문운용인력 　3인 이상	• 주총, 이사회, 감사 　또는 감사위원회 • 상근 임직원 있음
주식분산	제한 없음	제한 없음	1인당 10%로 제한	제한 없음

투자대상	특정 유가증권	• 부채상환 목적의 구조조정용 부동산 • 약정 체결 기업, 법정 관리 및 화의 기업의 부동산	• 부동산 • 부동산관련 유가증권	제한 없음
업무위탁	일괄 위탁관리 <외부관리형>	일괄 위탁관리 <외부관리형>	• 주총, 이사회 결의사항 외 위탁가능 • 자산보관의 위탁 의무화 <외부관리형, 내부관리형>	제한 없음
배 당	임의 배당. 단, 법인세 감면을 위하여 90%이상 배당	임의 배당. 단, 법인세 감면을 위하여 90%이상 배당	90%이상 배당 의무화	제한 없음
차 입	원칙적으로 금지	제한 없음	원칙적으로 금지	제한 없음
상 장	상장의무화(폐쇄형만)	상장 의무화	상장 의무화	제한 없음
환 매	개방형, 폐쇄형	개방형, 폐쇄형	폐쇄형	폐쇄형
존속기한	제한 없음 (대체로 1년)	정관 기재 의무	제한 없음(영속적)	제한 없음(영속적)

2004.10.15 간접투자자산운용업법이 개정(법률 제7221호)되면서 투자회사형 부동산간접투자기구가 허용되었다. 그 이전에도 부동산간접투자기구가 인정되기는 하였으나, 부동산투자회사법에 의한 부동산투자회사와의 관계상 투자신탁형 부동산간접투자기구만 허용되었다. 부동산을 간접투자대상으로 하는 경우 부동산투자회사법상 부동산투자회사와 간접투자자산운용업법상 투자형 부동산간접투자기구에 관한 규정이 함께 적용될 수 있기 때문에 양자의 관계가 문제될 수 있다. 현재는 부동산투자비율로 양자를 구별하고 있다. 즉 위탁관리부동산투자회사의 부동산 투자비율 하한이 70%, 투자회사형 부동산간접투자기구의 부동산 투자비율 상한이 70%로 각각 제한되어 있다(간접투자자산운용업법 143조 6항).[21]

---

21) 국회 재정경제위원회, "간접투자자산운용업법중개정법률(정부제출) 검토보고", 2004.8, 59쪽 참조.

'부동산투자회사'라는 명칭을 놓고도 다툼이 있었다. 간접투자자산운용업법상 투자형 부동산간접투자기구가 '부동산투자회사'라는 명칭을 사용할 수 있는지에 대한 것이었다. 투자형 부동산간접투자기구인 '현대경매부동산투자회사 1호'에 대해 부동산투자회사라는 명칭을 허용할지는 놓고 실제 논란이 되었고, 재정경제부와 건설교통부에서는 협의에 의해 허용하였다.[22]

부동산투자회사법 제3조 제3항의 '이 법에 의한 부동산투자회사가 아닌 자는 부동산투자회사 또는 이와 유사한 명칭을 사용하여서는 아니 된다'는 규정을 엄격하게 해석하면 투자형 부동산간접투자기구는 이러한 명칭을 사용하지 못할 것이고, 부동산투자회사법상 부동산투자회사와 부동산투자비율에 따른 차이만 있을 뿐 같은 부동산 간접투자기구라는 점을 강조하면 투자형 부동산간접투자기구에 부동산투자회사라는 명칭을 사용할 수도 있을 것이다.

그러나 부동산투자회사법상 부동산투자회사에는 실질회사형인 자기관리부동산투자회사형이 있고 이는 이중과세조정상 간접투자자산운용업법상 투자형 부동산간접투자기구와 완전히 다르다는 점에서 용어에 따른 혼동을 가져오는 것은 바람직하지 않다. 실제 거래계에서도 부동산투자회사에 대해서는 '리츠', 간접투자자산운용업법상 투자형 부동산간접투자기구에 대해서는 '부동산 펀드'라는 용어로 양자를 구별하고 있다. 따라서 투자형 부동산간접투자기구인 '현대경매부동산투자회사 1호'에 대해 부동산투자회사라는 명칭을 허용한 결정은 검토를 요한다.

---

22) 스탁데일리, 2005.1.24자 참조.

Ⅱ. 과세에 있어서 특수성

1. 부동산유통과 관련된 세금의 감면 필요성

부동산 간접투자는 부동산 유통과 관련된 세금의 감면이 없으면 거래가 이루어지지 않는다. 부동산은 전통적으로는 단기투자에 적합하지 않다. 부동산은 지리적 위치가 고정되어 있어 각 토지마다 매우 강한 개별성을 지니고 있고, 물리적인 기능보다는 인위적인 주변 환경에 따라 효용이 달라지는 특수성을 갖고 있고 투자단위가 거액이라는 이유 때문에 다른 투자자산과 비교하여 매매가 쉽지가 않다. 매매가 가능하다고 하더라도 부동산거래를 하는 당사자에게는 부동산과 관련된 세금이 큰 부담이 된다.

부동산과 관련된 세금23)으로는 취득단계에서 취득세, 등록세 등이 발생하며, 보유단계에서는 재산세, 종합부동산세 등이 발생하고, 처분단계에서는 양도차익에 대한 조세(소득세, 법인세 등)가 발생한다. 부동산 간접투자의 경우도 투자대상인 부동산과 관련된 세금이 고액이라는 점이 투자비용을 높이는 결과를 가져온다.24) 예컨대 부동산투자신탁이나 부동산투자회사가 부동산을 취득할 때에는 등록세, 취득세 등이 과세되어 투자를 할 때 높은 비용이 따른다.

부동산 간접투자시 필연적으로 발생하는 부동산과 관련된 세금으로 인한 투자비용을 낮추어 준다면 부동산 유동성을 촉진할 수 있을 것이다.25) 부동산 유동성을 촉진26)만을 위해서라면 부동산 간접투자이외의

---

23) 부동산과 관련된 세금을 통상 부동산세제 또는 부동산조세라고 한다. 강인애, 『부동산 세금(부동산관련 국세·지방세)』, 2002.2, 1~2쪽.

24) 住信基礎研究所 不動産投資調査グループ 編, 『不動産投資ファンドの分析と評價』, 2002.3, 50頁.

25) 中央靑山監査法人 編, 위의 책, 388頁.

부동산 거래시 부동산 세제를 감면하는 방법도 가능하지만, 부동산 간접투자의 경우에만 다른 부동산 거래의 경우보다 통상의 부동산 세제를 감면할 수도 있다. 후자의 경우에 대해서는 부동산 간접투자의 활성화를 위해 부동산 간접투자에 주어진 특혜라고 볼 수도 있고,[27] 세제감면은 간접투자시 포트폴리오에 부동산을 포함시키는 경우 포트폴리오의 효율성을 높이는 대가라는 점에서 특혜라고 하기 어려운 면도 있다.

부동산 간접투자에 대해 부동산 세제를 감면하는 예로 일본[28]과 우리나라의 경우 등록세, 취득세 등을 감면하기 위한 과세상 특례를 두고 있다.

1) 부동산투자신탁

부동산투자신탁의 경우 신탁재산으로 취득하는 부동산의 취득세, 등록세의 50%를 감면받는다(조세특례제한법 120조 4항, 119조 6항).

2) 부동산투자회사

일반 부동산투자회사는 취득하는 부동산의 취득세, 등록세의 50%를 감면받고, 기업구조조정 부동산투자회사는 면제된다(조세특례제한법 120조 4항, 119조 6항).

---

26) 부동산 보유에 관한 조세의 경우(재산세, 종합토지세 등)에는 조세부담이 크면 관리비의 증가로 인하여 오히려 부동산 유동화를 촉진하는 결과를 가져올 수 있다. 강인애, 위의 책, 2쪽.

27) 국회 건설교통위원회, "부동산투자회사법안 심사보고서", 2001.3, 11쪽.

28) 일본 조세특별조치법 83조의7 3항, 일본 지방세법부칙 11조 26항, 동법시행령부칙 7조 25항, 16항.

2. 소득과세

부동산 간접투자의 경우에도 동일한 투자수익에 대해 투자수단단계의 과세와 투자자단계의 과세라는 경제적 이중과세가 문제될 수 있다. 투자수단을 별개의 납세의무자로 보지 않는 경우에는 이러한 이중과세를 해결하기 위한 조정방법이 필요하지 않지만 투자수단을 별개의 납세의무자로 보는 경우에는 이중과세를 조정하기 위한 여러 방법이 제시될 수 있다. 여기에 대해서는 간접투자에 대한 과세에서 이미 살펴보았다.

투자자단계에서의 과세는 다른 간접투자와 마찬가지로 수익증권 또는 주식을 소유하고 있을 때 받는 이자·배당에 대한 소득과세, 수익증권 또는 주식을 매각하였을 때 양도손익에 대한 소득과세가 있다.

이하에서는 우리나라 부동산투자신탁과 부동산투자회사의 소득과세에 대해 살펴본다.

1) 부동산투자신탁

부동산투자신탁은 주된 투자대상이 부동산이라는 점에서 증권투자신탁과 차이를 보이는 것이 원칙이다. 그러나 우리나라의 경우 은행을 통한 부동산투자신탁은 부동산을 직접 매입하는 투자가 아니라 부동산유동화증권을 매입하거나 부동산 관련 대출을 하는 투자를 하기 때문에 엄밀히 말하여 증권투자신탁과 구분이 분명한 것은 아니다.

신탁재산에 따르는 소득은 신탁에 대한 과세원칙에 따라 수익자에게 귀속된다(소득세법 46조 9항, 법인세법 5조 1항). 신탁재산 자체는 법인세의 납세의무를 지지 않으므로 신탁을 통해 받는 소득에 대한 과세는 이연된다. 신탁재산에 지급되는 이자에 대해서는 14% 원천징수세가 부과되고(법인세법 73조 2항), 신탁회사가 수익자에게 소득을 배당하는 단계에서 원천징수하여 납부할 세금에서 이 14% 원천징수세를 공제받을 수 있다(법인세법시행령 112조 3항).

개인투자자가 부동산투자신탁으로부터 받는 이익은 이자소득으로 본다(소득세법 16조 1항 5호). 법인투자자가 신탁재산으로부터 받는 이익은 익금에 산입된다(법인세법 15조 3항, 동법시행령 11조 10호).

2) 부동산투자회사

일반 부동산투자회사는 장기적인 특성 때문에 실질회사화 되어 다른 일반회사와 같이 법인세액공제방식에 의한 불완전한 이중과세조정을 받지만, 기업구조조정 부동산투자회사는 단기투자 성격을 갖는 SPC로서 기업구조조정 부동산투자회사가 투자자에게 90%이상 배당을 한 경우 배당액을 그 법인의 소득에서 공제하여 사실상 배당액을 투자자에게 준 만큼은 법인세가 과세될 소득이 없는 것으로 보아 사실상 법인세 부담을 지지 않는 과세상 도관체가 된다.

일반 부동산투자회사에 대해서는 근본적으로는 일반회사와 동일한 법인단계와 투자자단계의 이중과세조정방법이 적용되어 금융소득종합과세대상인 주주는 법인세의 일부를 이미 부담한 것으로 되어 배당세액공제가 적용되고, 법인주주의 경우에는 회사로부터 수령한 배당의 일부를 익금불산입 할 수 있다(법인세법 18조의 3 1항). 일반 부동산투자회사는 투자회사라는 성격 때문에 배당가능이익의 90%이상을 배당하여야 하지만(부동산투자회사법 28조), 장기투자를 한다는 점에서 실질회사화 되어 지급한 배당을 소득공제하는 것은 인정되지 않고 있다.

기업구조조정 부동산투자회사는 기업구조조정을 지원하기 위하여 비교적 단기투자 성격을 갖고 있고 상근임직원이 없는 SPC형으로서 배당금을 소득공제하여 회사단계는 사실상 비과세된다. 배당가능이익의 90%이상을 주주들에게 배당하면 그 배당액을 소득공제할 수 있고(법인세법 51조의2 1항), 지급된 배당액이 과세대상을 초과하는 경우에는 그 초과분은 이월되지 않고 그대로 소멸한다(법인세법시행령 86조의2 2항). 기업구조조정 부동산투자회사가 법인세를 납부하지 않는 한 주주는 배당세액공제나 익금불산입을 받을 수는 없다.[29]

Ⅲ. 부동산투자회사의 필요성과 현황

부동산투자회사는 2001년 4월 부동산투자회사법이 제정되면서 우리나라에 도입되었다. 여기에서는 부동산투자회사법(안)이 입법예고 되었던 2000년 11월 20일을 기준으로 부동산을 통해 수익을 올릴 수 있는 다른 투자수단이 있었음에도 불구하고 새로이 부동산투자회사법 제정을 통해서 부동산투자회사를 도입해야 했던 필요성을 검토하고,[30] 이렇게 도입된 부동산투자회사가 어떻게 운영되고 있는지 살펴본다.

1. 부동산투자회사의 필요성

투자자가 부동산을 직접 매입하는 것이 아니고 투자자는 자금을 대고 자금이 모인 펀드가 부동산을 직접 매입하거나 부동산관련 투자를 하여 수익을 올린 후 그 수익을 투자자에게 분배하는 형식의 부동산 간접투자는 이 법령 이전에도 부동산신탁, 부동산투자신탁, 유동화전문회사를 통해 이론적으로는 가능한 면이 있었다. 이하에서는 이러한 유사제도가 있었음에도 별개의 법령으로 부동산투자회사를 도입한 이유를 유사제도의 한계를 중심으로 살펴보고자 한다.

---

29) 이창희, 위의 글, 28쪽.
30) 김영곤, "도입배경 및 필요성, 현행 법률개정시 한계, 도입방향", 부동산투자회사제도 도입을 위한 공청회 자료집, 2000.5.29, 1∼6쪽 ; 국회 건설교통위원회, "부동산투자회사법안 검토보고서", 2000.12.

1) 부동산신탁의 한계

부동산신탁사는 부동산소유자가 위탁한 토지에 건설회사를 참가시켜 건물을 시공하고, 토지 또는 건물을 처분하거나 관리하여 그 수익을 수익자에게 돌려주는 방식으로 운용되었다. 건설회사의 입장에서는 이러한 기능 때문에 부동산신탁사는 금융기관과 같이 부동산개발사업의 자금공급으로 기능하였다. 이러한 자금조달방식은 인플레이션으로 인한 자본이득이 대규모로 발생하는 개발시대에선 재무 레버리지 효과를 극대화하는 장점을 가졌다. 그러나 IMF 관리체제 이후 단기차입으로 고위험의 건설개발사업에 투자하는 자금조달방식은 건설회사로 하여금 회복하기 어려운 유동성 위험을 가져왔고 더 이상 건설회사가 부동산신탁사를 통한 자금조달에 어려움에 부딪치게 되었다. 또한 IMF 관리체제 이후 일부 부동산신탁회사 임원진들이 부동산개발업체에 대한 특혜 지원 및 뇌물수수혐의로 검찰에 무더기로 적발됨에 따라 부동산신탁업계 자체가 큰 어려움을 겪게 되었다.

이에 따라서 부동산신탁제도를 전면적으로 재검토하고 적절할 개선방안으로 부동산투자회사제도를 생각하게 되었다. 기존의 부실 부동산신탁회사들을 부동산투자회사의 자산운용회사로 만들어 그들로 하여금 자금조달을 용이하게 함으로 새로운 활로를 모색하고자 한 것이다.

2) 부동산투자신탁의 한계

신탁형 부동산 간접투자인 부동산투자신탁은 차별적인 성격을 갖는 개별펀드의 조성으로 투자자의 입장에서 선택의 폭이 넓고 사전적으로 상품별로 특화된 투자대상을 확정할 수 있고, 펀드별로 조성된 자금으로 운영되어 관리비용 절감이 가능하며, 신탁기간별 청산형으로 펀드별 사업성과에 따른 배분이 명확하다 등 투자상품으로서 장점을 가지고 있지만[31] 다음과 같은 문제도 있다.

먼저 신탁형은 투자자의 권한행사가 제한되어 투자자 보호 장치가 필요하다. 이에 반해 회사형 부동산 간접투자의 투자자는 주주총회 등을 통하여 주주로서 권한을 행사할 수 있다.32)

둘째, 부동산투자신탁은 자금모집·자산운용·관리 등을 모두 은행에서 수행하므로 투명성의 확보가 곤란하다. 부동산투자에 따른 모든 리스크관리를 위해서는 투자자의 적극적인 참여가 요구되나 신탁계약상 제도화하기 어렵다.33)

셋째, 회사형은 책임의 주체가 분명하여 회사의 채무에 대해 투자자가 책임을 지지 않는데 반해, 신탁형은 책임의 주체가 명확하지 않다. 미국의 경우 REIT가 처음 도입되었을 때에는 신탁형을 중심으로 이루어졌다가 오늘날 대부분의 REIT가 회사형이 된 이유 중의 하나이다.34)

넷째, 부동산 자산의 특성상 장기적인 운영이 필요한 데 비해, 부동산투자신탁의 경우 계약기간이 존재하게 되어 만기시 부동산 처분이 곤란하거나 부동산가격 침체로 투자자의 손실발생이 발생할 수 있다.35)

다섯째, 신탁회사의 수익증권은 부동산 지분의 소액화는 가능하나 상장이 제한되어 있어 유동성 확보가 곤란하다는 문제가 있다. 상장이 되는 경우에도 주식에 비하여 유동성 및 환금성이 낮다.36)

여섯째, 부동산투자신탁을 신탁겸영은행만이 하도록 되어 있는데 은행의 신탁계정 운용담당자들은 부동산개발에 문외한이거나 부동산에 포함된 과도한 리스크 때문에 부동산투자를 기피하는 경향이 있다.37) 실제로 이러한 이유 때문에 1998년 4월에 부동산투자신탁이 제도적으로 도

---

31) 왕세종, 위의 글, 9쪽.
32) 왕세종, 위의 글, 9~10쪽.
33) 김영곤, "도입배경 및 필요성, 현행 법률개정시 한계, 도입방향", 부동산투자회사제도도입을 위한 공청회 발표자료집, 2000.5.29, 9쪽.
34) Theodore S. Lyhn & Micah Bloomfield, *Id.*, 2.01[1].
35) 김영곤, 위의 글, 9쪽.
36) 왕세종, 위의 글, 9쪽.
37) 이상영 외 3인, 위의 글, 133쪽.

입된 지 2년 3개월 후에야 투자사례가 나타났다. 부동산투자신탁의 설립 주체를 금융기관에만 제한하지 말고 부동산개발 노하우가 많은 개발업체, 건설회사, 부동산 자산운용사 등으로 확대하는 것도 부동산투자신탁의 활성화를 가져오는 방안이 될 수 있다.

이러한 여러 이유 때문에 1998년 4월에 도입된 부동산투자신탁과는 별도로 부동산투자회사를 도입하였다. 부동산투자신탁과 부동산투자회사의 법적 구조와 과세에 대해 이미 살펴본 것을 하나의 표로 정리하면 다음과 같다.

〈표 4〉 부동산투자신탁과 부동산투자회사의 비교

구 분	부동산투자신탁	부동산투자회사	
		일반 부동산투자회사	기업구조조정 부동산투자회사
근거법	신탁업법	부동산투자회사법	좌동
설 립	금감위 인가	건교부장관 인가	좌동
회사 형태	회사 없음	실질회사	SPC
최저자본금	해당 없음	500억원	좌동
투자대상	• 부동산 • 부동산관련유가증권	• 부동산 • 부동산관련유가증권	• 부채상환목적의 구조조정용 부동산 • 약정체결기업, 법정관리 및 화의기업의 부동산
투자증권	수익증권	주식	좌동
상 장	임의	의무화	좌동
배 당	임의	90%이상	임의, 단 법인세 감면을 위하여 90%이상 배당
존속기간	약관에 정함	무기한	정관에 정함
자산관리운영	외부관리, 내부관리	외부관리, 내부관리	외부관리(의무적)
투자수단에 대한 과세	• 법인세 비과세 • 등록세/취득세 50%감면	• 법인세 과세 (투자손실준비금 손금산입) • 등록세/취득세 50%감면 • 법인설립시 등록세 중과세 배제(2003년까지)	• 배당액 소득공제 • 등록세/취득세 면제 • 법인설립시 등록세 중과세 배제(2003년까지)
투자자에 대한 과세	• 신탁의 이익을 이자소득으로 과세	• 개인주주 주식양도차익 비과세(최초출자자) • 당연종합과세 배제 (2003년 까지)	좌동

3) 유동화전문회사의 한계

자산유동화에관한법률상 유동화전문회사(SPC)의 경우 유동화자산의 범위에 부동산지분이 포함되어 있으므로 유동화 된 부동산 지분투자자 모집이 가능하고, 출자증권을 발행하여 모은 자금으로 부동산지분에 투자도 가능하다는 점에서 회사형 부동산 간접투자라고 볼 수 있다.

그러나 유동화전문회사를 설립할 수 있는 자산보유자의 범위가 개발사업자, 건설회사, 자산운용사가 아닌 금융기관, 자산관리공사 등으로 한정되어 부동산 운용·개발에 대한 전문성이 부족하고 이에 따른 투자위험이 높다. 부동산은 장기적인 운용이 필요한 만큼 ABS(1회 유동화) 만기시 재발행을 추진해야 하는데, 이때 새로운 유동화전문회사를 설립해야 하는 문제가 있다.[38]

4) 일반회사의 한계

일반회사가 부동산임대 또는 매매업을 목적으로 하여 임대 또는 매매용 부동산을 취득하기 위해 투자자로부터 출자를 받고 이러한 자금으로 취득한 부동산으로부터 생긴 수익을 주주에게 배당으로 준다면 투자자 입장에서 보면 부동산투자회사와 마찬가지로 부동산 간접투자 하는 것이 된다. 그렇다면 현재의 부동산투자회사에 주어지는 과세상 혜택을 제외하고 보았을 때 기존 주식회사를 통해 부동산 간접투자를 할 수 있는데 왜 별도의 법령으로 부동산투자회사를 두는지에 대해 의문이 들 수 있다.

2000년 12월 지방세법 개정(2000.12.29, 법률 6312호) 이전에는 법인의 비업무용 토지에 대한 취득세 중과제도로 인해 회사가 임대 또는 매매용 부동산을 보유하는데 사실상 제약이 많았다. 부동산임대업 또는 부동

---

38) 박원석·박원규, 『REITs 도입의 영향과 정책과제』, 2000.4, 2쪽.

산매매업을 목적사업으로 하는 경우에도 여러 가지 요건을 충족하지 못하는 경우에는 실제 사업을 하면서 예기치 않게 취득부동산이 비업무용 부동산으로 중과세 당하는 경우도 많았다. 비업무용 토지에 대해서는 취득세뿐만 아니라 법인세, 토지초과이득세상 불이익이 뒤따랐고 비업무용 부동산의 과다보유가 문제될 때마다 관련 세법규정이 더욱 늘고 내용은 복잡해져 부동산 거래에 큰 장애로 인식되었다.[39) 사실상 회사로 하여금 사업상 부동산의 소유만 인정하고 투자용 부동산의 소유를 인정하지 않았다.

그러나 포트폴리오 구성에 있어 부동산을 포함시키는 경우 투자위험을 보다 효율적으로 분산시킬 수 있다는 점에서 주식을 일정한 수 이상의 자가 소유하고 있고 1인이 소유하고 있는 주식의 소유를 제한하여 투자효율을 높일 수 있는 요건을 충족하는 부동산투자회사의 도입의 필요성이 인정된다. 이러한 부동산 간접투자의 활성화를 위해서는 투자비용을 낮춘다는 점에서 부동산과 관련된 세금을 감면이 필요하다. 세제혜택만이 문제라면 부동산투자회사에 관한 별도의 법령이 없더라도 세법에 주식분산요건을 두어 일반회사라도 이러한 요건을 갖추면 세제혜택을 받는 것으로 규정할 수 있다.

부동산투자회사를 별도의 법령으로 도입할 당시 일반회사가 투자용 부동산을 소유하는 것을 사실상 제한하였던 취득세 중과제도에 관한 지방세법 관련규정을 보면 일반 회사의 경우에도 현재의 부동산투자회사와 유사한 요건을 충족하는 경우에는 취득세가 중과되지 않음을 볼 수 있다. 즉 부동산매매업을 법인등기부상 목적사업으로 정하고,[40) 자산요건(당해 법인의 총자산액 중 부동산매매업에 제공하는 자산가액이 100분의 50을

---

39) 신만중, "비업무용 부동산제도의 문제점과 개선방안 — 판단기준상의 문제점을 중심으로", 조세법연구 Ⅲ, 1997.9, 200쪽.

40) 그러나 부동산임대업을 고유목적사업으로 하지 않는 회사가 임대용 토지취득 후 부동산임대업을 정관상 목적사업으로 추가 등기하는 경우에는 회사의 비업무용 토지에 해당하여 취득세가 중과된다(세정 22670-4698, 1988.5.2).

초과)과 소득요건(당해 법인의 수입금총액 중 부동산매출액의 비율이 100분의 50을 초과)을 충족하는 회사의 경우에는 토지 취득 후 목적사업에 직접 사용한 날을 합한 기간이 2년을 초과하지 않고 토지 취득일로부터 5년 내에 정당한 사유 없이 토지를 매각하는 경우에도 취득세중과가 되지 않는다(구지방세법 112조 2항 6호, 동법시행령 84조의4 1항 2호 바목, 동법시행규칙 46조의4).[41] 현재 부동산투자회사의 경우 자산요건(총자산의 70%이상을 구성), 소득요건(특별한 제한이 없음)[42]과 비교된다. 부동산투자회사법을 따로 제정하지 않고 세법상 종전 부동산매매업을 목적사업으로 하는 회사에 일정한 요건을 지우고 취득세, 등록세 등의 부동산 관련세금 감면혜택을 주는 방법이 가능한 것으로 보인다.

그럼에도 부동산투자회사에 대해 별개의 법령으로 규정한 것은 투자자에게 혼란을 주는 것을 막기 위해 부동산 관련세금 감면혜택을 받을 수 있는 이러한 회사를 '부동산투자회사'라고 하고 이 명칭이나 이와 유사한 명칭을 함부로 사용하지 못하도록 하기 위한 것으로 보인다. 또한 새로운 제도의 도입은 새로운 법이 있어야 한다는 사고방식의 영향도 있는 것으로 보인다.

2. 부동산투자회사법의 제정과 개정경과

1998년 4월 신탁법시행령을 개정하여 은행의 부동산투자신탁을 도입하고, 1998년 8월 자산유동화에 관한 법률을 제정하여 자산담보부증권(ABS)[43]을 발행·유통시킬 수 있게 하고, 1999년 1월 주택저당채권유동

---

41) 비업무용 부동산 취득세중과제도가 폐지되기 전 관련규정이다. 지방세법 (2000.2.3, 법률 제6260호), 동법시행령(2000.7.29, 대통령령 제16928호), 동법시행규칙(1999.12.31, 부령 제81호)이다.

42) 미국의 REIT의 경우에는 부동산관련소득이 75%이상일 것을 요한다(IRC 856(c)(3)조).

43) ABS에 대해서는 "「자산유동화에 관한 법률」의 현황과 문제점", 민사판례연

화회사법을 제정하여 주택저당채권유동화회사에 의한 주택저당채권담
보부증권(MBS)[44]의 조기유동화가 가능토록 하였다. 그러나 이러한 제도는
특정한 부동산을 한시적으로 유동화 시킬 수는 있으나 항구적으로 부동산
을 유동화 시킬 수 없다는 한계가 있어 부동산투자회사를 도입하였다.[45]

부동산투자회사가 국내에 도입된 것은 IMF 관리체제가 직접적인 계
기가 되었다. IMF 관리체제 이후 기업이나 금융기관은 유동성의 확보가
절실한 과제였고, 이러한 유동성 확보를 위해 부동산의 처분이 필요하였
던 것이다. 그러나 당시 모든 기업과 금융기관이 보유부동산을 처분하려
하였기 때문에 부동산가격의 급격한 하락을 가져오게 되고 부동산 경기
자체의 침체를 가져왔다. 이러한 상황 하에서 정부는 국내 금융시장 및
부동산시장의 새로운 자금조달의 수단으로서 부동산 유동화 하는 일련
의 제도를 도입하였다.

부동산투자회사는 부동산유동화를 위해서 뿐만 아니라 소액투자자도
부동산에 투자할 수 있도록 하기 위해 도입되었다.[46] 수익부동산 가격이
고가여서 소액투자자는 부동산에 직접 투자하기가 어렵기 때문에 부동
산가격이 급등하는 경우 부동산으로부터 많은 수익이 발생하더라도 그
수익의 혜택을 받지는 못하면서 부동산가격 급등으로 인한 물가상승의
피해는 입게 된다. 부동산투자회사는 소액의 자본으로도 다양한 종류의
부동산의 일부를 손쉽게 주식의 형태로 보유할 수 있게 함으로써 부동
산을 대상으로 하는 부동산에서 얻어질 수 있는 수익을 보다 많은 사람
들과 향유할 수 있게 한다. 이밖에도 부동산투자회사는 개발에 필요한
자금을 자본시장을 통해 소액투자자와 은행 등 기관투자자로부터 직접

구 XXⅢ, 2001, 702~756쪽 참조.
44) MBS의 발행은 주택저당채권유동화회사 뿐만 아니라 유동화전문회사에 의
   해서도 가능하다. MBS의 법리와 세제에 대해서는 박훈, "주택저당채권담보
   부증권(MBS)의 법리와 세제", 조세법연구 Ⅶ, 2001, 197~202쪽 참조.
45) ABS, MBS를 통한 부동산 증권화의 문제점에 대해서는 이상영 외 3인, 위의
   글, 1999.1, 6~8쪽 참조.
46) 국회 건설교통위원회, "부동산투자회사법안 심사보고서", 2001.3, 3쪽.

조달하여 그 당시 침체된 건설경기를 활성화하고,[47] 부동산개발의 전문
성을 높이며 금융산업의 경쟁력을 강화하기 위해 도입되었다.

이러한 배경에서 우리나라의 경우 미국의 회사형 REIT를 받아들여
2001.4.7 부동산투자회사법(법률 제6471호)을 제정되면서 회사형 부동산
간접투자가 도입되었다.[48] 그 후 기업구조조정용 부동산의 신속한 처리
를 통해 기업 구조조정을 지원하는 기업구조조정 부동산투자회사에 대
해 별도의 법률을 제정할지를 놓고 재정경제부와 건설교통부간에 이견
을 보였다. 결국은 2001년 5월 별도의 입법을 하지 않고 부동산투자회사
법을 개정하여 기업구조조정 부동산투자회사에 관한 규정을 포함시켰다
(2001.5.24, 법률 제6483호).[49]

이후에도 부동산회사활성화를 위해 2004.10.22 부동산투자회사법이
개정되었다(법률 제7243호). 부동산투자회사의 설립 및 영업활동에 대한
규제를 완화하는 한편, 부동산투자회사의 형태를 다양화하여 부동산시
장의 선진화 및 부동산 간접투자의 활성화에 필요한 제도적 기반을 마
련하기 위해서였다. 그 주요 개정내용은 다음과 같다.[50]

---

47) 국회 건설교통위원회, 위 자료, 4쪽.

48) 입법단계에서는 미국의 REIT 뿐만 아니라 호주의 상장부동산신탁증권(Listed
Property Trust, LPT), 일본의 특별목적회사에 의한 특정자산 유동화에 관한
법률을 활용한 부동산 증권화 등도 함께 검토되었다. 임승욱, "외국사례, 주
요내용, 기대효과", 부동산투자회사제도 도입을 위한 공청회 자료집, 2000.5.29,
15~27쪽 ; 국회 건설교통위원회, "부동산투자회사법안 검토보고서", 2000.12,
32~33쪽.

49) 재정경제부에서는 부동산투자회사법과는 별도의 입법을 통해 기업구조조
정 부동산투자회사를 도입하려고 하였다. 그러나 부동산 투자·운용을 목
적으로 하는 부동산투자회사와 기업구조조정 부동산투자회사를 별도의 법
률로 따로 따로 규정하는 것은 그 제도 운용에 혼란을 가져올 수 있다는 점
에서 결국 건설교통부 소관의 부동산투자회사법에 기업구조조정 부동산투
자회사에 관한 특례를 규정하기에 이르렀다. 개정취지에 대해서는 국회 건
설교통위원회, "부동산투자회사법중개정법률안심사보고서", 2001년 4월, 5~
6쪽 참조.

50) http://www.moleg.go.kr (법제처 홈페이지) (2006.11.19 방문).

가. 부동산투자회사 종류의 세분화(법 제2조제1호)

  (1) 부동산투자회사를 자산의 투자·운용방법에 따라 자기관리부동산
투자회사·위탁관리부동산투자회사 및 기업구조조정 부동산투자
회사로 세분화함.

  (2) 부동산에 대한 투자형태를 다양화함으로써 부동산투자회사의 설
립이 활성화될 것으로 기대됨.

나. 부동산투자회사 설립시 예비인가제도 도입(법 제5조제2항)

  (1) 부동산투자회사 설립인가를 받고자 하는 자는 주식인수 전에 건설
교통부 장관의 예비인가를 받도록 함.

  (2) 부동산투자회사 설립 과정의 투명성 및 예측가능성이 제고될 것으
로 기대됨.

다. 부동산투자회사의 설립요건의 완화(법 제6조 및 제11조)

  (1) 회사의 최저자본금을 500억원에서 250억원으로 인하하는 한편, 자
본금의 50퍼센트 범위 내에서는 현물출자에 의한 설립이 가능하도
록 함.

  (2) 부동산투자회사의 설립을 용이하게 하여 진입장벽을 낮춤으로써
부동산투자회사의 설립을 용이하게 함과 동시에 투자대상 부동산
의 적기 확보가 가능하게 되는 효과가 기대됨.

라. 부동산개발사업에 대한 건설교통부장관의 인가제도 폐지(법 제21조
및 제26조제2항)

  (1) 종전에는 부동산투자회사는 건설교통부장관의 인가를 받아 자기
자본의 30퍼센트 범위 내에서 부동산개발사업을 수행할 수 있었
으나, 앞으로는 건설교통부장관의 인가 대신 주주총회의 결의를
받도록 하고 총자산을 기준으로 부동산개발사업에 투자할 수 있
도록 함.

  (2) 부동산개발사업을 통한 적극적인 수익창출도 가능하도록 하고, 아
울러 건설경기 활성화와 시중 부동자금을 부동산개발자금으로 흡
수하는 효과가 기대됨.

마. 부동산투자회사에 대한 감독 강화(법 제39조의2 신설 및 제47조제1항)

  (1) 부동산투자회사에 대한 규제완화 및 자율성 확대에 따라 동 회사
에 대한 외부감독과 내부통제를 장치를 강화할 필요가 있게 됨.

  (2) 부동산투자회사의 주주를 보호하기 위하여 금융감독위원회가 부
동산투자회사 등에 관하여 감독할 수 있는 근거를 마련하는 한편,
부동산투자회사 뿐만 아니라 자산관리회사도 내부통제기준을 제

정하도록 함.
(3) 외부감독과 내부통제장치를 강화함으로써 투자자 보호와 부동산
투자회사제도의 건전한 발전이 기대됨.

부동산투자회사의 활성화를 위한 입법적 노력은 그 이후에도 계속되
고 있다. 2006.10.23 부동산투자회사법 개정안(정부안)도 그러한 취지의
것이다. "다수의 투자자로부터 자금을 모아 부동산에 투자하고 그 수익
을 배당하는 부동산투자회사의 설립 및 운영요건이 지나치게 엄격하여
일반국민의 부동산에 대한 투자기회의 확대라는 입법목적을 달성하기
어려우므로 설립 및 운영 요건을 일부 완화하여 부동산에 대한 간접투
자를 활성화하는 한편, 부동산개발사업을 전문으로 하는 부동산투자회
사를 설립할 수 있도록 하여 부동산개발사업에 대한 투자의 기회를 확
대하고, 그 밖에 현행 제도의 운영과정에서 나타난 일부 미비점을 개
선·보완하려는 것임"을 제안이유로 하고 있다. 그 주요내용은 다음과
같다.51)

　　가. 부동산투자회사의 설립인가제에서 영업인가제로의 전환(안 제5조
　　　　및 제9조)
　　(1) 부동산투자회사는 최저자본금이 250억원으로 고액이고, 모집설립
　　　　의 방식을 채택할 뿐만 아니라, 건설교통부장관의 예비인가 및 설
　　　　립인가를 거치도록 하는 등 설립에 장기간이 소요됨에 따라 시장
　　　　의 움직임에 맞추어 투자대상 포착 후 투자를 신속하게 성사시키
　　　　기 어려운 문제가 있음.
　　(2) 종전에는 건설교통부장관의 설립인가를 받은 후 부동산투자회사
　　　　를 설립하게 하였으나 설립인가 없이 발기설립의 방식으로 부동
　　　　산투자회사를 설립하도록 하되, 일반투자자의 보호를 위하여 부동
　　　　산 취득 등의 투자를 하기 전에 건설교통부장관의 영업인가를 받
　　　　도록 하고 영업인가 전에는 주주를 모집하지 못하도록 함.
　　(3) 시장의 움직임에 대한 신속한 대응이 가능하여짐으로써 부동산투
　　　　자회사 설립이 활성화될 것으로 기대됨.

---

51) 의안번호 175192, "정부 부동산투자회사법 일부개정법률안", 2006.10.23.

나. 최저자본금의 인하(안 제6조 및 제10조)

(1) 부동산투자회사의 최저자본금은 250억원으로 단일 중·소형 부동
산을 투자대상으로 한 부동산투자회사를 설립하기 어려운 문제가
있음.

(2) 설립 당시의 최저자본금은 10억원으로 낮추어 설립을 용이하게 하
는 한편, 영업인가 후 6월이 경과한 부동산투자회사의 최저자본금
을 100억원으로 인하함.

(3) 최저자본금을 인하함으로써 부동산투자회사의 투자대상이 단일
중·소형 부동산으로 확대될 수 있을 것으로 기대됨.

다. 국민연금관리공단 등의 부동산투자회사 주식 인수시 주식공모 예외
의 인정(안 제14조의3제2항 신설)

(1) 현재 부동산투자회사의 투자이익에 대하여는 세제상의 혜택을 부
여하고 있으므로 그 이익이 다수의 국민에게 배분되도록 하기 위
하여 부동산투자회사는 발행주식의 30퍼센트 이상을 공모하도록
하고 있음.

(2) 국민연금관리공단 등의 기금으로 부동산투자회사의 주식을 인
수하는 경우 그 투자로 인한 수익금이 궁극적으로 해당 연금
등의 가입자에게 귀속되어 주식공모와 같은 목적이 달성되므로
국민연금관리공단 등이 발행주식의 30퍼센트 이상을 인수하는
경우에 부동산투자회사는 주식의 공모를 하지 아니하여도 되도
록 함.

(3) 부동산투자회사에 대한 국민연금관리공단 등에 의한 투자의 확대와
기금 등의 자금운영의 다양성을 확보할 수 있을 것으로 기대됨.

라. 개발전문부동산투자회사의 도입(안 제26조의2 신설)

(1) 임대주택건설사업 등 예외적인 경우를 제외하고 부동산투자회사
의 부동산개발사업에 대한 투자는 총자산의 30퍼센트를 넘지 못
하도록 하고 있는 바, 부동산개발사업에 대한 투자자의 폭넓은 수
요를 수용하지 못하는 문제가 있음.

(2) 주로 기존 건물을 매입·임대하는 종전의 부동산투자회사와 달리
부동산개발사업만을 전문으로 하는 개발전문부동산투자회사를 설
립할 수 있도록 함.

(3) 부동산투자회사에 대한 투자가 활성화될 것으로 기대됨.

마. 차입 및 사채발행 규모 확대(안 제29조제2항)

(1) 투자자 보호를 위하여 부동산투자회사의 차입 및 사채발행은 자기

자본의 2배를 넘지 못하도록 하고 있는 바, 시장여건의 변화에 유
연하게 대응하지 못하는 문제가 있음.
(2) 주주총회의 특별결의로 자기자본의 2배를 초과하여 차입 및 사채
발행을 할 수 있도록 함.
(3) 투자자 보호에 지장이 없는 범위 안에서 시장의 상황에 맞게 자율
적으로 차입 및 사채발행 규모를 결정하게 함으로써 부동산투자
회사 운영의 최적화를 도모할 수 있을 것으로 기대됨.

3. 부동산투자회사의 현황

1) 일반 부동산투자회사의 설립 및 운영현황

2002년 12월 31일 현재 본인가를 받은 일반 부동산투자회사는 하나도
없다. (가칭) 주식회사 에이팩리츠, (가칭) 주식회사 코리아부동산투자회
사가 각각 2001년 11월 28일, 2002년 2월 28일에 예비인가를 받기는 하
였지만 에이팩리츠가 2001년 12월 17~19일 일반공모에 실패한 이후 결
국 두 회사 모두 예비인가 조건을 이행하지 못하여 2002.11.27에 예비인
가가 취소되었다.[52]

2) 기업구조조정 부동산투자회사의 설립 및 운영현황

2002년 12월 31일 현재 교보-메리츠퍼스트 기업구조조정 부동산투
자회사(이하 '교보메리츠 CR리츠'라 한다), 코크랩 제1호 기업구조조
정 부동산투자회사(이하 '코크랩 제1호'라 한다), 코크랩 제2호 기업구
조조정 부동산투자회사(이하 '코크랩 제2호'라 한다), 케이원 기업구조
조정 부동산투자주식회사(이하 'K1 CR리츠'라 한다)가 본인가를 받았고,
그중 교보메리츠 CR리츠, 코크랩 제1호, 코크랩 제2호 등 3개사가 상장

---

52) http://www.moct.go.kr (2002.12.31 방문).

되어 있다.53)

교보메리츠 CR리츠는 2001.12.21 국내 최초로 설립된 기업구조조정 부동산투자회사로 2002.1.30 증권거래소에 상장되었다. 설립자본금이 840억원(공모 367억원)이며 대한항공의 구조조정용 부동산을 매입하여 이를 임차해 2002년 상반기에 연간 기준으로 8%에 해당하는 수익률로 배당을 하였다.54) 존속기한은 5년이다. 외부기관으로서, 자산관리회사는 주식회사 제이더블류(JW) 에셋, 판매회사는 메리츠증권주식회사, 부동산 자산보관회사는 주식회사 생보부동산신탁, 현금·유가증권 보관 및 일반사무수탁회사는 주식회사 한국외환은행이다.55)

코크랩 제1호는 2002.4.30 두 번째로 설립된 기업구조조정 부동산투자회사로 2002.5.30 증권거래소에 상장되었다. 설립자본금 1,330억원(공모 240억원)이며, 한화석유화학, 대안건설, 대한방직 소유 부동산을 책임임대 조건부 및 재임대 조건부 방식으로 인수하여 재임대 수익을 평균 예상 배당률 9.57%로 배당할 계획이라고 한다. 존속기한은 5년이다.56)

코크랩 제2호는 2002.10.17 설립되어 2002.11.11 증권거래소에 상장되었다. 설립자본금 560억원으로 두산중공업과 신원 등이 소유한 서울 명동 신원빌딩(8백 23억원)과 하나로빌딩(2백 71억원) 등 상업용 빌딩을 매입해 임대할 계획이며 목표 11% 안팎으로 예상되고 있다. 존속기한은 5년이다.57)

K1 CR리츠는 부동산투자회사 출범 이후 처음으로 외국법인인 GE캐

---

53) http://www.kse.or.kr (2002.12.31 방문).
54) 매일경제신문 2002.8.30자.
55) ㈜교보메리츠퍼스트 기업구조조정 부동산투자회사, 투자설명서, 2002.5 참조(http://www.jwasset.com에서 확인 가능).
56) ㈜코크랩 제1호 기업구조조정 부동산투자회사, 투자설명서 참조 (http://www.koramco.co.kr에서 확인 가능).
57) ㈜코크랩 제2호 기업구조조정 부동산투자회사, 투자설명서 참조 (http://www.koramco.co.kr에서 확인 가능).

피탈이 출자한 회사로 한국토지신탁, (주)신영, 우리은행 등이 출자에 참여했다. 자본금 5백억원의 이 회사는 2002년 10월 8일 본인가를 받았고, 한국산업증권, 대우건설 등이 소유한 서울 여의도 신송센터빌딩(2백 60억원), 충정로 디오센터빌딩(2백 66억원) 등을 매입해 임대할 계획이며 배당 수익률은 9%를 목표로 하고 있다.[58]

3) 최근의 변화

2004.10.22 부동산투자회사법이 개정되면서 부동산투자회사의 종류가 일반 부동산투자회사와 기업구조조정 부동산투자회사 2종류에서, 자기관리부동산투자회사, 위탁관리부동산투자회사, 기업구조조정 부동산투자회사 3종류로 바뀌었다. 자기관리부동산투자회사는 자산운용전문인력을 포함한 임·직원을 상근으로 두고 자산의 투자·운용을 직접 수행하는 회사를 말하고, 위탁관리부동산투자회사는 자산의 투자·운용을 자산관리회사에 위탁하는 회사를 말한다. 기업구조조정 부동산투자회사는 종전처럼 기업구조조정용 부동산을 투자대상으로 하며 자산의 투자·운용을 자산관리회사에 위탁하는 회사를 말한다(부동산투자회사법 2조 1호). 위탁관리부동산투자회사는 기업구조조정용 부동산을 투자대상으로 하는 기업구조조정 부동산투자회사(일명 CR리츠)와 달리 일반부동산을 대상으로 하며 주식공모(자본금 30%이상), 주식분산(1인당 30%이내) 등에 제한이 있다.

2006.11.18 현재 자기관리부동산투자회사는 그 이전의 일반 부동산투자회사의 경우와 마찬가지로 이용도가 없다. 그러나 새로이 등장한 위탁관리부동산투자회사는 2005.10.25 국내 제1호 위탁관리부동산투자회사로 코크랩 제7호가 인가를 받은 이후 기업구조조정투자회사보다 더 활용도가 높다. 설립 인가 받은 ㈜코크랩 7호는 우리은행, 대한지방

---

58) 한국경제 2002.10.8자.

행정공제회, 삼성생명 등이 출자한 명목회사로 총자산은 1천360억원,
자본금은 600억원이며 LG화재 다동빌딩과 과천 코오롱 별관을 매입,
임대해 연평균 8%를 배당할 계획이다. 그 현황을 도표로 정리하면 다음
과 같다.[59]

<표 5> 부동산투자회사 현황 (06.11.18현재)

회사명 (인가일)	자산 관리회사	자본금 (억원)	총자산 (억원)	주요투자부동산	회사종류
교보-메리츠 퍼 스트-('02.01.09)	코리츠	840	924	등촌동 연수원, 사직동삼익아 파트, 덕천동 사원아파트, 내 동사원아파트	기업구조조정 부동산투자회사
코크랩 제1호 ('02.05.23)	코람코	1,330	2,338	한화빌딩, 대아빌딩, 대한빌딩	기업구조조정 부동산투자회사
케이원 ('02.10.07)	한국토지신탁	309	545	디오센터, 신송센터, 동진빌딩, 케이원빌딩, 대홍빌딩	기업구조조정 부동산투자회사
코크랩 제2호 ('02.10.30)	코람코	560	730	청산 중	기업구조조정 부동산투자회사
리얼티코리아 제1호 ('03.04.29)	리얼티어드바 이저스코리아	660	1,442	로즈데일빌딩, 엠바이엔빌딩, 세이백화점	기업구조조정 부동산투자회사
유레스메리츠 제1호('03.08.20)	코리츠	500	1,190	세이브존성남점, 세이브존노원 점, 세이브존대전점, 한신스포 츠센터, 장유아쿠아웨이브	기업구조조정 부동산투자회사
코크랩 제3호 ('03.08.20)	코람코	680	1,575	한화증권빌딩, 아이빌힐타운	기업구조조정 부동산투자회사
맥쿼리센트럴 오피스 ('03.12.23)	맥쿼리 프로퍼티 어드바이저스	763	1,703	극동빌딩	기업구조조정 부동산투자회사
코크랩 제4호 ('04.04.08)	코람코	760	1,866	YTN타워, 한솔M.COM빌딩	기업구조조정 부동산투자회사
코크랩 제5호 ('04.12.15)	코람코	500	1,088	데이콤빌딩	기업구조조정 부동산투자회사
코크랩 제6호 ('05.07.26)	코람코	1,310	3,165	뉴코아 아울렛 4개점	기업구조조정 부동산투자회사

59) http://www.moct.go.kr(건설교통부 홈페이지) (2006.11.18 방문) ; 그 중 상장
   현황에 대해서는 http://sm.krx.co.kr(한국증권선물거래소 홈페이지)참조.

코크랩 제7호 ('05.10.25)	코람코	600	1,360	LG화재다동빌딩, 관천 코오롱 별관	위탁관리부동산 투자회사
씨나인Infinity ('06.04.07)	씨나인	356.64	608	HI BRAND빌딩(6개층)	위탁관리부동산 투자회사
코르랩 제8호 ('06.05.17)	코람코 자산신탁	460	1,224	거양빌딩, 신영타워	위탁관리부동산 투자회사
코크랩NPS 제1호	코람코 자산신탁	837	879	시그마타워	위탁관리부동산 투자회사
합　계		10,465.64	20,637	청산 중 회사 제외 시 총 자본 금 9,905.64억원, 자산 19,907 억원	

제3장 부동산 간접투자의 법적 구조-회사형을 중심으로

간접투자 및 부동산 간접투자에 관한 법적 구조와 과세에 대해서는 제2장에서 이미 개관하였다. 신탁형 부동산 간접투자와 회사형 부동산 간접투자는 주된 투자대상이 부동산이라는 점에서는 동일하나 집합재산과 투자관리자의 재산을 분리하는 형식에서 차이를 보인다.

신탁형 부동산 간접투자에 해당하는 우리나라 부동산투자신탁의 경우 자산의 운용이 부동산 관련 유동화증권의 매입과 토지매입을 위한 대출을 중심으로 이루어지고 있다. 투자자가 투자수단을 통해 부동산을 매입하고 매입한 부동산으로부터의 양도차익이나 임대수익을 투자수단을 통해 분배받는 의미에서의 부동산 간접투자로서는 그 기능을 충분히 하고 있지 못한 것이다. 따라서 여기에서는 회사형을 중심으로 부동산 간접투자의 법적 구조와 문제점을 살펴보고자 한다.

나라별로는 가장 먼저 미국, 일본, 우리나라의 순으로, 내용전개는 법적 구조에 관한 그림에서 중앙의 투자수단 자체, 중앙좌측의 투자자, 중앙우측의 투자대상, 상단 또는 하단의 외부기관, 상단우측의 감독기구의 순으로 한다. 법적구조에 관한 문제점은 미국, 일본, 우리나라의 입법적 비교를 기반으로 접근한다.

회사형 부동산 간접투자는 미국의 경우는 미국 연방세법상의 REIT, 일본의 경우는 투자신탁 및 투자법인에 관한 법률상의 투자법인(부동산투자신탁 및 부동산투자법인에 관한 규칙, 상장기준을 충족하기 위해서는 별도의 요건이 필요하다), 우리나라의 경우는 부동산투자회사법상의 일반 부동산투자회사와 기업구조조정 부동산투자회사를 중심으로 한다.

다만 우리나라에서는 부동산투자회사법에서 일반 부동산투자회사와 기업구조조정 부동산투자회사라는 회사형 부동산 간접투자만을 규율하고 있는데 반해, 일본은 투자신탁 및 투자법인에 관한 법률에서 신탁형 부동산 간접투자도 함께 규율하고 있다. 또한 투자대상이 부동산인지 부동산이외의 것인지 구별하지 않고 간접투자를 투자신탁, 투자법인으로 구별하고 다시 전자는 위탁자지도형 투자신탁, 비위탁자지도형 투자신탁으로 구별할 뿐이다. 투자대상이 부동산인지 여부에 따른 투자수단의 구별은 부동산투신회계규칙과 상장기준에서 하고 있다. 미국의 경우는 REIT에 대해 사법상 별개의 법령으로 규율하는 것은 아니고 연방세법에서 신탁형과 회사형 구별 없이 부동산 간접투자로서 과세상 혜택을 받는 REIT로 인정되기 위한 요건을 규정하고 있다. REIT는 미국 연방세법상의 개념이지만 부동산 간접투자는 세제상 혜택을 받지 못하면 현실적으로 하기 어렵다는 점에서 대부분의 부동산 간접투자는 연방세법상 REIT의 요건을 따르므로 여기에서는 REIT를 중심으로 살펴본다. 각국의 비교는 2002년 12월을 기준으로 한다.

제1절 미국의 부동산 간접투자

Ⅰ. 개 설

1. REIT의 의의와 유형

1) 의 의

REIT(Real Estate Investment Trust)란 다수의 투자자로부터 모은 자금을 부동산 또는 부동산관련 유가증권의 매입이나 부동산매입을 위한 대출에 주로 사용하고, 이러한 활동을 통하여 발생한 수익을 투자자에게 분배하는 부동산 간접투자를 말하고, 투자자금을 주로 부동산을 매입하는 데 투자하는 지분형 REIT가 주를 이룬다. REIT는 미국 연방세법에 의해 규정된 일정요건을 충족하는 경우 배당금 손금산입으로 과세상 도관체 (pass-through entity)[1]가 되어 사실상 투자자 단계에서만 과세가 된다.[2] 일

---

[1] 'pass-through entity'는 미국 연방세법상의 개념으로 당해 단위에 귀속되는 소득의 성격이 유지된 채 그대로 수익자에게 이전된다는 의미로 사용된다. 미국 연방세법은 포괄적 소득개념을 사용하므로 소득의 종류가 특별한 경우를 제외하고는 의미가 없다. 그러나 우리나라의 경우에는 소득의 종류를 구분하기 때문에 부동산투자회사(미국의 REIT에 해당)가 부동산에 투자하여 임대수입을 벌어들여 그 소득을 주주에게 분배하는 경우 그 소득은 부동산 임대소득이 아니고 배당소득이다. 미국 연방세법상 'pass-through entity'의 개념처럼 당해 단위에 귀속되는 소득의 성격이 그대로 주주에게 이전되는 것은 아니다. 이 논문에서 '도관체'라고 하면 동일소득에 대한 법인단계와 투자자단계 과세라는 이중과세를 회피하기 위해 일정조건에 따라 투자자단계에서만 과세하는 구조라는 의미로 사용한다. 법인단계에서 납세의무 자체가 발생하지 않는 과세단위와 달리 RIET의 경우처럼 당해 법인단계에서 납세의무가 발생하지만 일정요건을 충족하는 금액을 소득금액에서 공제함으

반회사 뿐만 아니라 영업신탁도 미국 연방세법상의 요건만 충족하면 REIT로 인정되어 과세상 혜택을 받는다. REIT는 과세상 혜택이외에도 공개시장에서 자금 조달할 수 있다는 장점도 갖고 있다.[3]

회사형 REIT는 부동산 투자의 장기성을 중시하여 실질회사형일 수도 있고, 투자의 도관체로서 특성을 중시하여 자산관리·운용을 외부에 위탁주어야 하는 SPC형일 수도 있다. 실질회사형이든 SPC형이든 일단 REIT의 요건을 갖추면 배당금 손금산입이 인정되어 사실상 투자자 단계에서만 과세된다. REIT는 투자자산의 대부분이 부동산이기 때문에 어느 때고 환매를 인정하는 것은 환금성이 낮은 부동산에 간접투자 하는데 큰 장애가 되므로 환매를 제한할 필요가 있다. 환매를 제한하는 경우(폐쇄형)에는 투자금 회수의 길이 막힐 수 있으므로 상장을 통해 투자금 회수를 가능하게 한다. 환매가 인정되는 경우(개방형)에는 별도로 상장을 할 필요는 없다.

2) 유 형

위에서 이미 언급한 지분형 REIT, 내부관리형과 외부관리형, 폐쇄형과 개방형 등에 대해 더 자세히 살펴보면 다음과 같다.

REIT는 투자대상에 따라 직접 부동산에 투자하는 지분형(Equity), 부동산담보대출에 투자하는 모기지형(Mortgage), 이들 두 가지를 조합한 혼합형(Hybrid)이 있다. 모기지형 REIT는 부동산 자산을 소유하지 않고 기초부동산자산에 의해 담보되는 저당채권을 소유한다. 모기지형 REIT의 수익은 저당채권 대출금리, 대출채권 구입시점의 할인폭, 대출채권 잔액

로써 도관체적인 결과를 얻는 과세단위를 '준도관체'라고 구별하여 부르는 견해도 있으나(오윤, 『금융거래와 조세-우리나라세제와 미국세제의 이론과 실제』, 2003.1, 605쪽), 여기에서는 따로 구별하지 않는다.

2) IRC 856조 내지 859조.

3) Su Han Chan, Id., 53.

등이고 비용은 차입을 위해 지급되는 이자, 관리회사에 대한 용역비용, 운영에 부수되는 소액비용들이다. 모기지형 REIT는 1960년대 말부터 1970년대 초에 이르는 기간동안 대출원으로 은행, 저축대부조합, 보험사 또는 다른 부동산금융취급기관들보다 상대적으로 완화된 대출정책 규제를 받아 건축, 개발의 경우에 많이 활용되었지만, 1974년 경기침체가 시작되면서 우량은행들의 대출금리 상승으로 자금조달비용이 높아지고 많은 개발업자의 건축대출 지급불능에 처하면서 자금공급자로서의 위치를 상실하고,[4] 현재는 지분형 REIT가 주종을 이루고 있다.

REIT는 자산관리 · 운영의 위탁여부에 따라 REIT 내부에서 자산을 관리 · 운영하는 내부관리형, 독립된 계약자가 자산을 관리 · 운영하는 외부관리형으로 나뉜다. REIT의 100% 자회사는 자회사의 독자적인 과세단위로서의 지위는 무시하는 것(Qualified REIT Subsidiary, QRS)과 독자적인 과세단위로서의 지위를 인정하는 것(Taxable REIT Subsidiary, TRS)이 있다. 전자의 자회사의 자산, 부채, 손실, 공제는 REIT의 것으로 간주된다는 점에서 100% 자회사를 통한 자산관리 · 운영은 위탁에 의한 것이 아닌 REIT 자신의 사무로 본다. 내부관리형은 1986년 조세개혁법에 의해 허용되어 현재는 내부관리형 REIT가 대부분을 차지한다.

REIT는 환매여부에 따라 투자자의 환매요구에 언제든지 응해야 되는 개방형(open-end), 투자자가 환매를 요구할 수 없고 증권시장에 주식을 매각하여 자금을 회수해야 하는 폐쇄형(closed-end)으로 분류된다. 개방형은 거의 존재하지 않는다.

2. REIT의 도입배경

미국에서 REIT의 전신은 1880년대의 메사츄세츠 신탁이라 할 수 있

---

4) William B. Brueggeman & Jeffrey D. Fisher, Real Estate Finance & Investment(11 ed., 2001), 580~581.

다. 그 당시 기업들은 비업무용 부동산을 소유할 수 없었기 때문에 이러
한 영업신탁을 통한 부동산 간접투자가 이루어졌고, 부동산 간접투자를
한다는 점에서 이러한 메사츄세츠 신탁은 현대 REIT의 기원이 된다고
볼 수 있다.

기업의 부동산 취득 제한은 결국 철폐되었지만 초기 영업신탁은 1909
년 법인에 대한 과세제도가 처음 도입될 때[5] 다른 회사형과는 달리 법
인세 과세를 받지 않아 세제상 혜택을 누렸다. 1910년의 Eliot v. Freeman
판결[6]에서 연방 대법원은 신탁은 회사와 달리 '법상 회사처럼 구성되어
있지 않으므로' 법인세 과세의 적용대상이 아니라고 판시하였다. 의회가
1913년 광범한 소득과세를 도입하면서 이러한 특정요건을 제거하였지
만, 영업신탁은 여러 개의 연방대법원 판례에 근거하여 상당기간 면제대
상으로 남아있었다.[7]

영업신탁은 1935년의 Morrissey v. Commissioner[8] 판결에 의해 최종적으
로 세제상 혜택을 잃었다. Morrissey 판결에서 연방대법원은 어떠한 단체
(association)가 회사와 같이 과세대상인지 여부를 판정하는데 ⅰ) 공동사
업목적으로 참여한 단체일 것, ⅱ) 사업목적이 있을 것, ⅲ) 전통적인 회
사와 유사한 성향을 보유할 것(유한책임, 지분 양도의 자유, 지속성, 경
영의 집중 등)이라는 세 가지 기준을 제시하고 있다.[9] 연방 제2순회법원

---

5) Revenue Act of 1909.

6) 220 US 178(1910).

7) Crocker v. Malley, 249 US 223(1918) ; 1924년 재정법(Revenue Act)하의 메사츄
   세츠 신탁에 대한 과세에 대해서는 Rottschaefer, "Massachusetts Trusts under
   Federal Tax Law", 25 Colum. L. Rev. 305 (1925) 참조.

8) Morrissey v. Comm'r, 296 US 344(1935).

9) 1960년 Treasury Regulation(미국재무부시행규칙) 301.7701-2조에서는 이와 유
   사한 여섯 가지 기준(① 공동출자자의 존재유무, ② 이익획득 목적의 사업
   활동 유무 및 이익분배의 유무, ③ 사업체의 계속성, ④ 경영권의 집중, ⑤
   유한책임, ⑥ 지분양도의 지유)을 제시하고서 ①, ②를 갖추고 ③~⑥을 따
   져 세 가지 이상이면 세법상 회사로 보도록 하였다. 그 후 이러한 요건을
   기계적으로 적용하다보니 Limited Liability Company 와 같이 사법상 유한책임

은 1942년의 Commissioner v. North American Bond Trust 판결10)에서 위 ii)의 사업목적요건과 관련하여 신탁이 적극적인 활동을 하지 않더라고 신탁 받은 자가 수익자를 위해 자산을 변동시킬 권한을 위임받게 되면 사업목적이 있는 것으로 보았다. 모든 영업신탁이 투자자산을 변동시킬 권한을 가지므로 결국 위 Morrissey 판결과 North American Bond Trust 판결 이후에는 영업신탁이 법인세를 부과받기에 이르렀고 1960년 미국 세법이 개정되기 전까지 이러한 상황은 계속 되었다.

1960년 미 의회의 미국 연방세법 개정으로 현재와 같은 REIT 제도의 골격이 생겨났다. 미국 세법 개정은 규제적투자회사(Regulated Investment Company, RIC)에 대한 세제를 뒤따른 것으로 영업신탁의 수동적인 성격을 전제로 REIT를 연방세법상 과세상 도관체로 인정하였다.

최초의 REIT규정에서의 사업목적에 대한 엄격한 기준은 North American 판결에서 완화되어 REIT가 적극적인 거래나 활동을 회피하는 조건으로 과세상 도관체 지위가 인정되었다. 여기에 관련된 규정은 부동산 시장 상황에 맞추어 수차례 개정되었지만 '수동적 문제'는 여전히 남아 있다.

을 누리면서 법인세 납세의무를 지지 않는 기업조직이 늘어나게 되어 재무부는 check-the-box regulation을 입법하여 1997년 1월 1일부터 사업주가 과세목적상 사업체의 형태를 선택할 수 있게 하였다(Treas.Reg. 301-7701-3조). 그러나 공개법인에 대해서는 그 분류에 변경된 사항이 별로 없어 공개법인의 경우에는 실질상 종전의 기준에 따라 세법상 회사에 해당하면서도 check-the-box regulation을 적용하여 세법상 회사가 아닌 세법상 조합이나 신탁으로 취급받기 어렵다. 이러한 점에서 check-the-box regulation하에서도 세법상 회사로 취급받는 영업신탁이 REIT에 의한 세제 특례를 필요로 한다. Richard T. Garrigan & John F. C. Parsons, Real Estate Investment Trusts (1997), 85 ; 미국에서의 세법상 회사의 판단기준에 대해서는 이창희, "미국법상 파트너쉽 세제의 정책적 시사점", 『21세기 한국상사법학의 과제와 전망』(심당송상현선생 화갑기념논문집), 2002.1 참조.

10) Commissioner v. North American Bond Trust, 122 F.2d 545(2d Cir. 1941) ; cert. denied 314 US 701(1942).

3. REIT의 시장현황

미국에서 REIT가 1960년에 연방세법에서 제도화된 지 40여년이 되었다. 미국의 40년 동안의 REIT 시장현황은 부동산투자회사의 도입 갓 1년을 넘은 우리나라에서 부동산투자회사가 어떠한 방향으로 전개될지 그리고 어떠한 방향으로 가야할지 시사하는 바가 많다는 점에서 비교적 상세히 다루고자 한다. 이러한 REIT의 시장상황에 대해서 1960년대, 1970년대, 1980년대, 1990년대 이후로 나누어 살펴본다.[11]

1) 1960년대

1960년에 연방세법에서 REIT를 제도화하기는 하였지만 1962년 주식시장이 침체된 점, 투자자와 애널리스트가 아직 REIT에 익숙해져 있지 않은 점, REIT와 관련된 연방법 내지 주법 개정작업이 진척되지 않은 점 등을 이유로 초기에는 그 활용이 부진하였다.[12] 1960년대 상장된 REIT의 수는 11개였는데[13] 대부분 그 규모가 작아서 워싱턴 리츠의 자산규

---

11) Ralph L. Block, Investing in REITS : Real Estate Investment Trusts-Revised and Updated Edition (April, 2002), 126에서는 1960년대를 유아기, 1970년대를 혼란기인 청년기, 1980년대를 과잉건설의 난립기, 1990년대를 리츠산업의 전성기로 표현하고 있다. 1997년 문헌이기는 하지만 John A. Mullaney, Reits : Building Profits With Real Estate Investment Trusts (November, 1997), 9-15에서는 1차붐이 1960년대 후반에, 2차붐이 1980년대 초반에, 3차붐이 기업공개로 가기 시작한 1992년 이후에 있었다고 보고 있다.

12) Su Han Chan, John Erickson & Ko Wang, Id., 16.

13) 1960년대부터 현재까지의 REIT의 정확한 숫자에 대해서는 문헌마다 차이를 보이고 있다. 따라서 이 논문에서는 전미리츠협회(NAREIT)와 증권가격조사센터(Center for Research in Security Prices : CRSP)의 자료를 종합하여 독자적인 상장된 REIT의 현황을 제시하고 있는 최근의 자료인 Su Han Chan, John Erickson & Ko Wang, Real Estate Investment Trusts : Structure, Performance, and Investment Opportunities (October, 2002), 268-278을 기초로 하여 현재까지의

모는 1,100만 달러, 리츠 오브 아메리카는 4천 4백만 달러 정도였고, 내부자 주식보유수준도 1%미만이었다. 또한 대부분 외부의 자문을 통해 경영이 이루어졌고, 모든 자산운용은 외부의 회사에 위탁되었다. 또한 이들 자산운용회사들은 자문회사와 제휴하는 경우가 많았고 이로 인해 당사자간의 심각한 이익충돌이 발생하였다.

이러한 규모의 영세성, 운영의 어려움에도 불구하고 초기의 리츠는 투자자에게 11.5%의 연평균 수익을 제공하여 1963년부터 1970년까지의 S&P500의 연평균 총수익이 6.7%인 것과 비교하여 나쁘지 않은 성과를 가져오고 있었다.

그러던 중 자본시장이 REIT 증권을 보다 잘 소화할 수 있게 되었던 점, 1968~1970년과 1973년에 신용조건이 변경되고 이자율이 높아져 건설 및 개발회사가 심각한 자금난을 겪게 된 점 등이 그 원인이 되어 1968년과 1970년 사이에 REIT 자산규모는 10억 달러에서 47억 달러로 약 4배로 늘어났고 그 기간동안에 설립된 REIT 숫자에 있어서도 상장되지 않은 REIT까지 포함하여 61개에서 161개로 폭발적으로 늘어났다. 이처럼 1960년대 후반을 1차붐이라 할 수 있다. 위 기간동안 은행, 저축기관 및 보험회사 등은 법규정상의 제한으로 직접적으로 건설 및 개발자금을 대출하여 줄 수 없었기 때문에 REIT를 통해 이러한 대출을 하려고 했던 것이다. 모기지형 REIT는 총투자자산의 75%이상이 부동산관련 대출이나 저당담보증권 등으로 구성되어 있고 이에 따라 대출이자수입이 주 수입원인데 이 모기지형 REIT는 법령상 이자의 제한을 받지 않아 위험한 모기지와 건설 및 개발자금을 공급하는데 높은 이자율을 지급할 수 있는 것이다. 그 결과 수많은 은행과 개발자들이 모기지 REIT를 세워 단기이고 위험이 높은 건설 및 개발자금의 수요를 충족시킨 것이다.

미국 REIT의 현황을 살펴본다.

2) 1970년대

1970년대 초 모기지형 REIT가 개발 및 건설자금 대출과 고위험의 모기지 산업부문에 뛰어들어 REIT가 수적이나 자산규모면에서 성장하기는 하였지만, 이것은 필연적으로 서투른 투자판단과 과잉건설이라는 결과를 가져왔다. 여기에다 인플레이션과 건설자재 부족으로 인한 건설비용의 상승으로 이자율이 높아지게 되자 수많은 모기지가 지급불능이 되고 건설사들이 파산하게 되었다.

REIT의 자격요건이 너무 엄격하였기 때문에 시장상황의 악화에 대처하여 REIT가 자산운용을 유연하게 할 수 없었고 1975년에는 REIT에 대해 대손비용과 추정장래비용을 인식하는데 있어 보다 보수적인 회계기준을 쓰도록 함으로써 REIT의 수익은 더욱 떨어지게 되었다.

이러한 이유로 REIT의 총자산은 1973년 말부터 1975년 말까지의 사이에 40%가 감소하였고, REIT의 주식가치도 68%나 감소하였다.[14]

그러나 REIT 산업 전반의 수익감소에도 불구하고 대출을 하지 않는 지분형 REIT는 운영실적이 좋았다. 1970년대 동안 10개의 대표적인 지분형 REIT는 연간 유동성이 6.1% 성장하였고 마이너스 성장기간은 불과 1년에 지나지 않았다. 또한 주가는 연평균 4.2%의 성장률을 이루었고 여기에 배당금 수익이 더해져 1970년대의 연간 총수익은 12.9%가 되었다. 이것은 5.8%라는 S&P500지수의 수익률과 비교되는 수치였다.[15]

1976년 조세개혁법(Tax Reform Act)에서는 REIT에 적용되는 세법규정을 상당히 개정하였다. 비록 최소 배당요건을 90%에서 95%로 개정[16]하여 REIT가 영업손실의 문제를 해결하는데 오히려 어려움을 주기도 하였지만, 전체적으로는 REIT가 경기하락에 대응하여 유연성을 가질 수 있도록 하였다.[17] REIT가 75%와 90%의 총소득요건을 충족하지 못하는 경우라도

---

14) Su Han Chan, John Erickson & Ko Wang, Id., 21.
15) Ralph L. Block, Id., 130.
16) IRC 857(a)(1)조.

합리적인 이유가 있는 한 비적격이 되지 아니하고,[18] 비적격이 되었다면 적용되었을 법인세율로 계산한 세금만 부담하게 하였다.[19] 또한 운영손실과 자본이득의 회계상 처리에 있어서도 8년의 소급공제를 할 수 있도록 하여, 손실을 소급공제받기 위해 자발적으로 REIT가 자격을 포기할 유인을 감소시키도록 하였다.[20] REIT가 비적격거래를 하는 경우에도 당연 비적격이 되는 것은 아니고 거래에 따른 순소득에 대해 100% 과세토록만 하였다.[21] 그러나 세제상의 이러한 변경에도 불구하고 위에서 지적한 문제점 때문에 REIT 산업의 회복은 완만할 수밖에 없었다.

REIT의 조직형태의 유연성을 주기 위해 1976년 조세개혁법은 REIT를 회사형태로 설립하는 것을 허용하였다.[22] 1976년 조세개혁법이전에는 REIT는 신탁이나 단체로서만 설립이 허용되었는데, 회사형태가 아닌 단체로서 조직하도록 하는 것이 몇몇 REIT의 경우에 주법상 그 운영에 문제가 나타나게 됨으로써 이러한 개정을 하게 되었다.[23]

1970년대 초의 열악한 부동산 시장에서 살아남은 REIT는 개발 및 건설자금에 투자하는 REIT와 이를 후원하는 은행이 시장에 내 놓은 수많은 부동산으로 낮은 가격으로 부동산을 이용할 수 있게 되어 1975년 이후에는 수익률이 크게 높아졌다. 1974년을 최저점으로 하여 REIT의 총수익율이 1978년까지 해서 193% 상승하고 1978년 말에서 1981년 말 사이에 107% 상승하였다.[24]

---

17) Su Han Chan, John Erickson & Ko Wang, Id., 25.
18) IRC 856(c)(7)조.
19) IRC 857(b)(5)조.
20) 1954년법 172(b)(1)(E)조, 1976년 조세개혁법 1606(b)조에 의해 개정.
21) IRC 857(b)(6)조.
22) IRC 856(a)조.
23) S. Rep. No. 94-938, 94th Cong., 2d Sess. 475(1976) ; 1980년에서 1985년에 설립된 회사형 REIT는 45개에 이른다. Theodore S. Lyhn & Micah Bloomfield, Real Estate Investment Trusts (1995), 2.01[1] 각주 17 참조.
24) Su Han Chan, John Erickson & Ko Wang, Id., 26.

3) 1980년대

REIT의 수익률은 1974년에 최저점을 치면서 회복세를 보이기는 하였지만 1982년이 되기까지는 REIT의 총자본금이 비교적 서서히 늘어났다. 투자수단으로서 대중성의 회복에는 시간이 필요했던 것이다.

수많은 모기지 REIT가 부채를 줄이고 위험이 높은 건설 및 개발 프로젝트에 투자하는 것을 줄이고 위험이 더 낮은 모기지에 투자하기 시작했다. 그러다가 1980년대 중반 세제개혁과 REIT제도 개혁으로 2차 붐을 이루게 되었다. 1986년 세제개혁법에 의해 부동산 관리를 외부에 용역을 주는 대신 REIT내부에서 수행할 수 있도록 해 주었고 1990년대 초반 REIT붐을 가져오는데 중요한 역할을 하였다. 그러나 1980년대 말부터 1990년대 초반 미국경기가 침체하고 자산 디플레이션이 발생하면서 REIT 산업은 다시 위축하게 되었다.

4) 1990년대

1990년대 중반 이후 REIT는 3차 붐을 이어가게 된다. REIT가 활성화된 주요한 요인은 1986년 세제 개혁 조치에서 도입한 REIT 내부관리(self-management)를 허용한 조치가 1990년대 들어 효과를 발휘하게 된 것이고, 1992년 이후 내부관리형 REIT가 주도적인 형태로 자리 잡게 되면서 REIT의 투자자도 임대 수입과 같은 현금흐름을 중시하는 방향으로 전환되었다. 1980년 대 후반의 자산 디플레이션으로 가격이 낮아진 부동산을 REIT가 저가 매수에 나설 수 있었던 것도 REIT의 3차붐의 중요한 요인이라 할 수 있다.[25] 1991년 11월 22일 KIMCO Realty가 1억 2,800만 달러

---

25) REIT는 다른 주식과 달리 안정적인 수익을 낸다는 점에서 안정적인 연기금의 투자처로 인정되고 있다. Evan Miller, "Real Estates Stocks, Correlation, And The Erisa Prudence Rule", 28 Journal of Pension Planning & Compliance 1 (Fall, 2002), 1-20 참조(http://www.nareit.com/mediaresources/millerstudy.pdf에서 원문 확

규모의 공개를 한 이후 1993~1994년 기업 공개 붐이 이루어졌다.26)

상장 REIT는 1992년 142개에서 1998년 210개로 48% 증가하였고, 상장된 REIT 시장가치는 1992년 159억 달러에서 1998년 1,383억 달러로 77% 상승하였다. 2002년 11월 11일 현재는 상장 REIT는 178개, 시장가치는 1,585여억 달러에 이르고 있다.27)

Ⅱ. REIT 자체의 구조

REIT의 법적 구조에 대해서는 먼저 아래 그림 가운데의 REIT 자체를 살펴본 후, REIT를 중심으로 해서 좌측의 투자자, 우측의 투자자산, 좌측 상단의 외부회사(외부관리형의 경우에는 가운데하단 포함), 그리고 우측 상단의 감독기구를 살펴본다.

〈그림 12〉 REIT의 기본구조 : 내부관리형과 외부관리형

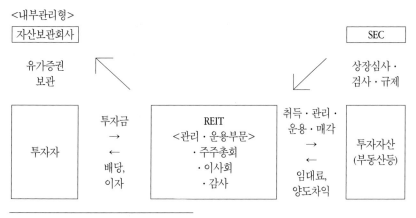

인 가능).

26) Richard T. Garrigan & John F. C. Parsons, Id., 10-11.
27) 이러한 통계는 전미리츠협회에 등록한 REIT를 기준으로 한 것으로 미국 REIT의 시장현황에 대해서는 실시간으로 http://www.nareit.com/nareitindexes/web1.htm (2002.11.11 방문)에서 확인할 수 있다.

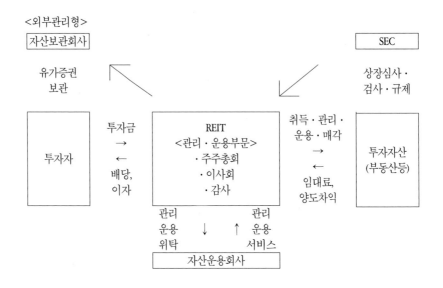

<외부관리형>

1. REIT의 법적 형식

미국에서는 부동산 간접투자에 관한 규제법령은 따로 없다. 세법에서 REIT의 개념을 정하고 그에 맞는 경우에만 신탁재산 내지 회사단계에서 투자자 배당분에 대한 소득세를 면제해 줄 뿐이다. 따라서 법적으로는 가능한 형태이더라도 세법이 정하는 REIT의 요건에 맞지 않으면 실제로는 경쟁에서 살아남을 길이 없다.

1) 회사형과 신탁형

REIT는 회사(corporation), 영업신탁(business trust) 또는 이와 유사한 단체(association)이어야 한다.[28] 1935년 Morrissey v. Commissioner 판결로 메사츄세츠 신탁의 과세상 도관체로서 지위가 부정되자 이 판결에 대한 예외로서 1960년 연방세법에서 일정 요건의 영업신탁을 REIT라고 하여 과

---

28) IRC 856(a)조.

세상 도관체로서의 지위를 인정하였다. 따라서 REIT 입법초기에는 REIT 는 회사형이 아닌 영업신탁만이 가능했다. 이는 다른 어떤 과세정책요소보다도 REIT 역사에 중요한 영향을 미쳤다. 예컨대 C corporation이 영업신탁으로 전환한 경우에는 비과세 적격 구조변경이라 하더라도 당해연도에는 REIT 자격을 취득할 수 없었다.[29] 다만 최근의 국세청 예규에서는 REIT 자격을 인정하고 있다.[30] 그 후 1976년 조세개혁법으로 신탁형 이외의 회사형 REIT가 가능하도록 하였다. REIT 설립의 유연성을 주기 위해서였다.[31] 그러나 외국법인인 REIT는 없다. 세법상 REIT가 되지 못하기 때문이다.[32] 금융기관이나 보험회사의 활동은 는 REIT의 수동적 활동과 양립하기 어렵다는 점에서 금융기관과 보험회사는 REIT가 되지 못한다.[33]

위에서 회사(corporation)란 사법상 회사를 말한다. 이는 성문법상 인정되는 것으로 분명한 법적 실체이므로 회사의 채무는 주주, 이사, 종업원 또는 대리인의 채무가 아니라 회사 자신의 채무가 된다. 영업신탁(business trust)은 원래는 관습법 하에서 개발된 것으로 제3자에 대한 영업신탁의 책임은 신탁자산만으로 국한되지 않고 자산은 수탁자에 의해 소유되는 것으로 간주되고 신탁의 영업수행과 관련하여 발생하거나 관련된 책임은 수탁자의 책임으로 간주된다. 신탁 수익자도 신탁재산이 채무상환에 부족한 경우 유한책임 이상의 의무를 부담한다. 1960년 REIT에 관한 입법을 수용하기 위해 신탁에 대한 별도의 입법조치가 이루어졌는데, 캘리포니아에서는 신탁 수익자의 책임을 제한하였고 메릴랜드주에서는 수탁자의 책임을 제한하였다.

그런데 REIT는 회사형이든 신탁형이든 세법상 REIT에 관한 규정이 적

---

29) Rev.Rul. 71-218, 1971-1 C.B. 209 ; Rev.Rul. 67-376, 1967-2 C.B. 142.
30) PLR 8729076.
31) Theodore S. Lyhn & Micah Bloomfield, *Id.*, 2.01[1].
32) IRC 856(a)(3)조 ; Rev.Rul. 89-130, 1989-2 C.B. 117.
33) IRC 856(a)(4)조 ; Theodore S. Lyhn & Micah Bloomfield, *Id.*, 2.01[4].

용되지 않는다면 세법상 회사(corporation)[34]로서 과세될 수 있는 것이어 야 한다.[35] 세법상 회사에 대해서는 후술한다.

2) UPREIT와 DOWNREIT

REIT는 자산 소유방식에 따라 표준적 REIT, UPREIT, DOWNREIT로 나눌 수 있다.

<그림 12>에서 보는 바와 같이 REIT가 자산을 직접 소유하는 형식의 경우를 표준적 REIT라 할 수 있다.

이와 달리 UPREIT(Umbrella Partnership Real Estate Investment Trust)란 REIT가 운영파트너쉽(Operating Partnership, OP)[36]의 무한책임사(General Partner, GP)이 되어 유한책임사원(Limited Partner, LP)인 자산보유자가 운영 파트너쉽에 출자한 부동산을 간접적으로 소유하는 REIT를 말한다.[37][38]

---

34) corporation은 주식회사 또는 법인으로 번역되기도 한다. 그러나 법인세의 납 세의무를 지는 기업조직이라는 의미로서는 우리나라의 '주식회사' 또는 '법 인'이라는 용어가 적절치 않다. 따라서 여기에서는 이러한 corporation을 '세 법상 회사(corporation)'로 한다.

35) IRC 856(a)(3)조.

36) 이때 운용파트너쉽은 우산에 비유되어 Umbrella Partnership(약칭하여 UP)으 로 불리기도 한다. 운용파트너쉽의 유한책임사원들은 수많은 우산살로, 무 한책임사원은 우산의 대와 손잡이에 비유된다. Chadwick M. Cornell, "REITs And UPREITs : Pushing The Corporate Law Envelope", *145 U. Pa. L. Rev. 1565* (June, 1997), 1577.

37) UPREIT가 운영파트너쉽 자체를 가리키는 경우도 있다(Theodore S. Lyhn & Micah Bloomfield, *Id.*, 7-1). UPREIT라는 용어는 운용파트너쉽인 Umbrella Partnership(UP)과 REIT의 조합어이다. 그러나 IRC 856조이하의 REIT 요건을 따르는 것은 운영파트너쉽 자체가 아니라 운영파트너쉽의 무한책임사원인 REIT라는 점에서 여기에서는 무한책임사원인 REIT를 가리켜 UPREIT라고 한다. 이러한 의미로 UPREIT를 사용하는 문헌으로는 Richard T. Garrigan & John F. C. Parsons, *Id.*, 53 ; Russell J. Singer, "Understanding REITs, UPREITs, and Down-REITs, and the Tax and Business Decisions Surrounding Them", *16 Va.*

〈그림 13〉 UPREIT의 기본구조

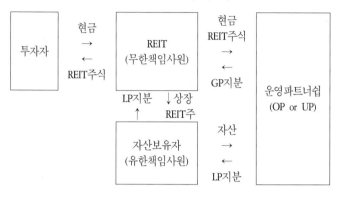

UPREIT의 가장 큰 장점으로는 부동산의 현물출자에 대한 양도소득 과세를 이연할 수 있다는 것이다.[39] 부동산보유자는 REIT에 부동산을 직접 양도 또는 현물출자 하는 경우에는 세법상으로는 투자회사에 대한 양도로 보아 양도소득세가 과세되지만,[40] REIT가 아닌 파트너쉽에 현물출자 하여 유한파트너쉽 지분을 취득하는 경우에는 해당 연도의 양도소득으로 인식되지 않고 REIT주로 전환하든가 현금화할 때 비로소 과세되는 것이다.[41]

그러나 UPREIT는 투자자간에 이익상반문제가 빈발하다는 문제가 있다.[42] 예컨대 부동산가격이 상승한 경우 자산매각을 함으로써 수익을 올리기 원하는 REIT의 주주와 세금 부담 때문에 자산매각을 반대하는 유한책임사원간의 이해관계가 상충할 수 있다.

Tax Rev. 329 (Fall, 1996), 334-335 등이 있다.

38) 최초의 UPREIT 공개는 1992년 미시간주에 있는 Taubman Center Inc.에 의해 이루어졌다.

39) Theodore S. Lyhn & Micah Bloomfield, *Id.*, 7.01 ; Chadwick M. Cornell, *Id.*, 1578-1579.

40) IRC 351(e)조, Treas.Reg. 1.351-1(c)(1)조.

41) IRC 721(a), 351(a)조.

42) Chadwick M. Cornell, *Id.*, 1578-1580.

DOWNREIT란 REIT가 자산보유자가 출자한 子파트너쉽의 무한책임사원이 직접 되는 것은 아니지만 母파트너쉽을 매개로 하여 자산보유자가 파트너쉽에 출자한 부동산을 간접적으로 소유하는 REIT를 말한다.

DOWNREIT도 UPREIT와 마찬가지로 부동산의 현물출자에 대한 양도소득 과세를 이연할 수 있고, 개별 자산보유자 또는 부동산별로 파트너쉽을 설정함으로써 다양한 자산보유자의 요구에 대응함과 동시에 처분시의 이익상충 관계를 해소한다는 장점도 있다.

그러나 DOWNREIT의 경우에는 자산보유자가 파트너쉽에 현물출자하는 것이 가장매매규칙의 적용을 받아 매매로 간주되어 출자시 과세될 수도 있다는 점에서 과세상 불리한 점이 있다.[43] 이 경우 UPREIT의 경우라면 가장매매규칙의 적용을 받지 않는다는 명문의 규정이 있다.[44]

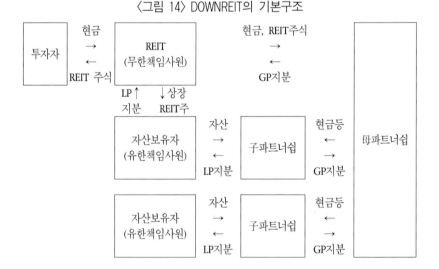

〈그림 14〉 DOWNREIT의 기본구조

---

43) Russell J. Singer, *Id.*, 342-343.
44) Treas.Reg. 1.701-2(d)조(Ex. 4).

2. REIT의 설립

REIT는 미국 세법상의 개념으로 그 설립절차에 대해 따로 규정을 두고 있지 않다. 따라서 회사형 REIT의 경우 그 설립절차는 적격요건상의 제한을 제외하고는 일반 회사의 절차에 따른다.

즉 1인 이상의 발기인이 기본정관을 작성하여 회사의 각종 기록문서들의 등록 및 공시의무를 담당하는 주무장관에게 기본정관을 제출하여 접수되도록 한다.[45] 회사설립일자가 별도로 기재되어 있지 않는 한 제출된 기본정관이 접수되면 회사가 설립되는 것이고 일반적으로 설립일은 접수일로 소급된다.[46] 회사의 구체적인 조직구성의 완성은 창립총회가 행한다.[47]

이러한 절차를 걸쳐 회사형 REIT가 설립된다고 하더라도 미국세법상 조직요건, 자산요건, 소득요건, 배당요건 등의 적격요건을 갖추어서 소득신고시 REIT로 선택하여야 과세상 혜택이 주어진다.[48]

3. REIT의 기관

REIT의 기관으로는 최고의사결정이며 이사회의 이사들을 선임하는 주주총회, REIT의 운영전반에 대해 책임을 지는 이사회, 수탁자 및 외부의 독립적인 회계감사인의 도움을 받아 REIT에 대한 감사기능을 수행하는 감사위원회 등이 있다.

---

45) RMBCA 2.01조 ; 각주의 제정법에 규정되어 있는 회사설립절차는 큰 차이가 없으므로 미국 각주의 회사법의 모범이 되는 Revised Model Business Corporation Act(RMBCA, 개정모범사업회사법)상의 회사설립절차에 따라 설명한다.
46) RMBCA 2.03조.
47) RMBCA 2.05조.
48) IRC 856(c)(1)조.

III. REIT의 투자자

1. 신주발행

자본조달방법으로는 기업공개와 유상증자로 나눌 수 있다. 1990년대 초까지는 기업공개가 중요한 비중을 차지하였으나, 1990년 중반에 들어서면서 유상증자형태의 자금조달이 기업공개보다도 더 큰 비중을 차지하고 있다. REIT가 기업공개를 통한 자금조달보다는 다른 REIT와 인수합병을 통해 규모를 확장한데 원인이 있다.

2. 차 입

차입의 형태는 1970년대에는 은행이나 CP 등에 의한 차입이 주류를 이루었으나, 1980년대 이후에는 무담보회사채나 주택저당채권(Mortgage Backed Bond, MBB) 등이 주요한 차입수단이 되었다.

3. 주식분산

REIT는 소액투자자도 그동안 부자와 기관투자자만이 누리던 부동산으로부터 수익을 얻을 수 있도록 하기 위해 도입된 면이 있기 때문에,[49] 회사의 주식은 주주 100인 이상에게 분산되어야 하고,[50] 5인 이내의 대

---

49) Theodore S. Lyhn & Micah Bloomfield, *Id.*, 2.01[7].
50) 엄밀히 말하면 주주가 아니라 '지분권자'라고 하여야 할 것이다. REIT가 사법상 신탁의 경우 수익자를 주주라고 할 수는 없기 때문이다. 그러나 여기에서는 회사형 REIT의 과세문제를 다루고 있으므로 지분권자를 주주라고 표시한다.

주주들이 직·간접적으로 발행주식액의 50%이상을 과세연도의 후반기의 어떤 시점에서도 초과 보유할 수 없다.[51] REIT가 세법상 회사로서 과세될 수 있는 것을 전제로 하므로 주식의 자유로운 양도가능성이 인정되어야 하겠지만 자유로운 주식의 양도로 주식이 일정사람에게 집중될수가 있어 정관에 주식양도에 일정한 제한이 가해진다.

4. 정보공시

REIT를 증권거래소에 상장시키면 유동성이 낮은 부동산을 환금성이 높은 투자상품으로 변환시킬 수 있다. 지분상장에 따른 부작용을 최소화하기 위해서는 엄격한 기업공시규정의 적용을 받는다. 따라서 상장하는 REIT는 1933년 증권법상의 등록절차와 1934년 증권거래법상의 공시요건의 적용을 받는다. 또한 상장되는 증권거래소의 상장요건의 감독, 규제를 받게 된다.

REIT가 상장할 때에는 등록서류는 S-11이고, 등록서류에 매각을 위해 등록되는 상장지분을 위한 사업설명서가 특정한 정보를 공시하여야 한다. S-11 14번 항목에서는 REIT의 주요한 부동산에 대해 기재하도록 하고 있다.[52] 증권거래법상 증권이 등록된 회사는 SEC의 분기별 재무제표와 다른 정보(10-K양식의 연간보고서, 10-Q의 분기보고서, 8-K의 중요사건보고서)의 등록을 하여야 한다.

5. 환매청구

REIT는 환매가능성 여부에 따라 중도환매가 가능한 개방형과 환매가

---

51) IRC 856(a)(6)조.
52) Theodore S. Lynn & Micah Bloomfield, *Id.* 8.03[7][b].

금지된 폐쇄형으로 분류된다. REIT는 부동산의 조기 처분이 힘들어 투자자의 환매요청에 대처하기 어렵기 때문에 폐쇄형이 대부분이다.

Ⅳ. REIT의 투자자산

1. 투자자산의 구성

REIT는 투자자산을 세법에서 요구하는 요건에 따라 구성하여야 하고 이를 따르지 않았을 경우에는 과세선 혜택이 인정되지 않으므로 사실상 이에 지배를 받는다.

REIT가 되기 위해서는 REIT가 부동산 간접투자라는 점에서 총자산의 75%이상을 부동산, 현금, 현금상당자산, 국채로 보유하고,53) 유가증권이 총자산의 25%를 넘어서는 안 된다.54) REIT의 분산투자가 요구된다는 점55)에서 발행자 1인의 유가증권이 REIT 총자산의 5%를 넘어서는 안 되고,56) REIT는 다른 한 회사의 의결권 있는 주식 또는 주식전체가치의 10%이상을 보유하여서는 안 된다.57) 자산요건은 각 사반기말일마다 충족하여야 한다.58)

---

53) IRC 856(c)(4)(A)조.
54) IRC 856(C)(4)(B)조.
55) Richard T. Garrigan & John F. C. Parsons, *Id.*, 106.
56) IRC 856(c)(4)(B)조 ; Treasure. 1.856-2(d)(2)조.
57) IRC 856(c)(4)(B)(ⅲ)(Ⅲ)조 ; 종전에 다른 한 회사의 의결권 있는 주식의 10%이상을 보유하지 못하도록 하였는데, 1999년 REIT 현대화법(REIT Modernization Act)에 의해 다른 한 회사의 주식전체가치 10%이상을 보유하지 못하도록 제한하는 규정이 추가되었다. 2001.1.1부터 시행되었다.
58) IRC 856(c)(5)조.

2. 투자자산의 운용

REIT의 자금운용은 주로 부동산 및 부동산관련 유가증권에 직간접으로 투자하는 것이 일반적이다. 부동산 직접 투자를 통한 수익은 임대수익과 양도차익이다. 다른 REIT에 투자하거나 MBS를 매입하거나 부동산 대출 등에 자금을 운용하여 부동산에 간접투자 할 수 있다.

REIT는 정기적인 현금흐름을 투자자에게 제공하여야 하므로 안정적인 임대수익이 발생하는 사무실, 임대 쇼핑센터, 임대아파트, 창고와 같은 부동산에 투자하는 것이 일반적이다.

REIT는 적극적인 상업적 거래를 할 수 없기 때문에 대부분의 운용수익은 부동산임대수익을 통해 얻는다.

V. REIT의 외부회사

1. 자산운용회사

자산운용회사(Asset Management Company, AMC)는 부동산에 대한 관리 및 운영업무를 담당하는 회사이다. REIT는 이러한 관리 및 운영업무를 내부에서 할 수도 있고 외부에 위탁할 수도 있다. 전자를 내부관리형, 후자를 외부관리형이라고 한다. 현재 대부분의 REIT는 내부관리형으로 운용되고 있지만, 주로 자산운용회사를 자회사로 만들고 그 자회사가 운용위탁을 받아 REIT의 자산을 관리하는 형식을 취하는 경우가 많다. 일본의 부동산투자법인이나 우리나라의 기업구조조정 부동산투자회사는 외부관리형만 가능하다. 우리나라의 일반 부동산투자회사는 내부관리형과 외부관리형이 다 가능하다. 다만 부동산투자회사는 다른 회사의 주식을 100분의 10이상 취득할 수 없으므로 자회사를 통한 자산관리는 할 수 없다(부동산투자회사법 27조 1항).

2. 자산보관회사

유가증권보관회사는 REIT가 발행한 유가증권을 보관하는 기능을 담당한다. 우리나라 부동산투자회사의 경우는 자산관리상 사고를 미연에 방지하고 그 운용의 투명성과 안정성 확보를 위해 보유자산을 자산보관기관에 보관할 의무가 있지만(부동산투자회사법 35조), REIT의 경우에는 보유자산을 외부기관에 보관할 의무는 없다.

Ⅵ. REIT의 감독기구

1. SEC

SEC(Security and Exchange Commission)는 REIT의 IPO와 증자, 채권의 발행, 그리고 기업정보의 공시에 관한 규제를 한다.[59] 이를 위해서 SEC는 REIT가 증권 발행시 사업설명서를 공시하도록 의무화하고 있다.[60]

2. 주정부

주정부는 Blue Sky Law에 의하여 투자자 유치활동이 연방공시제도에 위배되는지 여부와 투자자에게 과도한 위험을 부담시키는지 등 투자의 적격성을 검토한다.[61]

---

59) Theodore S. Lyhn & Micah Bloomfield, *Id.*, 8.01.
60) 1933년법(Securities Act of 1933) 10조.
61) Theodore S. Lyhn & Micah Bloomfield, *Id.*, 8.05.

제2절 일본의 부동산 간접투자

Ⅰ. 개 설

1. J-REIT의 의의

J-REIT란 다수의 투자자로부터 모은 자금을 부동산 또는 부동산관련 유가증권의 매입이나 부동산매입을 위한 대출에 주로 사용하고, 이러한 활동을 통하여 발생한 수익을 투자자에게 분배하는 부동산 간접투자를 말한다.[1] J-REIT는 신탁형과 회사형이 가능하다. 회사형인 부동산투자법인은 투자의 도관체로서 특성이 중시되어 본점이외의 영업소를 설치하거나 사용인을 고용할 수 없고 자산관리·운용을 외부에 위탁주어야 하는 SPC형이다.[2] 배당가능이익의 90%이상을 배당하는 등 세법상의 요건을 충족하는 경우 부동산투자법인은 배당금 손금산입으로 법인단계에서의 과세를 실질적으로 받지 않게 된다.[3] 이에 대해서는 과세부분에서 후술한다.

부동산투자법인은 투자자산의 대부분이 부동산이기 때문에 어느 때고 환매를 인정하는 것은 유동성이 낮고 투자단위가 크며 객관적 평가가 어려운 부동산 투자하는데 큰 장애가 되므로 환매를 제한할 필요가

---

1) 부동산특정공동사업법에 의한 익명조합, 자산유동화에관한법률에 의한 SPC도 부동산을 직접 소유하지 않더라도 부동산의 수익을 얻을 수 있다는 점에서 부동산에 간접투자 하는 경우라 볼 수 있다. 그러나 이 논문에서는 J-REIT와 같이 다수의 투자자로부터 모은 투자금을 주로 부동산 매입하는데 운용하는 부동산 간접투자를 중심으로 살펴본다.
2) 일본 투자신탁법 63조.
3) 일본 조세특례조치법 67조의15, 동법시행령 39조의32의 3.

있다.4) 환매를 제한하는 경우(폐쇄형)에는 투자금 회수의 길이 막힐 수 있으므로 상장을 통해 투자금을 회수한다. 환매가 인정되는 경우(개방형)에는 상장을 하지 못한다.5) 다시 말해 비상장인 경우에는 환매권을 인정하고 환매권이 인정되지 않는 경우에는 상장할 수 있도록 하고 있다.

부동산투자법인이 상장하기 위해서는 투자신탁및투자법인에관한법률(이하 '투자신탁법'이라 한다)상의 요건 이외에 상장기준상의 자격요건과 자산요건을 충족하여야 한다. 상장기준을 충족하지 못하는 경우라도 사단법인투자신탁협회의 회원은 '부동산투자신탁 및 부동산투자법인에 관한 규칙'6)(이하 '부동산투신회계규칙'이라 한다)상의 기준을 충족하여야 한다. 이처럼 투자신탁법, 부동산투신회계규칙, 상장기준이 달라 부동산투자법인은 다음과 같이 세 부류로 나뉠 수 있다.

ⅰ) 부동산투신회계규칙 및 상장기준의 조건을 충복하지는 못하지만 부동산에 투자하고 있는 것과 실질적으로 동일한 것,7) ⅱ) 부동산투신회계규칙은 충족하지만 상장기준요건을 충족하지 못한 것,8) ⅲ) 상장기준

---

4) 中央靑山監査法人 編, 위의 책, 20頁.
5) 부동산투자신탁에관한유가증권상장규정의특례(2002.5.27 개정)(이하 '상장기준'이라고 한다) 4조 2항 m호.
6) 사단법인투자신탁협회는 2001년 3월 16일의 이사회에서 부동산투신회계규칙이라는 자주규칙을 결의하여 사단법인투자신탁협회에 가입하고 있는 회원에 대해 준수할 것을 요구하고 있다. 2001년 5월 24일에 일부 개정되었다. 부동산투자투신회계규칙 제3조에 의하면, 부동산투자법인은 '투자법인규약에 투자법인의 재산총액의 2분의 1을 초과하는 액을 부동산등을 주된 투자대상으로 하는 자산대응증권 등에 대한 투자로 운용할 것을 목적으로 하는 취지를 규정하고 있는 투자법인'을 말한다.
7) 예컨대 부동산 평가익을 포함하고 보증금을 공제한 출자총액의 2분의 1이하를 부동산등으로 운용하는 투자법인이 이에 해당한다.
8) 예컨대 부동산 평가익을 포함하고 보증금을 공제한 출자총액의 2분의 1 초과하는 액을 부동산등으로 운용하여 부동산투자회계규칙은 충족하지만, 상장기준으로 정한 운용자산등 가운데 부동산상당부분의 비율이 75%이상이 되지 않거나 운용자산등 가운데 부동산 및 부동산관련자산이외의 자산이 현금 및 현금동등물에 한정할 전망이 없는 투자법인이 이에 해당한다.

을 만족한 것(당연히 부동산투신회계규칙은 충족한 것) 등으로 나눌 수
있고, 마지막의 경우가 상장부동산투자법인이 된다.

2. J-REIT의 도입배경

1990년대 들어 일본은 거품경제 붕괴과정에서 부실채권이 대량으로
발생하였다. 그런데 일본정부는 이 부실채권의 처리를 위해 금융기관에
대한 지속적인 지원책을 사용하였다. 이 과정에서 금융기관의 도덕적 해
이가 심화되고 경쟁력은 저하하면서 부실채권의 규모는 더욱 크게 증가
하였다. 여기에 자산디플레이션이 심각해지면서 부동산 담보관행이 일
반화된 일본 금융계의 부실채권은 더욱 크게 증가하였다. 지가의 경우
1991년부터 1996년까지 전국 평균으로 25%가 하락하였고, 이 기간동안
동경의 상업지는 57%나 폭락하였다.[9] 따라서 금융기관에서 부동산 담
보가치가 대출금 이하로 내려가는 현상이 일반화되었다. 1992년 4월 이
후 신용금고, 신용조합 등 소규모 금융기관을 중심으로 파산사례가 증가
하였고, 특히 1994년 대표적인 비 은행 금융기관인 주택금융전문회사의
부실화가 표면화되면서 부동산대출의 위험이 크게 부각되었다.[10] 이에
따라 1996년 이후 일본 금융기관의 부실채권 처리가 다양한 채널을 이
용하여 이루어져 왔다.

1998년 6월에는 부실채권과 담보부동산의 원활한 처분을 위해서 '특
정목적회사에 의한 특정자산의 유동화에 관한 법률'(이하 '특별목적회사
법'또는 구SPC법이라고도 한다)을 통과시켜 9월부터 시행에 들어갔다.
다만 특정목적회사법 도입이전에도 부동산 저당증권, 주택대출 채권신
탁, 소액화상품, 공동특정사업과 같은 부동산의 유동화가 진전되어 있었
다.[11] 또한 1993년 '특정채권등에 관한 사업의 규제에 관한 법'(이하 '특

---

9) 森藤有倫, 『不動産投資信託の計理·稅務』, 2001.9, 10頁.
10) 佐藤一雄, 『不動産證券化の實踐』, 2002.11, 52頁.

정채권법'이라 한다)을 통해 리스나 크레디트 채권의 경우 유동화제도가
마련되어 있었다. 결국 일본의 경우에는 자산유동화에 관한 법적 정비가
어느 정도 이루어진 이후 위험수준이 높은 자산인 부실채권과 담보부동
산을 유동화하기 위해 특별목적회사법이 제정된 것이라 할 수 있다.

이러한 특별목적회사와는 별도로 J-REIT제도의 도입은 1987년 9월에
경제기획청에 의해 처음 논의되었다가 1990년대 후반 집단투자기구에
대한 논의가 이루어지면서 2000년 11월에 개정된 투자신탁 및 투자법인
에 관한 법률(이하 '투자신탁법'이라 한다)에 의해 시행되기에 이르렀
다.12) 집단투자기구에 대한 논의는 당시 금융심의회(구대장대신의 자문
위원회)를 중심으로 이루어졌고 그러한 논의의 결과 ⅰ) 1998년 '증권투
자신탁 및 증권투자법인에 관한 법률'(이하 '증권투자신탁법'이라 한다)
을 개정하여 사모투신 및 회사형투신을 허용하게 되었고, ⅱ) 2000년 11
월 특정목적회사법을 개정하여 '자산유동화에 관한 법률'(이하 '자산유
동화법' 또는 'SPC법'이라 한다)이라고 개칭하고13) '증권투자신탁및투자
법인에 관한 법률'을 개정하여 '투자신탁 및 투자법인에 관한 법률'로
개칭함으로써 자산유동화기구와 자산운용형기구를 가능토록 하였으며,
ⅲ) 기타 증권거래법, 택지건물거래업법 등의 관련법령을 개정하였다.

J-REIT의 도입은 위 세 번째 투자신탁법에 있어서 주된 운용자산을 유
가증권에 한정하였던 구법규정을 개정하여 부동산을 포함한 특정자산을
운용대상으로 확대한 것에 의해 이루어진 것이다. 즉 종래에는 증권투자
가 주목적이었던 투자신탁의 투자대상에 부동산을 가미할 수 있게 되어
J-REIT의 구성이 가능하게 된 것이다. 일본경제의 고정화, 사회의 고령화
를 배경으로 한 국민의 자산운영리스의 다양화와 경제가 계속해서 성숙
화해가는 가운데 신규산업에의 원활한 자금공급이라는 일본금융의 주요

---

11) 三口有一朗, 위의 책, 56-58頁.

12) 乙部辰良, 『詳解 投資信託法』, 2001.3, 2-3頁.

13) SPC법의 제정·개정시 배경 및 내용에 대해서는 山崎和哉, 『資産流動化法
－改正SPC法·投信法の解說と活用法』, 2001.4, 26-29頁 참조.

과제에 대해 집합투자기구가 중요한 역할을 할 것으로 기대되었고, 그 일환으로 적절한 이용자보호를 전제로 하면서 금융서비스업자에 의해 창의적인 발상이 발휘될 수 있는 법정비를 한다는 측면에서 이루어진 조치이다. 이러한 J-REIT는 신탁형(투자신탁)과 회사형(투자회사)을 모두 포괄한 개념이다.

이러한 과정을 걸쳐 일본의 경우 기업이 보유한 부동산을 다른 자산과 분리하면서 1개의 도관을 만들어 그 부동산의 수익을 뒷받침으로 하는 투자상품을 발행하고 투자자로부터 자금을 조달하는 부동산의 증권화는 부동산특정공동사업법에 의한 익명조합, 자산유동화법에 의한 SPC, 투자신탁법에 의한 J-REIT에 의해 이루어지고 있다. 어떻게 부동산에 간접투자 할 것인가는 투자자의 성향에 따라 달라진다.[14]

3. J-REIT의 시장현황

일본빌딩펀드투자법인(NBF), 자판리얼에스테이토투자법인(JRE) 등이 2001년 3월 16일에 동경증권거래소에 상장된 이후, 일본소매펀드투자법인, 오릭스부동산투자법인, 일본프라임리얼티투자법인, 프레미아투자법인등이 상장되어 2002년 12월 현재 6개사가 상장되어 있다.[15]

일본빌딩펀드투자법인(NBF)은 2001년 3월 16일에 설립되어 동년 5월 10일에 금융청에 등록을 한 후 운용을 개시하여(사모설립 공모증자방식), 동년 9월 10일에 동경증권거래소에 J-REIT 제1호로 상장되었다. NBF는 자산운용은 일본빌딩펀드자산관리회사에 위탁하고, 자산보관업무를 중앙삼정신탁은행, 회계에 관한 일반사무는 평성회계사에 각각 위탁한다.[16]

---

14) http://www.spc-reit.com (2002.12.31 방문).
15) http://www.spc-reit.com (2002.12.31 방문).
16) http://www.nbf-m.com (2002.12.31 방문).

자판리얼에스테이토투자법인(JRE)은 2001년 5월 11에 설립되어 동년 6월 8일에 금융청에 등록을 한 후 운용이 개시되어(사모설립 공모증자방식), 동년 9월 10일에 NBF와 함께 동경증권거래소에 J-REIT 제1호로서 상장되었다. JRE는 자산운용은 저팬부동산자산관리회사에 위탁하고, 자산보관업무는 住友신탁은행, 일반사무는 일홍소로몬·스미스·바니증권에 각각 위탁한다.17)

Ⅱ. 부동산투자법인 자체의 구조

부동산투자법인은 자산을 주로 특정자산에 대한 투자로서 운영하는 것을 목적으로 해서 투자신탁 및 투자법인에 관한 법률에 기해 설립된 사단법인으로,18) 투자자19)가 사원20)으로 되고 투자주총회, 집행임원, 감독임원, 임원회라는 의사결정기관을 갖고 있다. 이러한 부동산투자법인은 설립기획인이 규약을 작성하여 투자지분21)의 출자총액이 1억엔 이상이어야 하고,22) 내각총리대신에게 설립 신청을 하고,23) 설립등기함으로써 회사가 설립된다.24) 이러한 투자법인은 주식회사의 정관에

---

17) http://www.j-re.co.jp (2002.12.31 방문).
18) 일본 투자신탁법 2조 19항, 동법 61조.
19) 부동산투자법인에 있어 주식회사의 주주에 해당하는 자를 일본에서는 '投資主'라고 지칭하지만, 용어 자체가 생소하다는 점에서 '투자자'로 표기하기로 한다. 원래 투자자라는 개념에는 주주뿐만 아니라 채권자등도 포함되는 것이지만, 이 논문에서는 주로 회사에 출자를 하는 투자자를 중심으로 한다는 점에 부동산투자법인의 출자자에 해당하는 자를 투자자로 한다.
20) 일본 투자신탁법 2조 23항.
21) 일본 투자신탁법 2조 21항 ; 일반 주식회사의 주식에 상당한 것으로 균등한 비율적 단위로 세분화된 투자법인의 사원으로서의 지위를 의미한다. 일본에서는 投資口라고 하지만, 이글에서는 투자지분이라는 용어를 사용한다.
22) 일본 투자신탁법 68조, 동법시행령 56조.
23) 일본 투자신탁법 69조.

상당하는 규약에서 정함에 따라 자산운용을 행하고 그 성과를 투자자에게 분배하는 법적존재이고, 자산운용이외의 행위를 영업으로서 행할 수 없다.[25]

여기에서는 J-REIT중 회사형인 부동산투자법인을 중심으로 살펴보고자 한다.[26] 부동산투자법인의 법적 구조에 대해서는 먼저 아래 그림 가운데의 부동산투자법인 자체를 살펴본 후, 부동산투자법인을 중심으로 해서 왼쪽의 투자자, 오른쪽의 투자자산, 좌측상단과 하단의 외부회사, 그리고 우측상단의 감독기구를 살펴본다.

〈그림 15〉 일본 부동산투자법인의 구조

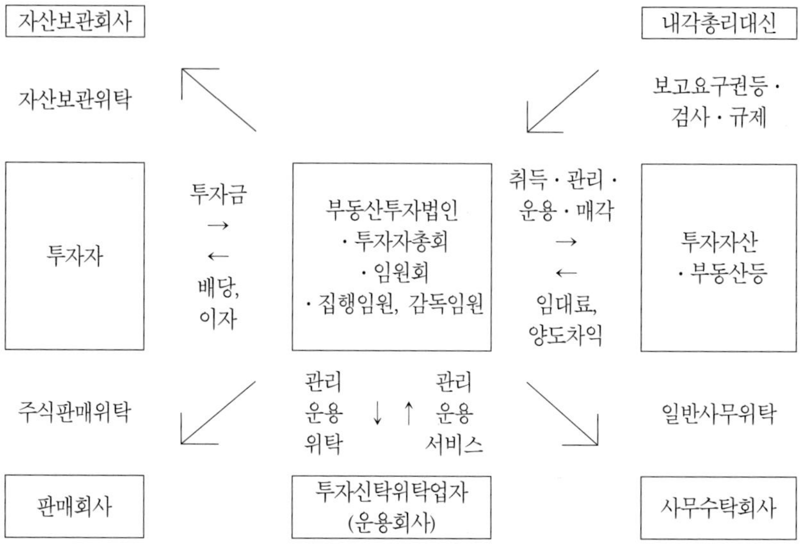

---

24) 일본 투자신탁법 74조.
25) 일본 투자신탁법 63조 1항.
26) 부동산투자법인(회사형 J-REIT)은 투자신탁법 제2조 제19항에 규정된 투자법인을 말하고, 부동산투자신탁(신탁형 J-REIT)은 일본 투자신탁법 제2조 제3항에 규정된 투자신탁을 말한다.

1. 부동산투자법인의 법적 형식

1) 주식회사와 유사한 특별법인

부동산투자법인은 주식회사와 유사한 특별법인이다.[27] 부동산투자법인은 일본말로 投資主라는 주식회사의 주주에 상당하는 투자자로부터 주식회사의 주식에 상당하는 투자지분을 발행하여 자금을 모집하고 일본말로 規約이라는 주식회사의 정관에 상당하는 것을 갖는 점에서는 상법상 주식회사에 관한 규정이 준용된다.[28]

그러나 부동산투자법인은 투자자로부터 모은 자산을 운용하기 위한 투자의 도관인 SPC의 성격을 갖는 것으로서 이러한 목적이외의 사업을 할 수 없고 본점이외의 영업소를 설치하거나 사용인을 고용할 수 없다.[29] 자산의 운용은 투자신탁위탁업자에게, 일반사무는 일반사무수탁자에게, 자산보관사무는 자산보관회사에 각각 위탁하여야 한다.[30]

2) UPREIT의 도입여부

UPREIT는 부동산 현물출자에 대한 과세이연의 방법으로 이용된다. 파트너쉽에 현물출자 하는 단계에서는 양도차익을 인식하지 않고 현물출자의 대가로 받은 LP지분을 현금 또는 REIT주식으로 전환했을 때 비로소 양도차익을 인식하기 때문이다. 부동산펀드로 물건공급이 원활해지고 부동산유통비용을 절감하기 위해서는 이러한 과세이연이 필요한 면이 있다.[31]

---

27) 일본 투자신탁법 2조 19항, 부동산투신회계규칙 3조 ; 佐藤一雄, 위의 책, 109頁.
28) 일본 투자신탁법 94조.
29) 일본 투자신탁법 63조.
30) 일본 투자신탁법 198조 1항.

그러나 미국식 유한파트너쉽은 본래 일본 상법상 합자회사에 해당하여 합자회사에 대해 납세의무를 인정하는 현행 세법의 변경 없이는 도입하기 어렵고, 또 유한책임조합 제도를 무리하게 입법하더라도 조합에의 출연을 양도소득의 과세계기로 삼는 현행 세법의 변경 없이는 도입할 수 없다.[32]

2. 부동산투자법인의 설립절차

부동산투자법인은 다음과 같은 절차에 의해 설립되는 것이 보통이다.

   ⅰ) 먼저 투자신탁위탁업자인 주식회사가 설립된 후,[33] ⅱ) 택지건물거래업자로서의 면허, 거래일임대리 등의 인가기준[34]을 갖추어 내각총리대신의 인가를 받은 후, ⅲ) 투자신탁위탁업자가 설립기획인으로서 부동산투자법인의 규약을 작성하는 등 부동산투자법인 설립을 위한 절차를 개시한다. ⅳ) 부동산투자법인 설립시에는 사전에 집행임원 후보자의 성명 등을 내각총리대신에게 신고하여야 하고,[35] 신고후가 아니면 설립기획인이 투자지분의 모집 등의 행위를 할 수 없다.[36] ⅴ) 신고 후 설립등기에 의해 부동산투자법인이 설립된다.[37] ⅵ) 그리고 내각총리대신의 등록을 받고서 자산의 운용에 관한 업무를 개시한다.[38]

이하에서는 설립시 사전신고, 출자, 등록을 중심으로 살펴본다.

설립기획인은 부동산투자법인을 설립하려고 할 때에는 미리 그 취지

---

31) 山崎和哉, 위의 책, 184頁.
32) 井出保夫, 『REITのしくみ』, 2002.5, 169頁 ; 岡內幸策, 『不動産證券化と不動産ファンド』, 2002.7, 211頁.
33) 일본 투자신탁법 9조 2항 1호.
34) 일본 투자신탁법 9조, 동법시행규칙 14조.
35) 일본 투자신탁법 69조 1항.
36) 일본 투자신탁법 69조 3항.
37) 일본 투자신탁법 74조.
38) 일본 투자신탁법 187조.

및 집행임원의 후보자의 성명 및 주소를 내각총리대신에게 제출하여야
한다.39) 투자자보호를 위해 내각총리대신은 부동산투자법인의 설립과정
에 대해서도 감독할 필요가 있기 때문이다.40) 이 신고를 하지 않고서는
설립기획인은 투자지분신청서의 작성과 투자지분신청의 권유 기타 투자
지분을 스스로 인수하거나 타인에게 인수하게 하기 위한 행위를 할 수
없다.41) 규약은 신고가 수리된 때에 효력이 생긴다.42)

기획설립인은 설립신고 후에 투자가에게 투자지분을 판매하는 방법
으로 출자를 모집한다. 부동산투자법인은 SPC의 성격 때문에 일반공모
의무는 없다. 일반공모의무는 소액투자자들이 부동산투자법인에 참여할
수 있는 기회를 줄 수 있는 면이 있지만,43) 공모에 따른 절차와 비용 때
문에 공모를 강제하는 경우 신속한 자금조달에 어려움을 줄 수 있다는
점에서 공모여부는 부동산투자법인의 판단에 맡기고 있는 것이다. 부동
산투자법인은 주식회사와 달리 권리내용이 다른 수종의 투자지분을 발
행할 수 없다. 자산운용형 구조에 있어서 여러 종류의 투자증권을 발행
하는 경우 투자자간의 이해대립이 생겨날 수 있기 때문이다.44) 부동산투
자법인이 발행한 투자지분은 무액면이다.45)

부동산투자법인의 자본금은 1억 엔 이상이어야 한다.46) 일반 주식회
사의 최저자본금인 1,000만 엔47)보다 고액인 이유는 운용자산 규모의 적
정을 확보하고 채권자를 보호하기 위해서이다.48) 부동산투자법인의 순
자산액은 5,000만 엔 이상이어야 한다.49)

---

39) 일본 투자신탁법 69조 1항.
40) 乙部辰良, 위의 책, 130頁.
41) 일본 투자신탁법 69조 4항.
42) 일본 투자신탁법 69조 4항.
43) 박상덕 외 8인, 위의 책, 66쪽.
44) 乙部 辰良, 위의 책, 138頁.
45) 일본 투자신탁법 76조.
46) 일본 투자신탁법 68조, 동법시행령 56조.
47) 일본 상법 168조의4.
48) 平野嘉秋, 『不動産證券化の法務·會計·稅務』, 2001.10, 29頁.

부동산투자법인은 내각총리대신의 등록을 받지 않으면 자산운용에 관한 거래를 할 수 없다.[50] 등록된 투자법인을 등록투자법인이라고 한다.[51]

3. 부동산투자법인의 기관

부동산투자법인은 설립자체는 설립기획인에 의해 이루어지지만, 그 이후 부동산투자회사는 주식회사의 주주총회에 상당하는 투자자총회, 부동산투자법인을 대표하고 업무를 집행하는 집행임원, 이를 감독하는 감독임원, 집행임원과 감독임원에 의해 구성되는 임원회에 의해 운영된다.

Ⅲ. 부동산투자법인의 투자자

1. 투자지분의 발행

1) 발행절차

기획설립인은 설립신고 후에 투자가에게 투자지분을 판매하는 방법으로 출자를 모집한다. 이 때 주식회사와 달리 권리내용이 다른 수종의 투자지분을 발행할 수 없고, 투자지분은 무액면이다.[52]

부동산투자법인이 성립 후에 투자지분을 발행할 때에는 집행임원은 ⅰ) 발행일에 발행하는 투자지분의 발행가액, 지분수, ⅱ) 납입기일에

---

49) 일본 투자신탁법 67조 6항.
50) 일본 투자신탁법 187조.
51) 일본 투자신탁법 2조 20항.
52) 일본 투자신탁법 76조.

대해서 결정하여 발행일마다 임원회의 승인을 받아야 한다.[53] 다만 투자자의 청구에 의해 투자지분의 환불을 하는 취지를 규약에 정한 부동산투자법인에 대해서는 집행임원은 발행기간, 발행기간 내에 발행하는 투자지분의 총지분수의 상한, 발행일마다의 발행가액, 납입기일을 정한 방법에 대해서 정하고 임원회의 승인을 일괄하여 구할 수 있다.[54] 이 방법에 의해 투자지분의 발행을 행하는 부동산투자법인은 확정된 발행일마다의 발행가액을 공시하여야 한다.[55] 투자지분의 추가발행에 대해서도 집행사원이 투자지분신청서를 작성하고 신청은 이것에 기재하여 행한다.[56]

2) 현물출자

부동산투자법인은 우리나라 일반 부동산투자회사와는 달리 설립시와 증자시 현물출자의 제한은 없다. 현물출자에 따른 부실화는 평가의 적정성에 의해 확보될 수 있으므로 현물출자 자체를 제한하지는 않는 것으로 생각된다.

3) 배 당

부동산투자법인에 의한 배당은 그 투자 운용에 의하여 생긴 이익 등을 규약에 정한 분배 방침에 따라 투자자에게 주로 금전으로 주어진다. 이러한 금전배당은 원칙으로서 매 기말의 기준일 현재의 주주명부에 기재된 투자자에 대해 분배된다.[57]

---

53) 일본 투자신탁법 120조 1항.
54) 일본 투자신탁법 120조 2항, 3항.
55) 일본 투자신탁법 120조 4항.
56) 일본 투자신탁법 122조, 123조.
57) 일본 투자신탁법 139조 1항, 일본상법 293조 본문.

배당가능이익을 계산하는데 있어서는 부동산투자법인의 경우 주된 투자대상인 부동산의 평가가 중요하다. 부동산은 가격형성이 다른 자산과 달라 투자자보호의 정보공시의 관점에서 객관적 평가를 행할 수 있는 부동산감정사에 의한 감정평가가 필요하다.58) 자산운용자가 부동산투자법인의 특정자산인 부동산을 취득하거나 양도할 때 부동산감정사에 의한 감정평가가 의무로 되어 있고,59) 부동산투자법인의 자산운용보고서의 경우 부동산의 평가액을 기재하는 경우에는 감정평가를 할 수 있다.60)

배당과 관련해서는 일정액의 배당을 강제하는 방법과 일정액의 배당을 강제하지는 않지만 세제상 혜택을 받으려면 일정액을 배당하도록 세법에 규정을 두는 방법이 있을 수 있는데, 일본의 경우는 후자의 방법에 의한다. 그러나 배당을 강제하지 않는 경우에는 배당가능이익과 과세소득이 달라 행정상 어려움이 발생할 수 있다.61)

배당가능이익의 90%이상을 배당하는 경우 세법상 다른 요건을 충족시켜 배당금을 손금산입 하는 경우에는 SPC인 부동산투자법인이 과세상 도관체로서 사실상 부동산투자법인단계에서는 과세가 되지 않게 된다.62)

2. 차입 및 사채 발행

우리나라의 부동산투자회사와는 달리 일본의 부동산투자법인의 경우에는 차입을 제한하는 규정은 두고 있지 아니하다. 오히려 부동산과 같

---

58) 中央靑山監査法人 編, 위의 책, 114-116頁.
59) 일본 투자신탁법 16조의2 2항, 49조의11, 34조의4 2항.
60) 일본 투자신탁법 129조 1항 3호, 투자법인의 대차대조표, 손익계산서, 자금운용보고서, 금전의 분배에 관한 계산서 및 부속명세서에 관한 규칙 59조 1항 7호.
61) 中央靑山監査法人 編, 위의 책, 97-99頁.
62) 일본 조세특별조치법 67조의15, 동법시행령 39조의32의3.

은 개별성이 강한 자산에 대해 매각신청이 있을 때 신속하게 대응하지 않으면 취득이 어렵기 때문에 유연한 자금조달을 위해 사채를 발행할 수 있도록 명문의 규정을 두고 있다.[63] 다만 채권자의 이익을 해할 우려가 없도록 투자법인채의 발행은 투자자의 청구에 의해 투자지분의 환매를 하지 않는 투자법인(폐쇄형)에 한하고 있다.[64]

3. 투자지분의 상장

1) 상장의무 여부

부동산투자법인은 투자자산의 대부분이 부동산이기 때문에 어느 때고 환매를 인정하는 것은 유동성이 낮은 부동산 투자를 하는데 큰 장애가 되므로 환매를 제한할 필요가 있다.[65] 환매권이 인정되지 않는 경우(폐쇄형)에는 투자금의 환수를 원활하게 할 수 있도록 상장을 허용할 필요가 있다. 환매가 인정되는 경우(개방형)에는 환매를 통한 투자금 환수가 가능하기 때문에 상장까지 허용할 필요는 크지 않다. 일본의 경우에는 아예 상장을 하지 못하도록 하고 있는데,[66] 상장이 되더라도 환매를 허용할 때의 부동산 투자의 장애는 생기지 않는다는 점에서 상장여부를 부동산투자법인의 선택에 맡기는 것이 더 나은 것으로 보인다.

투자증권이 동경증권거래소에서 상장이 승인되면 통상의 상장주식과 마찬가지로 증권거래소에서 거래된다. 상장된 투자증권은 불특정다수의 투자자가 시장에 있어 자기책임의 원칙 하에 매매를 하기 때문에 투자자보호의 관점에서 일정한 요건이 요청된다. 따라서 동경증권거래소에서는 이러한 투자증권의 상장제도를 규정한 '부동산투자신탁에 관한 유가증권상장

---

63) 일본 투자신탁법 139조의2.
64) 乙部辰良, 위의 책, 160頁.
65) 中央青山監査法人 編, 위의 책, 20頁.
66) 상장기준 4조 2항 m호.

규정의 특례'를 신설하여 2001년 3월 1일부터 시행하기에 이르렀다.[67]

　상장신청을 하는 경우에는 동경증권거래소와 상장계약을 체결하고 동경증권거래소의 상장규칙 등을 준수할 것을 승낙할 필요가 있다. 상장신청자는 투자법인 및 투자신탁위탁회사가 된다.[68]

2) 상장신청 절차

　회사형이고 공모설립으로 상장신청 하는 경우에는 유가증권신고서를 재무국에 제출하고,[69] 설립등기를 한다. 그 후 투자신탁법의 설립신청을 한다. 그 후 동경증권거래소에 상장신청서류 기타 신청서류를 제출한다. 이 과정에서 필요에 따라 상장에 관한 청문을 실시한다. 상장규칙상 기준을 검토하여 상장심사상 문제가 없다면 상장승인이 되고 그로부터 7일 이후에 상장종목이 된다.[70]

　회사형이고 사모설립 된 이후 상장신청을 하는 경우에는 사모설립 후 공모전에 상장신청서류 및 기타 신청서류를 제출하고 공모한 후 납일일 다음날에 상장승인이 되고 그로부터 7일 이후에 상장이 된다.[71]

3) 상장요건

　투자증권의 상장을 위하여 당해 투자증권의 발행내용 및 기타사항이 '부동산투자신탁증권에 관한 유가증권상장규정의 특례'에 규정된 상장심사기준에 적합하여야 한다.

---

67) 투자신탁법에 의한 등록투자법인만이 상장대상이 되는 것은 아니다. 투자신탁법에 의한 위탁자지도형투자신탁, 위탁자비지도형투자신탁도 상장대상이 된다. 상장기준 2조 2항 3호 d목.
68) 상장기준 3조 3항.
69) 일본 증권거래법 2조 7항.
70) 中央靑山監査法人 編, 위의 책, 69頁.
71) 中央靑山監査法人 編, 위의 책, 70頁.

(1) 자격요건(운용회사 등의 속성에 관한 사항)

투자법인의 자산운용에 관한 업무의 위탁을 받은 투자신탁위탁업자 즉 운용회사는 투자신탁법 제50조에 규정하는 투자신탁협회의 회원이어야 한다.72) 투자신탁위탁업자가 직접적으로 동경증권거래소의 지도·감독을 받는 대신에 사단법인 투자신탁협회의 자주적인 규율인 회원의 행동규범에 따르도록 하고 있다. 명의개서 사업수탁자는 동경증권거래소가 승인하는 기관이어야 한다.73)

(2) 자격요건(투자지분분산요건)

상장시에 일정한 유동성을 확보하기 위하여 상장지분수는 4,000구 이상이어야 한다.74) 상장시에 일정한 유동성을 확보하기 위해 대량보유투자자가 소유하는 투자지분의 총수가 상장시까지 상장투자지분수의 75%이하이어야 한다.75) 이때 대량보유투자자란 소유하는 투자지분수 상위 10명의 투자자를 말한다. 대량보유투자자를 제외한 투자자가 1,000명이상이어야 한다.76)

(3) 자산요건(운용자산에 관한 요건)

부동산투자법인의 운용목적을 명확하게 하기 위해 운용자산등 가운데 부동산상당부분의 비율이 상장시에 75%이상이 될 것을 요구한다.77) 여기에서 부동산상당부분이란 부동산 및 부동산동등물의 금액과 부동산관련유가증권 가운데 부동산 내지 부동산관련유가증권에 상당하

---

72) 상장기준 4조 1항.
73) 상장기준 4조 2항 k호.
74) 상장기준 4조 2항 d호.
75) 상장기준 4조 2항 h호.
76) 상장기준 4조 2항 i호.
77) 상장기준 4조 2항 a호.

는 부분의 금액의 합계를 말한다.

부동산 및 부동산관련자산이외의 자산에 대해서는 현금 및 현금동등물에 한정되어 있다.[78] 부동산관련자산에 집중적으로 투자하는 부동산투자법인에 있어서는 자산의 유동성을 원활하게 높이면서 부동산관련자산이외로부터 시가 변동이 생기지 않도록 하기 위한 것이다.[79]

운용자산의 50%이상은, 안정적 임대사업수익 또는 이와 유사한 수익이 현재 발행하고 있거나 발생할 것이 예상되고 1년 이내에 매각하지 않을 것이 예상되는 부동산이어야 한다.[80] 일본의 경우 아직 부동산투자법인에 대한 이해가 충분하지 않아 투자가가 예상외의 손해를 입는 일이 없도록 하기 위해 운용자산 등의 안정적인 수익성을 중요시되고 있다.[81]

(4) 자산요건(재무내용에 관한 요건)

자산규모에 대해서는 총자산, 순자산, 1지분당 순자산에 대한 기준이 설정되어 있다. 총자산에 대해서는 안정적인 펀드가 되도록 하기 위해 상장시까지 50억 엔 이상일 것을 요한다.[82] 순자산에 대해서는 채무초과가 쉽사리 되는 일이 없도록 상장시까지 10억 엔 이상일 것을 요한다.[83] 1구당 순자산총액은 증권판매등의 실시에 지장이 생겨나지 않도록 상장시까지 5만 엔 이상이어야 한다.[84]

상장신청종목에 관하여 최근 2년간의 재무제표 및 최근 1년간의 중간재무제표등에 '허위기재'가 없고, 최근 2년간의 재무제표 등에 첨부되는

---

78) 상장기준 4조 2항 b호.
79) 中央靑山監査法人 編, 위의 책, 76頁.
80) 상장기준 4조 2항 c호.
81) 中央靑山監査法人 編, 위의 책, 76頁.
82) 상장기준 4조 2항 g호.
83) 상장기준 4조 2항 f호.
84) 상장기준 4조 2항 e호.

감사보고서 및 최근 1년간의 중간재무제표 등에 첨부되는 중간감사보고
서에 공인회계사 또는 감사법인의 '적정'의견 또는 '유용한 정보를 표시
하고 있음'의 종합의견이 표명되어 있어야 한다. 다만 동경증권거래소가
적당하다고 인정하는 경우에는 이러한 제한이 없다.[85] 계산기간 또는 영
업기간으로서 정하여진 기간이 6개월 이상이어야 한다.[86]

(5) 기타요건(환매권 불인정)

개방형에 환매권 이외에 상장을 통한 투자금 회수가 인정되는 경우
운용자산 유출로 안정성을 현저하게 해칠 우려가 있다고 보아 폐쇄형만
상장할 수 있도록 하고 있다.[87]

4. 정보공시

상장부동산투자증권에 대해서는 연도, 반기의 정기적으로 정보공시를
하도록 하고 있다. 그런데 이와는 별도로 투자자를 보호하기 위해 중요
한 사항의 발행, 결정에 대해서 적시에 정보를 공시하도록 하는 적시공
시제도가 도입되어 있다.

투자증권은 주된 운용자산인 부동산 등의 가치에 따라 시장에서의 가
격이 변동한다. 따라서 부동산투자법인과 투자신탁위탁업자에 관한 정
보(증권의 추가발행, 자금의 차입 등), 운용자산 등의 내용에 관한 정보
(운용자산 등의 양도·취득, 운용자산 등에 관한 우발적인 손해의 발생
등)에 대하여 적시공시가 요구된다.[88]

---

85) 상장기준 4조 2항 j호.
86) 상장기준 4조 2항 n호.
87) 상장기준 4조 2항 m호.
88) 상장기준 7조.

5. 투자지분의 환매

환매권이 인정되지 않는 경우(폐쇄형)에는 투자금의 환수를 원활하게 할 수 있도록 상장을 허용할 필요가 있고, 환매가 인정되는 경우(개방형)에는 환매를 통한 투자금 환수가 가능하기 때문에 상장까지 허용할 필요는 크지 않다. 일본의 경우에는 아예 상장을 하지 못하도록 하고 있다.

이러한 개방형은 ⅰ) 투자자명부폐쇄기간중에 청구가 있을 때, ⅱ) 해산할 때, ⅲ) 순자산액이 기준순자산가액(최저순자산액에 정령에서 정한 금액인 5천만 엔을 더한 금액)을 밑돌 때, ⅳ) 규약에서 정한 사유에 해당할 때, ⅴ) 법령 또는 법령에 근거한 처분에 의해 환매가 정지된 때를 제외하고는 투자자의 청구에 의해 투자지분을 환매하여야 한다.[89]

투자지분의 환매는 부동산투자법인이 보유한 자산의 내용에 비추어 공정한 가격으로 행하여야 한다. 투자지분의 환매는 환매가격의 지급시에 효력이 생긴다. 투자지분의 환매를 할 때에는 투자자명부에 그 기재를 행함과 함께 출자총액에서 환매한 투자지분에 상당하는 액을 공제한다.[90]

부동산투자법인은 그 투자지분의 환매가격을 미리 공시할 수 있다. 이 경우에 있어서는 공시한 가액으로 환매를 하여야 한다.[91]

불공정한 가액으로 투자지분의 환매를 받은 자 가운데 악의인 경우에는 부동산투자법인에 대하여 공정한 가액과의 차액을 지급할 의무를 진다. 이 책임추궁을 위해 6개월 전부터 계속하여 투자지분을 보유한 투자자가 대표소송을 제기할 수 있다.[92]

부동산투자법인의 채권자는 순자산액이 기준순자산액을 밑도는 경우에 위법하게 투자지분의 환매를 받은 자에 대해서 환매를 받은 가액을 부동산투자법인에게 반환시키도록 할 수 있다.[93]

---

89) 일본 투자신탁법 124조, 동법시행령 75조.
90) 일본 투자신탁법 125조.
91) 일본 투자신탁법 126조.
92) 일본 투자신탁법 127조.

Ⅳ. 부동산투자법인의 투자자산

1. 투자자산의 구성

일본 투자신탁법에는 부동산투자법인의 자산구성에 대해 특별한 규정을 두고 있지 아니하다. 그러나 투자증권의 상장을 위하여서는 '부동산투자신탁증권에 관한 유가증권상장규정의 특례'에 규정된 상장심사기준에 따라 ⅰ) 운용자산 등 가운데 부동산상당부분의 비율이 상장시에 75%이상이어야 하고,94) ⅱ) 부동산 및 부동산관련자산이외의 자산은 현금 및 현금동등물에 한정되고,95) ⅲ) 운용자산의 50%이상은, 안정적 임대사업수익 또는 이와 유사한 수익이 현재 발행하고 있거나 발생할 것이 예상되고 1년 이내에 매각하지 않을 것이 예상되는 부동산이어야 한다.96) 이에 대해서는 부동산투자법인의 상장기준에 대한 설명에서 이미 살펴보았다.

2. 투자자산의 운용

1) 투자가능한 자산

부동산투자법인은 투자의 도관인 SPC형으로 자산의 운용 이외의 행위를 영업으로서 할 수 없다.97) 부동산투자법인은 자산의 운용을 행하기 전에 내각총리대신의 등록을 받아야 한다.98)

---

93) 일본 투자신탁법 128조.
94) 상장기준 4조 2항 a호.
95) 상장기준 4조 2항 b호.
96) 상장기준 4조 2항 c호.
97) 일본 투자신탁법 63조.

내각총리대신의 등록을 받은 부동산투자법인 즉 등록부동산투자법인
은 특정자산에 대해서는 규약에서 정한 자산운용의 대상 및 방침에 따
라 i) 유가증권의 취득 및 양도, ii) 유가증권의 대차, iii) 부동산의 취
득 및 양도, iv) 부동산의 임대차, v) 부동산관리의 위탁, vi) 택지조성
및 건물의 건축을 자신이 하는 것과 관련된 거래 이외의 특정자산과 관
련된 거래 등을 할 수 있다.99)

여기서 특정자산이란 i) 유가증권, ii) 유가증권관련파생금융상품
거래에 관한 권리, iii) 부동산, 부동산 임차권, 지상권, iv) 금전채권, 약
속어음, v) 금융관련파생금융상품거래에 관한 권리, vi) 금전의 신탁
(신탁재산을 주로 위 i)내지 v)의 자산에 대한 투자로서 운용하는 것
을 목적으로 하는 것에 한한다), 유가증권의 신탁, 금전채권의 신탁, 부
동산의 신탁, 지상권·토지 임차권의 신탁의 수익권, vii) 출자된 재산
을 주로 위 i) 내지 vi)의 자산에 대한 투자로서 운용하는 것을 목적
으로 한 익명조합계약의 출자지분 및 신탁재산을 주로 익명조합출자
지분에 대한 투자로서 운용하는 것을 목적으로 한 금전신탁의 수익권
등을 말한다.100) 투자를 용이하게 할 필요가 있고, 자산의 거래형태와
시장상황, 투자자의 리스크 등의 요인을 종합적으로 감안하여 투자법
인의 구조를 이용한 집단적 투자를 용이하게 할 필요가 있다고 인정되
는 자산들이다.

등록부동산투자법인은 특정자산이외의 자산에 대해서는 규약에서 정
한 자산운용의 대상 및 방침에 따라 그 취득 및 양도 기타 거래를 할 수
있다.101)

---

98) 일본 투자신탁법 187조.
99) 일본 투자신탁법 193조 1항.
100) 일본 투자신탁법시행령 3조.
101) 일본 투자신탁법 193조 2항.

2. 업무위탁 의무

등록부동산투자법인은 투자의 도관으로서 SPC의 성격 때문에 본점이외의 사무소를 설치하거나 사용인을 고용할 수 없기 때문에 자산운용을 외부에 위탁하여야 한다. 자산운용의 위탁은 투자신탁위탁업자 즉 운용회사에게 하도록 되어 있다.102) 이 위탁계약의 체결은 부동산투자법인성립시에 자산운용을 행하는 투자신탁위탁업자가 되어야 할 자로서 규약에서 기재한자와 체결하는 경우를 제외하고는 투자자총회의 승인을얻어야 효력이 생긴다.103)

부동산투자법인의 운영의 감독을 행하는 감독임원과 자산의 운용을행하는 투자신탁위탁업자간의 영향력이 미칠 수 있는 관계가 있다면 적정한 감독이 기대할 수 없고 투자법인의 이익을 해할 우려가 있다는 점에서 감독임원과 일정한 관계가 있는 투자신탁위탁업자에 대해서는 자산의 운용을 위탁하는 것이 금지되어 있다.104)

3. 투자자산의 보관

등록부동산투자법인은 투자의 도관으로서 SPC의 성격 때문에 자산의보관에 관한 업무도 자산보관회사에 위탁하여야 한다.105)

---

102) 일본 투자신탁법 198조 1항.
103) 일본 투자신탁법 198조 2항.
104) 일본 투자신탁법 200조.
105) 일본 투자신탁법 208조 1항.

V. 부동산투자법인의 외부회사

1. 투자신탁위탁업자

1) 인 가

부동산투자법인은 SPC의 성격 때문에 자산관리·운용을 외부에 위탁하여야 하고, 이때 부동산투자법인으로부터 위탁을 받는 자가 투자신탁위탁업자이다. 부동산투자법인을 이용한 금융상품의 수익성, 안정성은 부동산투자법인의 자산운용을 행하는 투자신탁위탁업자에 달려 있기 때문에 누구나 이러한 영업을 할 수 있는 것이 아니고 내각총리대신의 인가를 요한다.106)

업무의 방법 및 자본감소의 경우에도 내무총리대신의 인가를 받아야하지만,107) 자본의 증가, 상호변경과 같이 사전에 인가를 받을 정도가아닐 정도의 사항의 변경에 대해서는 내각총리대신에게 신고만 하면된다.108)

2) 자회사의 인정여부

부동산투자법인은 SPC의 성격 때문에 자산관리·운용을 외부에 위탁하여야 한다. 이때 외부에 위탁하지 않고 자회사를 설립하여 관리하는방법을 생각할 수 있다.

---

106) 일본 투자신탁법 6조.
107) 일본 투자신탁법 10조의2.
108) 일본 투자신탁법 10조의3.

3) 운용권한의 재위임

투자신탁위탁업자는 부동산투자법인의 위탁을 받아 그 자산을 운용하는 경우에는 당해 위탁에 관한 계약에서 정함에 따라 당해투자법인으로부터 위탁받은 자산의 운용에 관한 권한의 일부를 정령에서 정한 자에 대해 재위임할 수 있다. 이 경우 부동산투자법인에 대한 충실의무, 선관주의의무, 행위준칙, 특정자산의 가격 등의 조사의무는 재위임을 받은 자에게도 미친다.109)

다만 투자신탁의 경우에는 어떤 투자신탁재산의 지도권한의 전부를 다른 자에게 위탁하는 것이 가능하지만 부동산투자법인의 자산운용의 경우에는 어떤 부동산투자법인으로부터 위탁을 받은 자산운용권한을 전부 재위탁하는 것은 허용되지 아니한다.

4) 부동산투자법인에 대한 충실의무, 선관주의의무

투자신탁위탁업자는 부동산투자법인에 대하여 충실의무 및 선관주의의무를 진다.110) 부동산투자법인의 경우 펀드 자체가 투자자를 사원으로 하는 사단이기 때문에 충실의무, 선관주의의무의 상대방은 부동산투자법인이 된다.

5) 투자신탁위탁업자의 책임

투자신탁위탁업자(이 자로부터 자산운용권한의 재위임을 받은 자를 포함)가 그 임무를 해태한 것에 의해 부동산투자법인에게 손해를 생기게 한 경우에는 그 투자신탁위탁업자는 당해 부동산투자법인에 대하여 연대하여 손해배상책임을 진다.111) 이것은 강행규정으로 이 책임을 경감시

---

109) 일본 투자신탁법 34조의5.
110) 일본 투자신탁법 34조의2.

키는 계약을 부동산투자법인과의 사이에 체결할 수 없다. 다만 부동산투자법인의 총주주의 동의가 있는 경우에는 책임면제가 인정된다.

또한 투자신탁위탁업자가 부동산투자법인 및 제3자에 대하여 손해배상책임을 져야할 경우 부동산투자법인의 집행임원, 감독임원, 일반사무수탁자 및 회계감사인도 그 책임을 지는 경우에는 그 투자신탁위탁업자, 집행임원, 감독임원, 일반사무수탁자 및 회계감사인은 연대채무자가 된다(동법 34조의8 2항).

2. 자산보관회사

1) 자산보관회사의 자격

부동산특별법인은 SPC의 성격 때문에 보유자산을 외부에 위탁하여야 되고 이러한 보유자산을 맡아 보관하는 자가 자산보관회사이다.

자산보관회사는 ⅰ) 신탁회사 등, ⅱ) 증권회사(유가증권 등의 보관업무에 한한다), ⅲ) 등록투자법인의 자산보관과 관련된 업무의 위탁처로서 적당하다고 내각부령으로 정한 법인 등만이 될 수 있다. 그런데 자산보관회사에 대해서 투자신탁법 시행령 및 시행규칙에서 자산의 보관에 관한 업무를 적정하게 수행하기에 충분한 일정한 재산적 기초 및 인적 구성에 관한 구체적인 기준이 없기 때문에 이에 대해서는 부동산투자법인이 자체적으로 판단하게 된다.

자산보관회사가 되는데 있어 행정의 사전심사가 필요치 않는데, 이는 선의취득제도의 적용을 받는 금전, 동산, 유가증권의 보관에 비하여 부동산투자법인이 받는 위험이 작기 때문이다.

---

111) 일본 투자신탁법 34조의8 1항.

2) 자산보관회사의 충실의무, 선관주의의무

자산보관회사는 부동산투자법인을 위해 충실하고 선량한 관리자의 주의를 갖고 업무를 수행하여야 한다.112)

3) 자산의 분별보관

자산보관회사는 투자법인의 자산을 확실하고 정연된 보관방법으로 내각부령으로 정한 방법에 의해 자기의 고유재산과 분별하여 보관하여야 한다.113)

4) 자산보관회사의 책임

자산보관회사가 그 임무를 해태함으로써 부동산투자법인에게 손해를 입힌 경우에는 자산보관회사는 부동산투자법인에 대하여 연대하여 손해배상책임을 진다. 이때 집행임원, 감독임원, 일반사무위탁자, 회계감사인, 자산의 운용을 행하는 투자신탁위탁업자도 책임이 있는 경우에는 이들과 연대채무자가 된다.114)

VI. 부동산투자법인의 감독기구

내각총리대신에게는 보고요구 및 검사권,115) 설립기획인 및 부동산투자법인에 대한 업무개선명령권,116) 등록취소권,117) 투자증권의 모집 취

---

112) 일본 투자신탁법 209조.
113) 일본 투자신탁법 209조의2.
114) 일본 투자신탁법 201조.
115) 일본 투자신탁법 213조.

급 등의 금지 및 정지명령권,118) 투자신탁위탁업자에 대한 업무개선명령 및 감독상 처분권119) 등이 인정된다.

---

116) 일본 투자신탁법 214조.
117) 일본 투자신탁법 216조 1항, 2항.
118) 일본 투자신탁법 219조.
119) 일본 투자신탁법 42조, 43조.

제3절 현행 부동산투자회사법과 그 문제점

Ⅰ. 개 설

1. 실질회사형과 SPC형

우리나라 부동산투자회사법에서는 회사형 부동산 간접투자로 일반 부동산투자회사와 기업구조조정 부동산투자회사를 규정하고 있다. 2004.10.22 부동산투자회사법 개정으로 위탁관리부동산투자회사가 추가되었다.

부동산 투자는 장기투자라는 점에서 보면 부동산에 투자하는 회사는 실질회사라 할 수 있고, 부동산 투자라도 기업구조조정을 위한 경우에는 신속한 처분을 위한 단기투자의 성격을 갖는다는 점에서 보면 이러한 회사는 상근임직원이 없는 SPC로서 투자의 도관체라고 할 수 있다. 전자의 실질회사형에는 일반 부동산투자회사와 미국의 REIT 등이 있고, 후자의 SPC형에는 기업구조조정 부동산투자회사와 미국의 REIT, 일본의 부동산투자법인 등이 있다.

기업구조조정 부동산투자회사는 기업의 채무상환용 부동산을 매입하여 이를 최대한 빠른 시일 내에 처분함으로써 기업의 구조조정을 원활하게 하기 위해 도입된 것으로 다수의 투자자로부터 자금을 모아 부동산에 투자하여 운용수익을 배당하는 일반 부동산투자회사와 차이가 있다. 실질회사형은 필요에 따라 부동산의 관리·운용을 타회사에 위탁할 수 있다. 외부에 위탁하는 방법은 시설관리와 관련된 위험을 회피하고 인력운영의 비효율성을 막을 수 있지만, 관리비용이 크게 들어 수익률이 하락한다. 자회사를 설립하여 관리하는 경우에는 시설관리와 관련된 위험의 회피와 인력운영 비효율성의 방지라는 장점을 살리면서도 관리비용을 외부에 나가는 것을 막을 수 있다.[1] 한편 SPC형은 투자의 도관체로서 그 자체 부동산의 관리·운용을 할 수 없어 타회사에 위탁할 수밖에 없다.

부동산 간접투자의 경우 환매를 요구할 때마다 투자자산을 평가하기가 쉽지 않고 투자기간이 장기간 소요되어 수시로 투자자의 환매에 응하기가 쉽지 않아 일반 부동산투자회사는 환매권이 인정되지 않고 폐쇄형으로만 운용된다. 그러나 환매권의 제한은 투자금의 회수를 제한하는 것이기 때문에 환매권이 제한되는 경우에는 상장을 통해 투자금 회수를 쉽도록 해 줄 필요가 있다. 이에 반해 기업구조조정 부동산투자회사는 구조조정을 위한 신속성 때문에 상장이 늦추어지는 경우에는 예외적으로 환매권을 인정하고 있다.

이처럼 실질회사형인 일반 부동산투자회사는 내부관리가 가능하고 환매권이 완전히 제한되는데 반해, SPC형인 기업구조조정 부동산투자회사는 외부관리만이 가능하고 상장이 인정되면서도 예외적으로 환매권도 인정되어 그 법적 구조에서 큰 차이를 보인다. 이 때문에 부동산투자회사법에서는 기업구조조정 부동산투자회사에 대해 일반 부동산투자회사에 관한 규정을 배제하는 규정을 따로 두고 있다(부동산투자회사법 49조의2).

물론 기업구조조정 부동산투자회사도 부동산에 투자, 운용하는 것을 전문으로 하는 회사이므로 특례규정을 제외한 나머지 규정은 기업구조조정 부동산투자회사에도 그대로 적용된다.

2. 일반회사를 통한 부동산 투자의 가능 여부

일반회사를 부동산투자회사법에 따른 부동산투자회사가 아닌 상법상의 일반회사를 통해 부동산 간접투자가 가능한지 여부가 문제될 수 있

---

1) 이용만 외 3인, "초기리츠(REITs)시장 활성화 방안에 관한 연구", 2001.10, 29쪽.

다. 일반회사가 투자자로부터 자금을 모으고 모아진 자금으로 매매 또는 임대용 부동산에 투자하여 수익을 올려 그 수익을 투자자에게 분배하는 데에는 법령상 특별한 제한은 없어 일반회사를 통한 부동산 투자는 법령상 가능하다. 다만 부동산투자회사 또는 이와 유사한 명칭을 사용할 수 없을 뿐이다(부동산투자회사법 3조 3항).

그런데 부동산은 전통적으로 생활이나 사업상만 보유하는 것으로 단기투자의 대상이 되지 않아 부동산의 유통에 따른 세금이 고액이다. 이 투자비용을 낮추지 않고는 사실상 부동산 간접투자를 하기는 어렵다. 부동산투자회사의 경우에는 부동산 경기를 높이기 위한 정책적 배려로 또는 부동산을 포트폴리오에 포함시켜 투자효율을 높이는 대가로 부동산 유통에 대한 세금을 감면 받지만, 이러한 혜택이 없는 일반회사의 경우에는 부동산 유통에 대한 높은 세금 때문에 사실상 부동산 간접투자를 하기 어렵다.

II. 부동산투자회사의 자체 구조

이하에서는 2001.5.24 개정이후 2004.10.22 개정이전의 부동산투자회사법 하의 일반 부동산투자회사와 기업구조조정 부동산투자회사의 내용과 문제점을 중심으로 살펴보고자 한다. 그 이후 법개정에 있어 큰 틀이 바뀐 내용을 별도로 항목으로 다룬다.

부동산투자회사의 법적 구조에 대해서는 먼저 아래 그림 가운데의 부동산투자회사 자체를 살펴본 후, 부동산투자회사를 중심으로 해서 왼쪽의 투자자, 오른쪽의 투자자산, 좌측상단과 하단의 외부회사, 그리고 우측상단의 감독기구를 살펴본다. 각 항목별로는 일반 부동산투자회사의 경우를 먼저 살펴보고 기업구조조정 부동산투자회사와 차이가 있는 경우에만 별도로 서술한다.

〈그림 16〉 일반 부동산투자회사의 구조

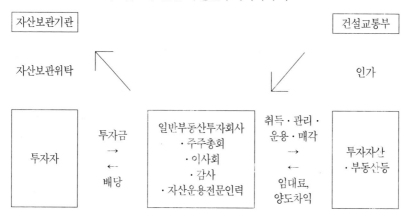

〈그림 17〉 기업구조조정 부동산투자회사의 구조

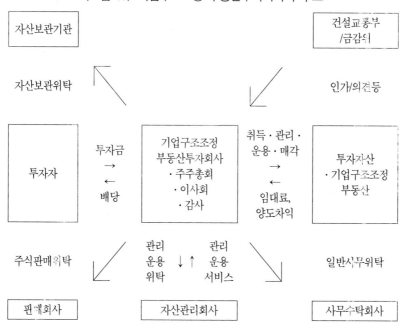

1. 부동산투자회사의 법적 형식

1) 부동산투자회사의 주식회사이외의 회사형태 인정여부

일반 부동산투자회사, 기업구조조정 부동산투자회사는 모두 회사형 부동산 간접투자로서 주식회사이어야 한다(부동산투자회사법 3조 1항, 동법 49조의2 1항). 이러한 부동산투자회사는 주주총회, 이사회, 그리고 감사라는 내부적인 구조를 가지고 있다는 점 등에서 일반주식회사와 유사한 면이 있지만, 본질적으로 설립목적이나 운용방법이 일반 주식회사와는 달라 상법상의 규정이 그대로 적용되지는 않는다(부동산투자회사법 49조 1항).

부동산투자회사를 상법상 4가지 형태 중 주식회사로 한정한 것은 주식회사가 주주를 통한 대규모 자금조달이 쉽고 상장을 통한 부동산 확보가 쉽다는 점 때문이다.[2] 그런데 이러한 부동산투자회사의 형태를 반드시 주식회사로 한정해야 되는지 여부에 대해서는 논란이 있을 수 있다. 특히 기업구조조정 부동산투자회사는 직원을 고용할 수 없고 양수받은 자산을 실질적으로 관리해 줄 자산관리자가 필요하다는 점에서 자산유동화에 관한 법률상 유동화전문회사와 유사하고 이 유동화전문회사가 유한회사라는 점에서 부동산투자회사를 유한회사로 인정할 수 있는지가 문제될 수 있다(부동산투자회사법 49조의2 2항, 49조의3, 자산유동화에 관한법률 17조, 20조 2항, 23조).

유동화전문회사는 회사운영을 통한 영속적인 이익창출보다는 하나의 자산유동화계획을 위해 존재하고 동 계획 달성시 해산하여 소멸할 것이 예정되어 있는 특수목적기구인 점을 감안하여 설립절차가 간편하고 주

---

2) 박상덕 외 8인, 위의 책, 45∼46쪽.

식회사에 비하여 규제가 완화되어 있는 유한회사 형태를 취한다,[3] 그런데 유동화전문회사가 유한회사라고는 하지만 지분권양도를 원칙적으로 제한하지 않고 사채발행도 가능하여(자산유동화에 관한 법률 30조, 31조) 사실상 주식회사의 성격을 갖는다는 점,[4] 유동화전문회사와 마찬가지로 직원을 고용할 수 없고 자산관리자가 필요한 증권투자회사는 주식회사의 형태로 되어 있는 점(증권투자회사법 3조 1항)[5]에서 유동화전문회사가 상법상의 유한회사라고 보기 어려운 점이 있다. 따라서 기업구조조정 부동산투자회사가 서류상의 회사로서 유동화전문회사와 유사하다고 하여 유한회사의 형태를 인정하자는 것은 타당하지 않다. 증권투자회사가 주식회사의 형태인 경에도 볼 수 있듯이 주식회사라고 반드시 영속적인 것은 아니므로 기업구조조정 부동산투자회사가 SPC라고 해서 주식회사에 적합하지 않은 것은 아니다.

문제는 준용조문에서 유한회사와 주식회사 중 어느 것이 더 잘 맞는가이다. 투자자보호, 공시, 증권거래라는 점에서 부동산투자회사는 주식

---

3) 자산유동화실무연구회, 『금융혁명 ABS-자산유동화의 구조와 실무』, 1999.9, 406쪽.

4) 유한회사는 자본단체성과 폐쇄성을 갖는데, 후자의 폐쇄성으로 인해 주식회사와 큰 차이를 보인다. 원칙적으로 사원의 총수가 제한되고(상법 545조 1항), 사원 이외의 타인에 대한 지분의 양도가 제한되고(상법 556조), 사원은 공모하지 못하며(상법 589조), 사원의 지분에 관하여 주식회사의 주권과 같은 증권을 발행하지 못하는 것(상법 555조) 등이 그 예이다. 이러한 유한회사의 폐쇄적이고 비공개적인 성격 때문에 공시주의 및 법의 간섭이 완화되고 있어서 설립절차와 조직이 간단한 것이다. 더 자세한 유한회사와 주식회사의 차이점에 대해서는 최기원, 『신회사법론』(제11대정판), 2001.9, 992쪽 참조.

5) 증권투자회사의 경우는 유동화전문회사와 같이 특수목적기구이지만 총회 및 이사회의 의사결정이 중요하다는 점을 고려하여 주식회사의 형태로 하였다는 견해도 있다[자산유동화실무연구회, 위의 책, 406쪽]. 증권투자회사의 경우도 주식회사의 형태이지만 본질적으로 설립목적이나 운영방법이 일반주식회사와 다르고 상근직원이 없이 운용되는 점 때문에 상법의 규정이 배제되는 많은 예외적인 조항을 두고 있다. 김정수, 위의 책, 340쪽 참조.

회사가 더 적합한 것으로 보인다.

　일본의 경우에는 부동산투자법인의 법적 형태를 상법상 어느 형태인 지를 규정하지 않고 사단법인일 것으로 규정하고 있는데,[6] 부동산투자 법인의 구제척인 내용을 이해하는 데에는 상법상 4가지 회사형태 중 어느 것에 가까운 지를 살펴 준용할 수밖에 없다는 점에서 상법상 주식회 사와는 내용이 똑같지는 않지만 부동산투자회사가 주식회사라고 밝힌 우리나라 입법이 더 타당하다고 하겠다.

2) UPREIT의 도입여부

　미국의 UPREIT에서는 REIT가 부동산을 직접 소유하는 것이 아니라 유한파트너쉽(Limited Partnership)의 무한책임사원이 되어 유한파트너쉽 의 다른 유한책임사원인 부동산소유자가 출자한 부동산을 간접적으로 소유하는 구조를 취한다. 이러한 UPREIT는 1992년부터 미국의 REIT의 보편적인 형태로 자리 잡을 만큼 부동산의 효율적인 이용을 가능토록 했지만, 그 효용에는 논란이 있다.[7]

　첫째, 부동산의 효율적인 이용이 가능한지 여부이다. UPREIT는 부동 산을 소유한 부동산소유자와 자본과 전문적인 경영능력을 갖춘 부동산 투자회사가 공동으로 부동산업을 영위할 수 있게 한다. 부동산소유자는 부동산의 소유권을 전부 넘기는 것이 아니라 후에 다시 자신의 단독소 유로 회복할 수 있어 부동산처분에 따르는 심리적 저항이 적어 많은 우 수한 부동산이 공동사업의 대상으로 시장에 나올 수 있게 되고, 부동산 투자회사로서도 직접 부동산을 취득하지 않고도 부동산업을 영위할 수 있게 되어 한정된 자본으로 보다 많은 부동산을 운용할 수 있으므로 규 모의 경제를 달성할 수 있게 된다. 이는 미국 연방세법에서 파트너쉽에

---

6) 일본 투자신탁법 2조 19항, 부동산투신회계규칙 3조.
7) 이용만 외 3인, "초기리츠(REITs)시장 활성화 방안에 관한 연구", 2001.10, 81～82쪽.

현물출자하는 단계에서는 미실현이득을 과세하지 않고 출자재산의 당초 취득가액을 파트너쉽에 그대로 승계시키기 때문에[8] 부동산소유자가 유한파트너쉽의 유한책임사원이 될 유인이 있는 것이다. 우리 세법에서처럼 현물출자를 재산전부의 양도 또는 다른 조합원지분만큼의 양도로 보아 조합에 현물출자하는 단계에서 양도차익에 대해 과세하는 경우에는 이러한 유인이 없게 된다.[9]

둘째, 부동산투자회사의 투자포트폴리오 수단으로 이용되는 것이 타당한지의 문제이다. 부동산투자회사가 단독으로 개발사업을 수행하는 경우에는 위험에 지나치게 노출되지만 개발 프로젝트별로 부동산소유자와 유한파트너쉽을 구성하는 경우에는 위험을 분산할 수 있데 된다. 부동산투자회사에 대한 현물출자의 제한을 사실상 벗어날 수도 있다. 그러나 부동산투자회사를 투자포트폴리오 수단으로 사실상 현물출자를 허용하는 것은 부동산투자회사법상 현물출자 제한 규정을 사실상 위반하는 결과를 가져온다. 현물출자 제한 규정이 정책적으로 타당한지 여부는 따로 논의될 수 있는 것이지만 현행법상의 규정을 사실상 위반하는 결과를 가져오기 위해 유한파트너쉽을 도입하자는 주장은 그대로 받아들이기는 어렵다.

셋째, 부동산투자회사의 성장수단으로 이용되는 것이 타당한지의 문제로 투자포트폴리오 수단으로 이용되는 경우와 마찬가지의 문제가 발생한다. 부동산투자회사의 경우 90%이상의 배당으로 인해 증자 이외에는 성장수단이 없는데 유한파트너쉽을 이용하면 규모를 사실상 키울 수 있다. 현행 부동산투자회사는 차입규제로 사업확정에 어려움이 있는데 유한파트너쉽을 이용하면 엄격한 차입규제를 완화할 수 있게 된다. 그러나 부동산투자회사를 성장수단으로 차입규제를 완화하는 것은 부동산투

---

8) IRC 721조, 723조.
9) 조합에 대한 재산출자시 과세에 대해서는 이창희, "조합 및 회사의 설립과 자본출연", 서울대학교 법학 43권 1호(통권 122호), 2002.3, 307~310쪽 참조.

자회사법상 차입규제 규정을 사실상 위반하는 결과를 가져온다, 차입규제 규정이 정책적으로 타당한지 여부는 따로 논의될 수 있는 것이지만 현행법상의 규정을 사실상 위반하는 결과를 가져오기 위해 유한파트너쉽을 도입한다는 주장은 그대로 받아들이기는 어렵다.

위의 논의는 UPREIT가 부동산의 효율적인 이용을 가져올 수 있고 부동산투자회사의 투자포트폴리오 수단과 성장수단으로 사용될 수 있지만 현행 법제하에서는 상충되는 면이 있다는 것을 지적한 것이지 UPREIT의 제도적인 효용자체를 부정하는 것은 아니다. UPREIT는 1992년부터 미국의 REIT의 보편적인 형태로 자리 잡을 만큼 부동산의 효율적인 이용에 크게 기여한다는 점에서 그 도입의 필요성이 인정되는 면이 분명히 있다.

그러나 유한파트너쉽의 도입문제는 유한파트너쉽이 우리나라 상법상 합자회사에 해당하여 합자회사에 대해 납세의무를 인정하는 현행 세법의 변경 없이는 도입하기 어렵고 조합에의 출연이 과세되는 현행 세법도 개정하지 않고는 도입될 수 없는 세금 문제라 할 수 있다, UPREIT의 도입과 관련해서는 일본의 세금문제를 앞에서 본바 있지만, 우리나라에서도 세금 문제가 있다. 이에 대해서는 과세부분에서 더 자세히 살펴보기로 한다.

2. 부동산투자회사의 설립

일반 부동산투자회사는 상법상 주식회사와는 달리 모집설립방식에 의해서만 설립이 가능하다. 먼저 발기인 내지 발기인조합이 정관을 작성하고, 일부주식을 직접 인수한 후 주식을 공모하여 인적·물적 설비를 갖춘 후 창립총회를 거쳐 회사를 설립하게 된다. 이때 예비인가[10] 이후

---

10) 부동산투자회사법, 동법시행령, 동법시행규칙 어디에도 예비인가라는 말은

에 주식공모 등 회사설립절차를 진행하고 창립총회를 거치고 설립등기를 한 후 본인가를 받음으로써 회사의 설립절차를 완료하게 된다. 기업구조조정 부동산투자회사는 모집설립 뿐만 아니라 발기설립이 가능하고 인적 설비가 필요하지 않다는 것을 제외하면 부동산투자회사와 설립절차에 있어 별다른 차이가 없다.

이하에서는 이러한 설립절차 가운데 자산운용전문인력, 출자, 인가를 중심으로 살펴본다.

1) 자산전문인력의 자격과 수

일반 부동산투자회사는 부동산 투자의 장기적 성격 때문에 실질회사로서 내부관리를 할 수 있고, 자산의 투자, 운용에 전문성을 높여 투자가를 보호하기 위해 일정한 전문지식과 경험을 갖춘 전문인력을 확보하는 것이 필요하다. 따라서 일반 부동산투자회사는 감정평가사 등의 전문자격자나 부동산관련분야의 석사학위 소지자로서 일정한 경력을 갖춘 자 등의 전문인력을 3인 이상 확보하고 이들에게 자산의 투자·운용을 맡겨야 한다(부동산투자회사법 22조, 동법시행령 14조 1항).

자산운용전문인력이란 다음과 같은 자격을 갖춘 자를 말한다(동법 22조 1항, 동법시행령 14조 2항, 증권투자회사법시행령 제14조제2항). ⅰ) 감정평가사 또는 공인중개사로서 해당분야에 5년 이상 종사한 자, ⅱ) 부동산관련분야(행정학, 경영학, 경제학, 도시공학, 토목공학, 건축학, 조경학 등)의 석사학위 이상의 소지자로서 부동산의 투자·운용과 관련된 업무에 관련된 업무에 3년 이상 종사한 자, ⅲ) 부동산투자회사, 부동산투자자문회사, 자산관리회사 그 밖에 이에 준하는 부동산관계 회사나 기

없지만 부동산투자회사 등에 관한인가지침에 보면 설립중의 회사의 요건을 갖춘 후 사업계획의 타당성을 기준으로 예비인가를 하도록 되어 있다(동지침 2장 5목 가, 1장 2목 1호, 2호, 7호).

관 등에서 5년 이상 근무한 자로서 부동산의 취득·처분·관리·개발 또는 자문 등의 업무에 3년 이상 종사한 경력이 있는 자, iv) 부동산자산의 투자·운용업무를 수행하는 외국의 부동산투자회사 또는 이와 유사한 업무를 수행하는 기관에서 5년 이상 근무한 자로서 부동산의 취득·처분·관리·개발 또는 자문 등의 업무에 3년 이상 종사한 경력이 있는 자, v) 증권관계기관에서 3년 이상 근무한 자로서 신탁재산의 운용업무 또는 투자일임업무(이하 "운용전문업무"라 한다)에 2년 이상 종사한 경력이 있는 자, vi) 경영학·경제학 등 증권관계분야 석사학위이상의 학위를 소지한 자로서 증권관계기관에서 운용전문업무에 2년 이상 종사한 경력이 있는 자, vii) 공인회계사로서 증권관계기관에서 운용전문업무에 2년 이상 종사한 경력이 있는 자, viii) 신탁재산의 운용을 업으로 하는 외국금융기관으로서 운용자산규모가 10조원에 상당하는 금액이상인 외국금융기관에서 신탁재산의 운용업무에 2년 이상 종사한 경력이 있는 자, ix) 재정경제부장관이 운용전문인력의 능력을 검정할 수 있다고 인정하는 시험(일반운용전문인력시험)에 합격한 자 등을 말한다.

그러나 기업구조조정 부동산투자회사는 기업구조조정의 단기·신속성에 때문에 SPC의 성격을 갖는 것으로 자산의 운용·관리 등을 외부에 위탁하여야 한다는 점에서 자산운용인력을 둘 수 없다(부동산투자회사법 49조의2 1항).

증권투자회사법상의 자산관리 전문인력의 경우에는 해당분야의 근무기간, 해당업무 종사기간이 각각 3년과 2년인데, 부동산투자회사법상의 자산전문인력의 요건은 각각 5년과 3년으로 상대적으로 더 까다롭다. 형평을 맞출 필요가 있다. 또한 일반 부동산투자회사의 경우 자산전문운용인력을 3인 이상 확보하도록 하고 있으나, 필요에 따라서는 자산관리 운영을 외부에 위탁하는 것이 관리비용 등의 면에서 나은데도 형식적인 요건만을 맞추기 위해 필요이상의 인력을 보유하는 경우가 생길 수 있다는 점에서 일정수의 자산전문운용인력의 보유의무를 없애거나 그 수를 줄이는 것이 타당하다.

2) 출 자

일반 부동산투자회사 설립시에는 발행하는 주식총수의 100분의 30이상을 일반의 청약에 제공하여야 한다(부동산투자회사법 9조), 제도의 취지가 부동산을 대상으로 하는 포트폴리오의 구성을 가능하게 하는 것이므로 일반공모를 의무화한 것이다.[11] 기업구조조정용 부동산투자회사는 주식공모에 관한 규정이 적용되지 아니하고 상법상 원칙으로 돌아가 일반공모방식에 의하지 않더라도 회사를 설립할 수 있다(부동산투자회사법 49조의2 1항).

일반 부동산투자회사는 현금에 의한 납입만이 가능하고 현물출자에 의한 설립은 허용되지 않는다(부동산투자회사법 11조). 부동산보유자가 중심이 되어 부동산투자회사를 설립한 경우 현물출자에 대한 적정한 평가가 이루어지지 않아 회사 자체가 부실화되는 것을 막기 위해서이다.[12] 기업구조조정 부동산투자회사의 경우에는 자본금의 100분의 30 이내에서 현물출자에 의한 설립이 가능하다(부동산투자회사법 49조의2).

부동산투자회사의 자본금은 500억원 이상이어야 한다(부동산투자회사법 6조). 일반 주식회사의 최저자본금 5천만 원보다 고액의 최저자본금 규정은 둔 이유는 ⅰ) 부동산투자회사의 주된 투자대상인 부동산이 고가이고, ⅱ) 소규모의 회사의 난립을 막고, ⅲ) 규모의 경제를 통한 효율적인 관리로 적정한 수익률을 확보할 수 있도록 하여 투자자를 보호하고, ⅳ) 쉽게 상장할 수 있기 위해서이다.[13]

---

11) 박상덕 외 8인, 위의 책, 291쪽.
12) 유해웅, 『부동산증권화법제』, 2002.3, 274쪽.
13) 유해웅, 위의 책, 263쪽.

일반 부동산투자회사는 설립시 현물출자가 제한된다(부동산투자회사
법 29조). 현물출자에 대한 적정한 평가가 이루어지 않아 회사 자체가 부
실화되는 것을 막기 위한 것이다. 개발사업에 대한 인가를 받은 뒤에는
현물출자가 가능하다.

3) 인가주의

부동산투자회사의 설립은 일반 주식회사와는 달리 인가주의에 의한
다. 즉 부동산투자회사의 설립은 건설교통부장관의 인가를 요건으로 한
다(부동산투자회사법 5조). 기업구조조정 부동산투자회사의 경우에 있어
서도 설립시 건설교통부장관의 인가가 필요하다. 금융기관의 성격을 고
려하여 금융감독위원회와 협의하여 건설교통부장관이 인가여부를 결정
한다(부동산투자회사법시행령 34조 3항). 어느 쪽이든 취득세, 등록세 등
세제상 특혜를 받는 까닭이다.

3. 부동산투자회사의 기관

일반 주식회사의 경우 주주총회는 상법 또는 정관에서 정하는 사항에
한하여 결의할 수 있지만(상법 361조), 부동산투자회사는 업무자체가 소
극적 투자일 뿐이므로 이사회의 역할이 줄어들어 회사운영과 관련된 기
본적 사항을 주주총회 결의사항으로 법에서 규정하고 있다(부동산투자
회사법 12조).

부동산투자회사의 운영과 관련된 기본적인 사항은 주주총회의 결의
로 결정되며 주주총회에서 승인된 기본계획 하에서 자산운용과 관련된
중요한 의사결정은 이사회 결의사항으로 규정하여 이사나 자산운용자의
독단적인 결정을 제한하여 투자자를 보호한다(부동산투자회사법 13조 1
항, 동법시행령 8조).

이사는 부동산투자회사의 업무집행에 관한 의사결정기관인 이사회의 구성원으로서 업무집행의 의사결정에 참여한다. 상법에서는 이사의 자격에 대하여 별도의 요건을 규정하고 있지 않지만, 부동산투자회사법에서는 이사들의 자격을 제한하고 있다(부동산투자회사법 14조, 7조 1항). 기업구조조정 부동산투자회사는 상근임원을 둘 수 없는 서류상의 회사로서 그 자산을 자산관리회사에 위탁시켜 운용하게 하므로 자산관리회사와 관계에 있어 이사로서의 중립성에 문제가 예상되는 경우에는 이사가 될 수 없다(부동산투자회사법 49조의2 3항, 동법시행령 35조). 사외이사 선임과 관련하여 법상특례가 인정되지 않으므로 부동산투자회사의 경우 사외이사 선임의무를 부여하되, 기업구조조정 부동산투자회사는 상근임직원이 없는 서류상 회사이므로 사외이사 선임의무를 면제된다(유가증권상장규정 48조의5 1항).

부동산투자회사의 경우도 대표이사는 회사를 대외적으로 대표하고 대내적으로 업무를 집행하며, 일상적 업무에 대해 경영판단을 한다.

부동산투자회사의 감독기관인 감사에 대해서는 일반 주식회사의 경우와 달리 법상 자격제한규정이 있다(부동산투자회사법 14조, 7조 1항). 이에 대해서는 이사의 경우와 마찬가지이다. 상법 제415조의2에 의해 회사는 정관이 정한 바에 따라 감사에 갈음하여 감사위원회를 둘 수 있도록 규정하고 있으나, 부동산투자회사는 업무의 상당부분이 외부에 위탁되어 운영되고 자산 운영구조가 단순하므로 감사위원회규정을 적용하지 않도록 하고 있다(부동산투자회사법 49조 1항, 유가증권상장규정 48조의6 1항). 기업구조조정 부동산투자회사의 경우도 마찬가지이다.

III. 부동산투자회사의 투자자

1. 신주발행

1) 현물출자

일반 부동산투자회사가 성립 후 개발사업에 대한인가를 받은 후부터는 회사가 어느 정도 안정된 상태이므로 현물출자를 받더라도 부실화의 가능성이 적기 때문에 이때에는 현물출자를 허용하고 있다.

기업구조조정 부동산투자회사는 설립당시부터 현물출자가 인정되고 증자시에도 이러한 현물출자의 제한을 받지 않는다(부동산투자회사법 49조의2 1항). 기업구조조정 부동산투자회사는 SPC의 성격을 갖는 것으로 부동산등을 현물출자로 받아 그에 따른 투자수익을 투자자에게 분배하면 된다는 점에서 현물출자 자체를 제한하기보다는 현물출자로 허용하여 먼저 투자자금을 확보하는 것이 타당하다. 우리나라 기업구조조정 부동산투자회사와 마찬가지로 SPC의 성격을 가진 일본의 부동산투자법인은 설립당시부터 현물출자의 한도에 제한을 따로 두고 있지 않다.

상법상은 현물출자 할 수 있는 자산의 종류에는 제한이 없으나, 부동산투자회사는 부동산에 대한 투자를 주목적으로 현물출자 할 수 있는 자산을 부동산으로 한정하며, 가액의 평가도 감정평가사가 담당하도록 하고 평가방법도 별도로 정하여진 방법에 따르도록 하여 부당평가로 인해 회사의 재무건전성이 훼손되지 않도록 하고 있다.

2) 배 당

부동산투자회사는 매년 투자이익의 현실화 차원에서 당해연도 이익배당한도의 100분의 90이상을 주주에게 배당하도록 하여, 정관이나 주주총회의 결의로 이익의 사내유보를 못하도록 하고 있다(부동산투자회사법 28조). 기업구조조정 부동산투자회사의 경우에는 배당의무를 배제하고 있지만(부동산투자회사법 49조의2 1항), 세제상의 혜택을 받으려면 100분의 90이상을 배당하여야 하므로 사실상 배당의무가 강제된다.

부동산투자회사의 배당과 관련해서는 일정액의 배당을 강제하는 방법과 일정액의 배당을 강제하지는 않지만 세제상 혜택을 받으려면 일정액을 배당하도록 세법에 규정을 두는 방법이 있을 수 있다. 미국과 일본의 경우 그리고 우리나라 기업구조조정 부동산투자회사는 후자의 방법에 의하고, 일반 부동산투자회사는 전자의 방법에 의한다. 우리나라의 경우에는 배당을 강제하는 것이 낫다. 배당을 강제하지 않는 경우에는 배당가능이익과 과세소득이 달라 행정상 어려움이 발생할 수 있기 때문이다. 미국의 경우에는 상법상 배당가능이익이라는 개념이 없으므로 이런 문제가 생기지 않는다. 이에 대해서는 뒤에 4장의 과세부분에서 더 자세히 살펴보기로 한다.

주식배당을 허용할 경우 증자와 같은 효과로 회사의 자금조달이 쉽고 주식발행비용이 절감되는 등의 이점이 있으나, 이익이 회사 내에 유보되어 투자의 도관체로서의 부동산투자회사의 성격과 부합되지 않는다는 점이 있어 부동산투자회사의 경우에는 주식배당은 허용되지 않고 금전배당으로 한다(부동산투자회사법 28조 2항). 기업구조조정 부동산투자회사의 경우에는 금전배당 뿐만 아니라 주식배당도 가능하다(부동산투자회사법 49조의2 1항).

3) 주식의 분산

부동산 투자를 정상적 기업 활동으로 본다면 주식분산요구가 필요 없다. 그러나 일반 부동산투자회사의 경우 주식분산이 요구된다(부동산투자회사법 15조 1항). 주주 1인과 그 특별관계자는 한 부동산투자회사의 발행주식총수의 100분의 10을 초과하여 주식을 소유하지 못한다.

주식분산이 요구되는 이유에 대해서는 여러 가지를 생각해 볼 수 있다. 먼저 부동산 투자이익을 소수의 자가 독차지하는 것을 막기 위한 것이라는 식의 입법이유가 제시된 바 있지만, 부동산의 시세가 바닥에 떨어져 국민경제의 짐이 되었던 경제위기에서 앞으로의 투기이익을 나누기 위해 주식분산을 요구한다는 것은 설득력이 떨어진다.

바른 설명으로는 법인의 부동산 보유는 제조 등 고유사업에 필요한 부동산에 한하고 순전히 투자대상으로서 부동산에 투자하는 행위는 정상적 기업 활동이라고 보지 않은 것이 종래 우리나라의 경제정책이었다고 생각해야 할 것이다. 우리 헌법이나 私法체계에서 회사의 투자목적 부동산 보유를 정면 금지할 수는 없었지만, 비업무용 부동산에 온갖 세금부담을 지움으로써 부동산의 보유를 사실상 금지해 왔던 것이다. 일반 부동산투자회사란 이런 일반적 금지를 풀고 부동산을 포트폴리오 구성에 포함시켜 투자효율을 높이는 새로운 기업 활동을 허용하는 것이고, 그런 허용조건으로 주식분산을 요구한다고 볼 수 있다. 말하자면 부동산투자회사의 부동산 유통시 세금의 감면을 받는 대가로 주식분산이 요구된다고 볼 수 있다.

부동산투자회사의 도입목적을 훼손하지 않는 범위 내에서 회사설립을 용이하게 하기 위하여 일반의 공모에 제공 후 발생한 잔여주식을 인수한 간사회사나 발기인의 경우와 주식소유를 통하여 발생한 수익이 특정인에게 귀속되는 것이 아니라 다수에게 분산되는 연기금 등에 대해서는 1인당 주식소유한도의 예외를 인정하고 있다(부동산투자회사법 16조).

기업구조조정 부동산투자회사는 구조조정 부동산의 조속한 처분을 목적으로 하고 이를 위해서는 특정 금융기관이나 기업이 주로 출자하는 회사의 설립도 필요하므로 이러한 주식소유한도 제한이 없어 1인이 100% 주식을 소유하는 것도 가능하다(부동산투자회사법 49조의2 1항).

일본법에서는 지분분산은 유가증권의 상장요건이므로 상장을 하지 않는 이상은 필요 없다. 그러나 우리 법에서는 지분분산이 부동산투자회사 그 자체의 요건이다. 이 같은 차이는, 우리나라에서는 부동산투자자를 기업의 정상적 영리활동으로 보지 않고 불특정다수에 의한 부동산 간접투자의 경우에만 투자목적의 부동산보유를 허용한다는 경제정책이 반영된 탓으로 보인다. 종래의 부동산 보유 억지수단이 직접적 금지가 아니라 각종 세금이었음을 생각한다면, 지분분산요건은 미국법처럼 세법에 넣는 것이 논리적이다. 그러나 우리나라에서는 회사의 명칭 사용 제한 등 다른 법률효과와 결부되면서 부동산투자회사라는 제도를 私法 내지 규제법상의 제도로 따로 만든 까닭에, 지분분산을 아예 실체법상의 의무로 부과하기에 이른 것이다.

2. 차입의 금지

일반 부동산투자회사의 차입이 원칙적으로 금지되는 것은 차입으로 투자할 경우에는 레버리지 효과에 의해 투자수익률은 올릴 수 있지만 재무적 위험이 높아지므로 투자자 보호를 위한 것이라고 볼 수도 있다 (부동산투자회사법 29조 본문).[14] 이러한 입장에 따르면 투자의 안정성을 해치지 않는 경우나 투자자 보호보다는 일시적으로 자금해소가 더 중요한 예외적인 경우에는 차입을 허용하고 있다(동법 29조 단서, 부동산투자회사법시행령 22조). 일시적 운영자금을 확보하기 위한 경우(부동산투자회사법시행령 22조 1호)나 투자목적이 아닌 경우로서 취득부동산에 설정된 담보를 불가피하게 인수하는 경우(동조 2호)나 국민주택기금 등 공공의 목적에 사용되도록 조성된 기금으로부터의 차입 등과 같은 경우(동조 3호)에는 주주총회 및 이사회의 결의를 거쳐서 차입할 수 있

---

14) 박상덕 외 8인, 위의 책, 309~310쪽.

다. 기업구조조정 부동산투자회사의 경우에 주식의 매수청구 또는 환매청구가 대량으로 발생하여 일시적으로 매수자금 또는 환매대금의 지급이 곤란한 경우(동조 4호)에도 차입이 가능하다(동법 29조 단서).

보다 근본적으로 부동산투자회사의 차입이 원칙적으로 금지되는 이유는 간접투자수단이라는 성격 때문이다. 주주가 스스로 차입해서 주식을 살 수 있는 이상 재무레버리지의 선택은 주주의 개인적 의사결정에 맡기면 된다. 그러나 회사가 차입하는 쪽이 거래비용이 한결 낮을 수 있음을 생각한다면, 회사단계의 차입을 일반적으로 금지할 이유는 없다. 미국, 일본의 경우에는 회사의 차입이 허용되고 우리나라의 기업구조조정 부동산투자회사의 경우에도 차입이 허용되는 것도 이와 맥락을 같이 한다고 볼 수 있다.

3. 주식상장

1) 상장의무

일반적으로 회사의 자기주식 취득은 회사의 재산을 유출시켜 채권자를 해칠 가능성이 있다. 또 부동산 간접투자의 경우에는 부동산의 유동성이 낮아 환매요구는 사실상 투자를 못하게 할 수 있다는 점에서 환매가 제한될 필요가 있다. 그러나 환매를 제한할 경우(폐쇄형) 투자자의 입 부동산투자회사는 회사 설립 후 조속히 한국증권거래소의 상장기준이나 한국증권업협회의 등록요건을 갖추어 유가증권시장에 주식을 상장하거나 한국증권업협회에 등록하여 주식이 거래될 수 있도록 하여야 한다(부동산투자회사법 20조 1항). 부동산투자회사가 정당한 사유 없이 증권거래소에의 상장이나 한국증권업협회에의 등록을 이행하지 아니하는 경우에는 건설교통부장관은 일정한 기간을 정하여 상장 또는 등록을 권

고할 수 있다(부동산투자회사법 20조 2항).

기업구조조정 부동산투자회사의 경우에는 상장 또는 등록이 되기 전이라도 예외적으로 환매권도 함께 인정하고 있다(부동산투자회사법 49조의5 1항, 동법시행령 42조 2호).

2) 상장요건

유가증권상장규정[15]에서는 2001.11.9 개정을 통해 부동산투자회사가 간접 투자상품인 점을 고려하여 상장·등록요건을 대폭 간소화하는 등 특례를 두고 있다.

부동산투자회사의 신규상장요건으로서는 ⅰ) 부동산투자회사법 제5조의 규정에 의하여 건설교통부장관의 설립인가를 받았을 것, ⅱ) 상장신청일 현재 자본금이 500억원 이상일 것, ⅲ) 상장신청일 현재 모집 또는 매출한 주식수가 발행주식총수의 100분의 30이상이고(다만, 기업구조조정 부동산투자회사에 대하여는 그러하지 아니하다) 주주수가 100명 이상일 것, ⅳ) 상장신청일 현재 총자산중 부동산의 비중이 100분의 70 이상일 것, ⅴ) 회사경영에 중대한 영향을 미칠 수 있는 소송 등의 분쟁사건이 없을 것, ⅵ) 주식양도의 제한이 없을 것(다만, 다른 법령에 의하여 주식양도가 제한되는 경우로서 그 제한이 유가증권시장에서의 매매거래를 저해하지 아니하다고 인정되는 때에는 그러하다), ⅶ) 명의개서대행회사(예탁원 및 증권거래법 제180조의 규정에 의한 명의개서대행회사를 말한다)와 유가증권의 명의개서업무 등에 관하여 대행계약을 체결하고 있을 것, ⅷ) 당해 주권이 통일규격주권일 것 등이다. 다만 기업구조조정 부동산투자회사에 대하여는 명의개서대행회사와의 명의개서대행계약을 체결하여야 하는 것은 아니다(유가증권상장규정 15조 10항).

---

15) 한국증권거래소가 증권거래법 제88조[상장규정]의 규정에 의하여 유가증권시장에 상장할 유가증권의 심사 및 상장되어 있는 유가증권의 관리에 관하여 필요한 사항을 규정하고 있다.

협회중개시장운영규정16)상 부동산투자회사에 대한 등록 요건 등에 관한 특례는 없으므로 부동산투자회사가 협회중개시장에 등록하고자 하는 때에는 일반법인에 적용되는 등록 요건이 적용되어야 한다.

4. 정보공시

부동산투자회사의 투자자는 자기의 판단기준에 의해 투자하고 그 투자결과에 대한 책임도 스스로 질 수밖에 없으므로 투자자의 정확한 판단을 지원하기 위해서는 정기적인 정보의 공개가 필수적이다. 이러한 필요에서 부동산투자회사는 매분기 및 결산기에 투자보고서를 작성하도록 되어 있다(부동산투자회사법 37조).

투자보고서에는 자산의 구성현황 및 변경내역을 기재토록 되어 있는데, 특히 부동산에 대한 상세한 정보를 기재하도록 하기 위해 소유 부동산별 현황, 가격, 임대료, 주요 임차인 현황을 기재토록 하고 있다(부동산투자회사법 37조 1항, 동법시행령 29조 1항). 부동산투자회사의 주요한 투자대상인 부동산의 시가정보를 공시하도록 하고 있다. 일반적인 회사와 달리 부동산투자회사에 대해서 소유부동산의 시가정보를 공시하도록 하고 있는 것은 투자의 장기성 때문에 원가정보만으로는 주식의 환매가격 결정이나 주식의 시세형성이 불가능한 까닭이다.

부동산투자회사는 투자자보호를 위하여 매 결산기와 분기에 재무제표와 투자보고서를 본점 및 지점에 비치·공시하고 주주 및 채권자가 열람할 수 있도록 하여야 한다(부동산투자회사법 38조, 동법시행령 29조 2항). 매 결산기에는 재무제표와 투자보고서를 당해 부동산투자회사의 주주 및 채권자에게 송부하여야 한다. 다만, 인터넷 등 전자매체를 이용

---

16) 이 규정은 증권거래법 제172조의3의 규정(규정의 제정·승인)에 의하여 한국증권업협회가 개설한 협회중개시장에의 등록, 유가증권의 매매거래, 공시 및 시장관리 등에 관하여 필요한 사항을 규정하고 있다.

하여 공시하는 경우에는 송부하지 않을 수 있다(부동산투자회사법 38조, 동법시행령 29조 3항).

5. 폐쇄형 : 주식의 환매와 매수청구권

일반 부동산투자회사는 실질회사로서 일반회사법에 따라 자기주식 취득의 제약을 받는다. 채권자 보호와 유동성 문제 때문이다. 그 대신 상장을 강제하고 있음은 이미 본 바와 같다. 기업구조조정 부동산투자회사는 상장으로 환금성이 보장받으므로 환매청구권은 원칙적으로 인정되지 않는다(부동산투자회사법 49조의5 1항 본문). 기업구조조정 부동산투자회사는 주식시장에서의 거래를 전제로 하므로 기업구조조정 부동산투자회사의 영속성을 보장하고 주식의 시장거래를 위하여 일정한 경우를 제외하고는 기업구조조정 부동산투자회사의 주주는 당해 주식의 환매를 청구할 수 없는 것이다.

일본에서는 개방형 부동산투자법인에서는 상장이 불가능한 대신 투자지분의 환매가 보장된다. 미국에서도 폐쇄형이 보통이기는 하지만 환매가 보장된 개방형도 가능하다. 그러나 우리나라에서는 폐쇄형이 의무화되어 부동산투자회사는 상장의무를 지는 대신 환매가 금지되어 있다. 이 차이는, 우리나라의 부동산투자회사는 불특정다수의 간접투자수단이라는 성격을 띠는 까닭이다.

기업구조조정 부동산투자회사는 기업구조조정용 부동산을 신속하게 처리하는 것이 목적이고 투자자들도 그러한 인식하에 투자를 한다. 그런데 회사의 존립기간이 연장되거나 주식의 매수가 제한되어 주식양도가 자유롭지 못하게 되는 경우 투자자에게 불측의 손해를 입힐 수 있다. 이러한 경우 소액투자자들이 자신의 뜻을 반영하여 투자금을 환수할 수 있도록 하기 위한 것이 주식매수청구권의 인정이다.

상법 제374조의2에 의하면 회사경영의 기반에 관한 중요한 사항이나 회사의 기본조직을 변경하는 영업양도 또는 합병을 위한 주주총회의 특별결의가 있는 경우에는 이에 반대하는 소수주주에게 주식매수청구권을 인정하고 있다. 기업구조조정 부동산투자회사의 경우에도 회사정관을 변경하여 주식의 매수를 제한하거나 그 존립기간을 연장하고자 할 때 이에 반대하는 주주에게 주식매수청구권을 인정한다(부동산투자회사법 49조의4).

기업구조조정 부동산투자회사에서도 예외적으로 개인적 환매가 가능한 경우가 있다. 회사가 설립 후 2년이 경과한 경우로서 주주총회의 결의를 거친 경우(정관에 기재된 경우에 한한다)나 기업구조조정 부동산투자회사의 발행주식이 유가증권시장에 상장되거나 한국증권업협회에 등록되기 전에 주주가 사망하거나 파산, 이민 등으로 인하여 환매가 불가피한 경우 등에는 주주의 환매청구권을 인정하고 있다(부동산투자회사법 49조의5 1항 단서, 동법시행령 40조). 일반 부동산투자회사의 경우에는 이러한 경우에도 환매청구가 허용되지 아니한다. 시장에서 주식을 팔 수 있는 까닭이다.

Ⅳ. 부동산투자회사의 투자자산

1. 투자자산의 구성

미국의 세법이나 일본법과 마찬가지로, 우리법은 부동산투자회사의 투자자산은 대부분 부동산에 관련될 것을 요구하고 있다. 부동산투자회사는 매 분기 말을 기준으로 총자산의 90%이상을 부동산, 부동산관련 유가증권 및 현금으로 구성하여야 하되, 총자산의 70%이상은 반드시 부동산으로 구성하도록 하여 자산의 대부분이 안정적인 수익이 발행하는 자산으로 구성되도록 하고 있다(부동산투자회사법 25조 1항). 다만, 부동산은 취득에 장기간이 소요되는 점을 감안하여 자산의 구성비율을 계산함에 있어서 ⅰ) 설립시 납입된 주금 및 이를 직접 투자하여 취득한 자산, ⅱ) 신주발행으로 조성한 자금 및 이를 직접 투자하여 취득한 자산은 회사설립일 또는 신주발행일이 속하는 연도 및 그 다음 연도동안 총자산에 산입하지 아니하도록 하여 자산구성요건을 완화하고 있다(부동산투자회사법 25조 2항).

여기서 부동산이라 함은 ⅰ) 토지 및 그 정착물, ⅱ) 건축 중인 건축물, ⅲ) 건축 중인 건축물의 개발사업을 제외한 부동산개발사업에 투자한 모든 금액, ⅳ) 부동산의 소유권 및 지상권·임차권 등 부동산사용에 관한 권리를 취득하기 위하여 투자한 모든 금액 등을 말한다(부동산투자회사법 25조 1항, 동법시행령 19조 1항). 부동산관련 유가증권은 자산구성요건에서 유가증권과 별도로 취급하는데 부동산투자회사의 주식 등을 말한다(부동산투자회사법 2조 3호). 자산구성요건에서의 현금에는 금융기관에의 예치금을 포함한다(부동산투자회사법시행령 19조 2항, 동법 25조 1항 전단).

기업구조조정 부동산투자회사는 기업의 구조조정을 지원하기 위하여 설립된 회사이므로 총자산의 70%이상은 반드시 기업의 구조조정과 관련된 부동산으로 구성하여야 한다(부동산투자회사법 49조의2 1항 1호). 기업의 구조조정과 관련된 부동산은 ⅰ) 기업이 채권금융기관에 대한 부채 등 채무를 상환하기 위하여 매각하는 부동산, ⅱ) 채권금융기관과 재무구조개선을 위한 약정을 체결하고 당해 약정 이행 등을 위하여 매각하는 부동산, ⅲ) 회사정리법에 의한 회사정리절차 및 화의법에 의한 화의계획에 따라 매각하는 부동산, ⅳ) 그 밖에 기업의 구조조정을 지원하기 위하여 금융감독위원회가 필요하다고 인정하는 부동산을 말한다(부동산투자회사법 49조의2 1항).

부동산투자회사가 부동산을 주된 투자대상으로 함은 일본의 경우도 마찬가지이다. 증권투자회사가 부동산투자를 하고, 부동산투자회사가 증권투자를 하는 것이 제한되는 것은 투자라는 실질회사로서의 장기적 특성을 가진 부동산과 단기적 특성을 가진 증권이 뒤섞여 복잡한 계산 문제를 가져오기 때문이다.

부동산투자회사와 증권투자회사는 투자대상에서 차이를 보이기는 하지만 회사형 간접투자로서 서로 유사한 면이 많다. 일본의 경우에는 투자신탁 및 투자법인에 관한 법률상 투자법인은 이러한 부동산투자회사와 증권투자회사가 포함된다. 우리나라의 경우에도 자산운용업법(안)에서 간접투자의 통일적 입법을 시도하였으나 부동산투자회사는 부동산투자회사법의 적용을 받도록 하고 있다. 일반 부동산투자회사는 부동산 투자가 장기라서 실질회사형인데 반해, 증권투자회사는 투자의 도관으로서 SPC형이므로 이 둘을 투자회사에 관한 통합적 입법으로 묶는 것은 어렵다.

2. 투자자산의 운용

1) 내부통제기준의 제정

부동산투자회사는 법령을 준수하고 주주를 보호하기 위하여 그 자산을 투자·운용함에 있어 소속 임·직원이 따라야 할 내부통제기준을 제정하여야 한다(부동산투자회사법 47조).

2) 자산의 투자 및 운용

부동산투자회사는 다수의 투자자로부터 자금을 모아 부동산에 투자하는 간접투자기관이므로 투자자를 보호하고 자산운용의 건전성을 확보하기 위하여 자산운용의 범위를 제한할 필요가 있다. 따라서 부동산투자회사는 부동산투자회사법 제21조에서 규정한 6가지 방법 즉 ⅰ) 부동산의 취득·관리·개량 및 처분, ⅱ) 부동산의 개발, ⅲ) 부동산의 임대차, ⅳ) 유가증권의 매매, ⅴ) 금융기관에의 예치, ⅵ) 지상권·임차권 등 부동산사용에 관한 권리의 취득·관리·처분 등에 따라 부동산등에 투자·운용하는 것 이외의 업무를 영위할 수 없다(부동산투자회사법 4조).

그런데 이 6가지 방법에 해당하면 언제나 다 할 수 있는 것은 아니다. 위 6가지 방법 중 그 자산을 부동산개발사업에 투자·운용하고자 하는 경우에는 회사의 부실을 초래할 가능성이 있으므로 당해 회사의 주식이 한국증권거래소의 유가증권시장에 상장되거나 한국증권업협회에 등록된 후에 건설교통부장관의 인가를 받아야 한다(부동산투자회사법 21조, 동법시행령 13조 1항). 또한 부동산투자회사법 또는 다른 법령에 의한 경우를 제외하고는 다른 업무를 영위하여서는 안 된다(부동산투자회사법 31조 1항).

부동산투자회사는 부동산의 투자·운용에 대한 전문회사이므로 부동산과 관련된 업무에 대해서는 별도로 제한을 두지 않지만 부동산관련 대출업무는 제한하고 그 외의 여유자금은 유가증권에 투자하거나 금융기관에 예치하도록 하고, 부동산개발업무는 반드시 건설교통부장관의 인가를 받은 후에만 가능하다.

부동산투자회사제도는 정기적인 운용수익을 창출하여 투자자에게 안정적으로 배당하는 것을 목적으로 하므로, 자본이득을 위한 단기적이고 투기적 거래는 제한할 필요가 있어 취득 후 3년 이내에는 이를 처분하지 못하도록 하고 있다(부동산투자회사법 24조 1항). 특히 장기적인 운용수익의 창출이 어려운 나지의 거래는 부동산투기의 가능성이 높으므로 원칙적으로 금지하고 있다(부동산투자회사법 24조 2항). 그러나 기업구조조정 부동산투자회사는 기업의 채무상환용 부동산을 매입하여 이를 최대한 빠른 시일 내에 처분함으로써 기업의 구조조정을 원활하게 하기 위해 도입되었기 때문에 이러한 처분 제한을 받지 아니한다(동법 49조의21항).

3) 자산관리

기업구조조정 부동산투자회사는 기업의 구조조정을 촉진할 목적으로 일정기간 동안 존속하는 서류상 회사이므로 그 자산운용을 맡을 자산관리회사가 반드시 필요하다(동법 49조의3 1항).

3. 투자자산의 보관

부동산투자회사는 간접투자기관으로서 일반투자자로부터 모은 자금으로 투자하여 자산을 확보하게 되므로 투자자보호를 위하여 자산의 안정한 보관이 필요하다. 특히 부동산투자회사는 소수의 인력이 대규모 자금을 운용하게 되어 내부통제시스템을 제대로 구비하기 어려우므로 그 보유 자산을 공신력 있는 자산보관기관에 위탁하도록 의무화함으로써 회사의 경영진에 의한 자산의 유용 및 부정을 방지하고, 투자자를 보호할 필요가 있다.

따라서 부동산투자회사법에서는 자산보관기관이 될 수 있는 회사를 신탁업법에 의한 신탁회사(신탁업을 겸영하는 금융기관을 포함한다), 대한주택공사, 한국토지공사 및 한국자산관리공사에 제한하고서 부동산투자회사가 보유자산을 자산보관기관에 위탁하도록 의무화하고 있다(부동산투자회사법 35조 1항).

V. 부동산투자회사의 외부회사

1. 자산관리회사

부동산투자회사는 실질회사형으로 내부관리를 할 수 있으므로 자산관리회사가 항상 필요로 하는 것은 아니다. 그러나 기업구조조정 부동산투자회사는 기업의 구조조정을 촉진할 목적으로 일정기간 동안 존속하는 서류상 회사이므로 그 자산운용을 맡을 자산관리회사가 반드시 필요하다. 따라서 자산관리회사의 이른바 '대리인 문제'가 발행할 것에 대비하여 자산관리회사의 설립인가기준을 매우 엄격하게 규정하고 있으며, 법령에 의해 허용된 경우를 제외하고는 다른 업무를 수행하지 못하도록 하고 있는 것이다.

1) 자본금 규모

자산관리회사가 실제 기업구조조정 부동산투자회사로부터 위탁을 받아 그 자산의 투자·운용업무를 수행하기 위해서는 당해 회사의 자본금이 70억원 이상이어야 하고, 자산운용전문인력을 5인 이상 확보하여 건설교통부장관의 인가를 받아야 한다. 인가 받은 사항을 변경하고자 하는 경우에도 마찬가지로 건설교통부장관의 인가를 받아야 한다(부동산투자회사법 49조의3 1항).

자산관리회사는 자산을 운용하는 회사라는 점에서 인적 자본의 우수성에 의해 그 경쟁력이 결정된다. 겸업이 금지된 상태에서 필요 이상의 자본금을 가져야 하는 경우 회사운영의 기회비용만을 늘릴 수 있다. 자본금을 높게 책정하는 것은 잠재적인 경쟁사의 시장진입을 억제케 하여 자산운용시장을 비효율적으로 만들 수 있다. 이러한 점을 볼 때, 현재 자산관리회사가 실제 기업구조조정 부동산투자회사로부터 위탁을 받아 그 자산의 투자·운용업무를 수행하기 위해서는 당해 회사의 자본금이 70억원 이상이어야 한다는 규정이 합리적인가에 대해서는 의문이 있다. 참고로 부동산투자자문회사의 경우는 자본금이 10억원 이상이고 자산운용전문인력이 3인 이상이어야 한다(부동산투자회사법 23조 2항, 동법시행령 16조 2항).

2) 100% 자회사

일반 부동산투자회사는 실질회사로서 자신이 직접 자산의 관리·운용을 할 수 있다. 다만 일반 부동산투자회사는 다른 회사의 주식을 100분의 10 이상 취득할 수 없으므로 자회사를 통한 자산관리는 할 수 없다(부동산투자회사법 27조 1항). 기업구조조정 부동산투자회사는 SPC로서 외부관리를 맡겨야만 하는데 자회사를 이용하는 경우 위와 같은 장점을 누릴 수 있지만 마찬가지의 타 회사 주식취득의 제한으로 사실상 100% 자회사를 설립할 수 없다.

그러나 일반 부동산투자회사는 스스로 자산관리를 할 수 있는 실질회사이므로 자산관리를 100% 자회사에 맡기는 것도 가능해야 하고, SPC의 경우도 자산관리를 100% 자회사에 맡길 수 있어야 한다. 외부관리를 강제하는 이유는 계약을 통해, 투자자가 자산관리에 들어가는 비용을 미리 짐작할 수 있게 하기 위한 것이므로, 100% 자회사인 자산관리회사를 금지할 이유가 없다. 실제로 미국의 경우 100% 자회사인 자산관리회사를 허용하고 있다.

2. 자산보관기관

일반 부동산투자회사는 실질회사로서 자산운용·관리를 내부관리에 의할 수 있지만, 자산보관은 투자자의 보호를 위해 제3자에게 하도록 되어 있다(부동산투자회사법 35조 1항). 기업구조조정 부동산투자회사는 투자의 도관체로서 SPC의 성격을 갖기 때문에 외부관리를 하여야 하기 때문에 자산보관도 역시 제3자에게 맡기도록 되어 있다.

부동산투자회사의 보유자산중 부동산은 취득 즉시 회사명의로 소유권등기와 함께 신탁회사, 신탁업을 겸영하는 금융기관, 대한주택공사, 한국토지공사, 한국자산관리공사에 관리 신탁하여야 한다. 유가증권 및 현금은 신탁회사 및 신탁업을 겸영하는 금융기관에 보관하여야 하고 유가증권 중 예탁대상 유가증권으로 지정된 유가증권은 증권예탁원에 예탁하여야 한다(부동산투자회사법 35조 2항).

부동산투자회사와 자산보관기관간에는 법률상 위임의 관계가 있으므로 자산보관기관으로서는 당연히 부동산투자회사를 위하여 법령 및 자산보관계약에 따라 선량한 관리로서 그 업무를 성실히 수행하여야 할 의무가 있다(부동산투자회사법 36조 1항). 자산보관기관은 법령을 준수하고 자산의 운용을 건전하게 하기 위하여 임·직원이 그 직무를 수행함에 있어서 따라야 할 기본적인 절차와 기준을 정하여야 한다(부동산투자회사법 36조 2항). 그리고 자산보관기관은 위탁받은 부동산투자회사의 자산을 그 고유재산이나 제3자로부터 보관을 위탁받은 자산과 구분하여 관리하여야 한다(부동산투자회사법 36조 3항).

자산보관기관이 법령 또는 자산보관계약에 위반된 행위를 하거나 그 임무를 게을리 하여 부동산투자회사에 손해를 발생하게 한 때에는 손해배상책임을 지게 된다(부동산투자회사법 36조 4항).

VI. 부동산투자회사의 감독기구

일반 부동산투자회사는 부동산 투자의 장기성으로 실질회사의 성격을 갖고 부동산에 대한 주무관청인 건설교통부의 감독을 받게 된다.

이에 반해 기업구조조정 부동산투자회사는 기업구조조정용 부동산의 신속한 처리를 목적으로 하는 SPC로서 금융에 관한 주무관청인 금융감독위원회의 감독을 받기도 하지만, 부동산 간접투자로서 부동산에 대한 주무관청인 건설교통부의 감독을 함께 받는다.

1. 건설교통부

건설교통부장관은 부동산투자회사의 설립과 다수의 투자자와 관련된 정관의 변경, 부동산투자회사의 해산, 영업전부의 양수 또는 양도 등의 경우에 인가권을 갖고 있다(부동산투자회사법 40조 1항). 그리고 설립인가 및 부동산투자회사에 대한 감독의 실효성을 확보하기 위하여 설립인가를 취소할 수도 있다(부동산투자회사법 42조).

건설교통부장관은 공익 또는 부동산투자회사의 주주를 보호하기 위하여 필요하다고 인정되는 경우에는 부동산투자회사, 부동산투자자문회사, 자산의 투자·운용업무를 위탁받은 자 또는 자산보관기관에 대하여 부동산투자회사법에 의한 업무 또는 재산 등에 관한 자료의 제출이나 보고를 명할 수 있다(부동산투자회사법 39조 1항).

건설교통부장관은 부동산투자회사법 또는 이 법에 의한 명령이나 처분에 위반한 사실이 있는 때에는 부동산투자회사, 부동산투자자문회사, 자산의 투자·운용업무를 위탁받은 자 또는 자산보관기관에 대하여 업무의 전부 또는 일부의 정지 등의 조치를 취할 수 있다(부동산투자회사법 39조 2항, 동법시행령 30조).

2. 금융감독위원회

건설교통부장관은 기업구조조정 부동산투자회사의 설립인가를 하고자 하는 때에는 금융감독위원회의 의견을 들어야 한다(부동산투자회사법 49조의6 1항). 인가 받은 사항을 변경하는 경우에도 마찬가지이다. 이 경우 금융감독위원회는 금융감독원의 원장으로 하여금 그 업무에 관한 검사를 하게 할 수 있다(부동산투자회사법 49조의6 5항).

금융감독위원회는 공익 또는 주주를 보호하기 위하여 필요하다고 인정되는 경우에는 기업구조조정 부동산투자회사, 자산관리회사, 자산보관기관, 판매회사 또는 일반사무수탁회사에 대하여 부동산투자회사법의 규정에 의한 업무 또는 재산에 관한 검사를 하거나 자료의 제출 또는 보고를 명할 수 있다(부동산투자회사법 49조의6 2항).

또한 금융감독위원회는 부동산투자회사법 또는 이 법에 의한 명령이나 처분에 위반한 사실이 있는 때에는 기업구조조정 부동산투자회사, 자산관리회사, 자산보관기관, 판매회사 또는 일반사무수탁회사에 대하여 업무의 전부 또는 일부의 정지 등의 조치를 취하도록 건설교통부장관에게 요구할 수 있다(부동산투자회사법 49조의6 3항). 건설교통부장관은 금융감독위원회의 요구를 받은 때에는 특별한 사유가 없는 한 이에 응하여야 한다(부동산투자회사법 49조의6 4항).

Ⅶ. 법 개정에 따른 주요 개정내용

지금까지는 2001.5.24 개정이전 부동산투자회사법 하의 법적 구조를 살펴보았다. 2004.10.22 부동산투자회사법 하에서는 부동산투자회사의 유형을 자기관리부동산투자회사, 위탁관리부동산투자회사, 기업구조조정 부동산투자회사 3가지를 인정하고 있다. 이러한 유형 3가지가 처음부터 인정되었던 것은 아니고, 일정한 변천을 걸쳐 오늘날에 이르고 있다.

1. 2001.4.7 부동산투자회사법 제정시 유형

2001.4.7 부동산투자회사가 국내에 처음 도입되었는데, IMF 관리체제가 직접적인 계기가 되었다. IMF 관리체제 이후 기업이나 금융기관은 유동성의 확보가 절실한 과제였고, 이러한 유동성 확보를 위해 부동산의 처분이 필요하였다. 그러나 당시 모든 기업과 금융기관이 보유부동산을

처분하려 하였기 때문에 부동산가격의 급격한 하락을 가져오게 되고 부동산 경기 자체의 침체를 가져왔다. 이러한 상황 하에서 정부는 국내 금융시장 및 부동산시장의 새로운 자금조달의 수단으로서 부동산 유동화하는 일련의 제도를 도입하였다.

부동산투자회사는 부동산유동화를 위해서 뿐만 아니라 소액투자자도 부동산에 투자할 수 있도록 하기 위해 도입되었다.[17] 수익부동산 가격이 고가여서 소액투자자는 부동산에 직접 투자하기가 어렵기 때문에 부동산가격이 급등하는 경우 부동산으로부터 많은 수익이 발생하더라도 그 수익의 혜택을 받지는 못하면서 부동산가격 급등으로 인한 물가상승의 피해는 입게 된다. 부동산투자회사는 소액의 자본으로도 다양한 종류의 부동산의 일부를 손쉽게 주식의 형태로 보유할 수 있게 함으로써 부동산을 대상으로 하는 부동산에서 얻어질 수 있는 수익을 보다 많은 사람들과 향유할 수 있게 한다. 이밖에도 부동산투자회사는 개발에 필요한 자금을 자본시장을 통해 소액투자자와 은행 등 기관투자자로부터 직접 조달하여 그 당시 침체된 건설경기를 활성화하고,[18] 부동산개발의 전문성을 높이며 금융산업의 경쟁력을 강화하기 위해 도입되었다.

이러한 배경에서 우리나라의 경우 미국의 회사형 REIT(Real Estate Investment Trust)[19]를 받아들여 2001.4.7 부동산투자회사법(법률 제6471호) 제정을 통해 회사형 부동산간접투자제도를 도입하였다.[20]

---

17) 국회 건설교통위원회, '부동산투자회사법안 심사보고서', 2001.3, 3쪽.
18) 국회 건설교통위원회, 위의 자료, 4쪽.
19) 이를 직역하면 '부동산투자신탁'이 된다. 그런데 미국 연방세법상 REIT의 법적 형태는 신탁에만 국한하지 않고 회사형태도 가능하다. 일본에서 '일본판 REIT' 또는 'J-REIT'라고 할 때에도 신탁형뿐만 아니라 회사형도 함께 포함된 개념으로 쓰이고 있다. 그런데 우리나라에서 거래계에서 많이 쓰이고 있는 리츠라는 것은 미국의 회사형 REIT를 말한다. 이글에서는 우리나라 부동산투자회사에 대해서는 영문명칭으로 신탁을 의미하는 REIT(Real Estate Investment Trust) 대신 회사형을 의미하는 REIC(Real Estate Investment Company)를 쓰기로 한다.

이때 부동산투자회사는 상근 임·직원과 지점을 갖춘 실체회사형만 인정되었다.

2. 2001.5.24 부동산투자회사법 개정시 유형

그 후 기업구조조정용 부동산의 신속한 처리를 통해 기업 구조조정을 지원하는 명목회사형의 기업구조조정 부동산투자회사를 종전 부동산투자회사법에 포함시키는 부동산투자회사법 개정(2001.5.24, 법률 제6483호)이 이루어졌다.[21] 이 때 명목회사형인 기업구조조정 부동산투자회사에 대비하여 실체회사형의 부동산투자회사를 '일반 부동산투자회사'라고 하기도 한다. 부동산투자회사법은 그 해 7.1부터 시행되었지만, 부동산경기의 하락 및 부동산투자회사의 설립과 운영에 대한 규제로 인해 부동산투자회사의 설립이 활발하게 이루어지지 않았다.

더욱이 실체회사형인 일반 부동산투자회사는 일반회사와 마찬가지로 법인세와 배당소득세의 이중과세 부담을 완전히 해소하지 못하여 2004년 10월 현재 일반 부동산투자회사는 한 개도 인가를 받지 못하였다. 그

---

20) 입법단계에서는 미국의 REIT 뿐만 아니라 호주의 상장부동산신탁증권(Listed Property Trust, LPT), 일본의 특별목적회사에 의한 특정자산 유동화에 관한 법률을 활용한 부동산 증권화 등도 함께 검토되었다. 임승욱, '외국사례, 주요내용, 기대효과', 『부동산투자회사제도 도입을 위한 공청회 자료집』, 2000.5.29, 15~27쪽 ; 국회 건설교통위원회, '부동산투자회사법안 검토보고서', 2000.12, 32~33쪽.

21) 재정경제부에서는 부동산투자회사법과는 별도의 입법을 통해 기업구조조정 부동산투자회사를 도입하려고 하였다. 그러나 부동산 투자·운용을 목적으로 하는 부동산투자회사와 기업구조조정 부동산투자회사를 별도의 법률로 따로 따로 규정하는 것은 그 제도 운용에 혼란을 가져올 수 있다는 점에서 결국 건설교통부 소관의 부동산투자회사법에 기업구조조정 부동산투자회사에 관한 특례를 규정하기에 이르렀다. 개정취지에 대해서는 국회 건설교통위원회, "부동산투자회사법중개정법률안심사보고서", 2001.4, 5~6쪽 참조.

러나 기업구조조정 부동산투자회사의 경우에는 상근인 임직원과 지점이 없어 자산의 투자·운용 및 일반적인 사무 등을 제3자에 위탁하는 명목회사로서 배당금손금산입방식에 의해 법인세와 배당소득세의 이중과세를 조정하여 그나마 2004년 10월 현재 9개사가 인가를 받고 그중 7개사가 상장되었다.22)

이러한 저조한 부동산투자회사제도의 활성화를 위해 2004.10.22에 설립과 운영에 대한 지나친 규제를 완화하는 부동산투자회사법 개정(법률 제7243호)이 있었다. 이 때 일반적인 부동산을 대상으로 투자하는 일반부동산투자회사의 설립을 활성화하기 위해 위탁관리부동산투자회사를 도입하였다.

3. 2004.10.22 부동산투자회사법 개정시 유형
: 현행법상 유형

2004.10.22 법개정으로 부동산투자회사법상 인정되는 부동산투자회사의 유형은 자기관리부동산투자회사, 위탁관리부동산투자회사 그리고 기업구조조정 부동산투자회사 3가지이다. 이 3가지를 그 실질이 투자의 도관(pass-through)에 불과하는지 여부를 기준으로 실체회사형과 SPC형으로 나눌 수 있다.

실체회사형은 간접투자수단 자체가 장기적 투자에 적합하도록 일반회사와 마찬가지로 부동산의 관리·운용자체를 사업목적으로 하는 형태를 말하고, 자기관리부동산투자회사가 이에 해당한다.23)

---

22) 건설교통부 보도자료, "본격적인 REITs 활성화 기대", 2004.10.22, 4쪽 ; 2005 년1월1일 현재에는 10개 사가 인가를 받았다. http://www.moct.go.kr (2005.3.22 방문) 참조.

23) 부동산투자회사법 개정이전의 실체회사형과 SPC형의 구별에 대해서는 박 훈, "부동산 간접투자의 법적 구조와 세제에 관한 연구-부동산투자회사를

SPC형은 자금이 모이는 투자의 도관이라는 성격이 강조되어 부동산의 관리·운용 등은 외부에 위탁하고 간접투자수단 자체는 SPC(Special Purpose Company)인 형태를 말하며, 위탁관리부동산투자회사와 기업구조조정 부동산투자회사가 이에 해당한다. 간접투자자산운용업법상 '투자회사형 부동산간접투자기구'도 SPC형에 해당한다.

자기관리부동산투자회사는 자산운용전문인력을 포함한 임·직원을 상근으로 두고 자산의 투자·운용을 직접 수행하는 회사로서 투자대상이 되는 부동산에 제한이 없다(부동산투자회사법 2조 1호 가목). 이러한 자기관리부동산투자회사는 실체회사로서 지속성을 가질 수 있어 장기간의 투자를 요구하는 부동산의 사업에 적합하고 내부관리방식에 의하는 경우 자산관리 및 운용의 책임주체가 명확하다는 장점을 갖는다. 그러나 일정수준 이상의 규모로 성장하기 이전에는 자기관리 비용 부담이 크고, 내부관리방식에 의한 자산운영 및 관리는 내부거래의 투명성 확보를 곤란하게 하고 투자대상 혼합으로 인한 수익률 혼재의 문제가 있다.[24) 자기관리부동산투자회사는 투자대상인 부동산이 일반적으로 장기간을 요하는 경우가 많고 환금성에 제약이 많다는 점에서 투자자에게 환매권이 인정하지 않고 있지만, 상장 또는 등록이 의무화되어 있기 때문에 주식거래를 통한 투자금 환수가 용이하다(부동산투자회사법 20조).

기업구조조정 부동산투자회사는 부동산 투자라도 기업구조조정을 위해 신속한 처분을 위한 단기투자의 성격을 갖는다는 점에서 상근임직원이 없는 SPC로서 투자의 도관체라 할 수 있다. 따라서 기업구조조정 부동산투자회사는 투자의 도관체로서 그 자체 부동산의 관리·운용을 할 수 없어 타 회사에 위탁할 수밖에 없다(부동산투자회사법 2조 1호 다목). 그리고 기업의 구조조정을 원활하게 하기 위해 도입되었기 때문에 투자

중심으로", 서울대학교 법학박사학위논문, 2003.2, 52~56쪽 참조.
24) 왕세종, "계약형 부동산투자신탁제도의 도입배경과 쟁점사항", 『계약형 부동산투자신탁제도 활성화를 위한 세미나 자료집』, 2000.7.3, 10쪽.

대상도 기업의 채무상환용 부동산에 국한한다(부동산투자회사법 49조의2 1항 1호). 기업구조조정 부동산투자회사는 상장이 의무화되어 있지는 않지만 환매권이 인정되어 투자자의 투자금 환수를 인정하고 있다(부동산투자회사법 49조의2 3항).

2004.10.22 법개정이전에는 기업의 채무상환용 부동산 이외의 부동산에 투자하는 경우로 자산의 투자·운용을 자산관리회사에 위탁하는 회사라도 자산운용전문인력을 확보하여야 했다(구부동산투자회사법 22조 1항). 그러나 법개정으로 이러한 부동산투자회사는 오히려 자산운용전문인력을 둘 수 없게 되었다(부동산투자회사법 11조의2). 이처럼 투자대상이 되는 부동산에 제한이 없지만 자산의 투자·운용을 자산관리회사에 위탁하는 부동산투자회사를 위탁관리부동산투자회사라 한다(동법 2조 1호 나목).

이 회사는 기업구조조정을 위한 신속한 처분을 위한 단기투자가 아니라는 점에서는 투자대상, 주식분산, 주식공모, 상장, 자산구성, 회사존속 등에서는 기업구조조정 부동산투자회사 보다는 자기관리부동산투자회사에 유사하다. 한편 본점 외의 지점을 설치할 수 없고 직원을 고용하거나 상근인 임원을 둘 수 없어 투자도관으로서 성격을 갖는다는 점에서 명목회사인 점, 배당에 있어 90%이상 배당하여야 하지만 초과배당이 가능한 점 등은 기업구조조정부동산투자회사에 유사하다.

자기관리부동산투자회사, 위탁관리부동산투자회사 및 기업구조조정 부동산투자회사를 표로써 비교하면 <표 6>과 같다.

〈표 6〉 부동산투자회사법상 부동산투자회사의 3가지 유형의 비교

부동산투자 회사종류	자기관리 부동산투자회사	위탁관리 부동산투자회사	기업구조조정 부동산투자회사
투자대상	모든 부동산	모든 부동산	기업구조조정부동산
회사성립	건교부 인가	건교부 인가	건교부 인가 * 금감위 의견청취
회사형	실체회사(상근 임·직원)	명목회사(비상근)	명목회사(비상근)
주식분산	1인당 30%이내	1인당 30%이내	제한 없음
주식공모	자본금 30%이상	자본금 30%이상	의무사항 아님 * 사모(私募)가능
상 장	설립 후 즉시	설립 후 즉시	의무사항 아님
자산구성	부동산 : 70%이상 부동산관련 유가증권 : 10%이상	부동산 : 70%이상 부동산관련 유가증권 : 10%이상	부동산 : 70%이상 * 유가증권 보유의무 없음
전문인력	3인	명목회사로 해당사항 없음 * 자산관리회사(5인)	명목회사로 해당사항 없음 * 자산관리회사(5인)
배 당	90%이상 의무배당	90%이상 의무배당 * 초과배당가능	90%이상 의무배당 * 초과배당 가능
회사존속	영속	영속	한시적
현물출자	자본금의 50%내	좌동	좌동
최저자본금	250억원	좌동	좌동
설립주체	발기인	좌동	좌동
감 독	건교부·금감위	좌동	좌동
개발사업	총자산의 30% (임대주택 사업, 도시개발사업 등에 제한 없음)	좌동	좌동
처분제한	3년	좌동	좌동
자금차입	자기자본의 2배내	좌동	좌동

* 출처 : 건설교통부 보도자료, '본격적인 REITs 활성화 기대', 2004.10.22, 5쪽
** 위탁관리부동산투자회사와 기업구조조정부동산투자회사가 공통되는 요건은 ▨로 표시

제4장 부동산 간접투자의 과세

제1절 개 설

 부동산 간접투자는 다른 간접투자의 경우와 마찬가지로 신탁형에서는 신탁재산을 별도의 납세의무로 삼을 것인지 그리고 신탁재산을 별도의 납세의무로 삼지 않는 경우 신탁재산으로부터의 수익이 있는 경우 언제 수익자에게 과세할지가 문제되고, 회사형에서는 회사를 별도의 납세의무로 삼을 것인지 그리고 회사를 별도의 납세의무로 삼는 경우 경제적 이중과세를 어떻게 조정할지가 문제된다. 제2절과 제3절에서는 부동산 간접투자에 과세를 신탁형과 회사형으로 나누어 미국, 일본의 경우에는 어떻게 과세하는지, 그리고 우리나라 현행법하에서는 어떻게 과세되는지를 살펴보고 문제점에 대해 살펴보고자 한다.

 제4절은 부동산 유통에 관한 세금 문제이다. 부동산 간접투자는 투자대상이 고액의 부동산이라는 점에서 부동산 유통시 유통에 관한 세금 예컨대 등록세, 취득세 등의 부담을 낮추지 않고서는 사실상 투자가 이루어지기 어렵다. 따라서 이러한 부동산 유통에 관한 세금의 감면에 대한 타당성 검토가 필요하다.

제2절 신탁형의 소득과세

어떤 위탁자가 수탁자에게 재산을 넘기면서 그 재산을 일정한 공익목적에 써달라고 맡긴다면 그런 신탁의 사회적 역할은 비영리법인과 같다. 어떤 수탁자가 불특정다수인으로부터 돈을 위탁받아 이를 운용하여 수익을 분배한다면, 이런 신탁의 경제적 기능은 주식회사와 큰 차이가 없다.[1] 사회경제적 역할에서 볼 때 신탁은 법인과 매우 비슷한 기능을 맡을 수 있다. 따라서 신탁재산에 귀속되는 소득을 별개의 과세단위로 삼을 것인가라는 문제를 낳는다.

신탁형 부동산 간접투자의 경우 신탁재산을 별도의 납세의무자로 삼을지에 대해서는 입법례에 따라 다르다. 미국의 경우에는 신탁재산을 별도의 납세의무자로 보고 있고,[2] 우리나라의 경우에는 신탁재산을 별도의 납세의무자로 보지 않는다(소득세법 46조, 법인세법 5조). 일본의 경우에는 신탁재산을 별도의 납세의무자로 보고 있지 않지만 불특정다수의 투자매체가 된 신탁재산에서 생기는 소득에 대해서는 따로 법인세를 매겨서 수탁자로부터 걷고 있다.[3]

신탁재산을 별도의 납세의무자로 보는 경우에는 신탁재산에서 생긴 소득에 대해 신탁재산단계에서 과세하고, 수익자에게 또 과세하는 문제가 발생할 수 있다. 미국의 경우 이러한 문제를 해결하기 위해 신탁재산에 생기는 소득에 대하여 따로 신탁재산단계에서 소득세(우리나라의 법인세에 해당)를 매기면서도 그런 소득 가운데에서 수익자에게 지급한 금액은 빼고 남은 차액에 대해서만 과세하는 방법을 취하고 있다.[4] 다만

---

1) 이창희, 『세법강의』 제5판, 박영사, 2006, 494쪽.
2) IRC 641(a)조.
3) 일본 법인세법 7조의2, 82조의2.
4) IRC 651(a)조, 662(a)조.

위탁자가 신탁재산에 대해 지배권을 유보하는 신탁(grantor trust)의 경우에는 위탁자에게 바로 과세한다.[5]

신탁재산을 별도의 납세의무자로 보지 않는 경우에는 신탁재산에 생긴 소득을 수탁자에게 일단 과세할 것인지 아니면 수익자 또는 위탁자에게 과세할 것인지, 그리고 수익자 또는 위탁자에게 과세하는 경우에는 신탁재산에 소득이 생긴 즉시 과세를 할 것인지 아니면 분배되는 시점에 가서 과세를 할 것인지가 문제될 수 있다. 신탁재산에 대한 사법상의 소유권은 수탁자에게 있고 거기에서 생기는 소득을 실제 누리거나 누릴 자는 수익자 또는 위탁자이기 때문에 사법상의 소유권을 중요시하면 수탁자에게, 실제 소득의 귀속자를 중요시하면 수익자 또는 위탁자에게 과세하는 형태를 취하게 된다.

우리나라의 경우에는 실제 소득의 귀속자를 중요시하여 수익자 또는 위탁자에게 과세하는 형태를 취하고 있다. 그러면 신탁재산에 귀속하는 소득을 수익자 또는 위탁자에게 바로 과세하는지가 또 문제될 수 있다. 토지·건물 등을 신탁하고 거기에서 생기는 원리금을 수익자에게 내어주는 실물신탁에는 바로 과세할 수 있겠지만 수많은 사람들의 투자로 이루어진 부동산투자신탁의 경우에는 바로 과세하기가 어렵다. 따라서 이러한 신탁의 경우에는 신탁재산의 원리금이 수익자에게 분배되는 시점에 가서 수익자에게 과세되어 수익자는 결국 과세이연의 효과를 누리게 된다.

I. 입법례

1. 미 국

REIT는 미국의 부동산 간접투자로서 연방세법상 개념이다. 사법상 신탁(trust)[6]이든 회사(corporation)이든 그 형태와는 상관없이 연방세법상에

---

5) IRC 672조.

서 정한 투자도관체로서의 요건7)을 충족하면 별도의 납세의무자인 REIT
에게 배당금 손금산입을 인정하는 방법으로 사실상 REIT단계의 과세를
하지 않는다.

그런데 사법상 신탁(trust)은 연방세법상 자산, 소득, 배당요건 등을 갖
추더라도8) REIT로서 과세되기를 선택하여야만 REIT로서 과세상 혜택을
받을 수 있다.9) REIT로서 요건을 갖추었으면서도 과세상 선택을 하지
않는 경우에는 그 실질을 따져 세법상 어떠한 납세의무자인지를 판단하
여 신탁을 수익자와는 별도의 납세의무자로 인정할지 여부를 정하게 된
다. 다수의 투자자로부터 자금을 모아 그 자금을 주된 투자대상인 부동
산에 투자하고 여기에서 나온 수익은 투자자에게 다시 분배하는 부동산
간접투자로서의 사법상 신탁의 경우에는 세법상 회사(corporation)의 실질
을 갖는 경우가 많다. 연방세법상 REIT가 되기 위한 요건 중 REIT가 아
니라면 세법상 회사로 과세될 것을 요구하고 있는 것을 보면10) REIT를
선택여부를 결정할 수 있는 사법상 신탁이라면 세법상 회사로서의 실질
을 갖고 있다고 할 수 있다. 결국 세법상 회사로서의 실질을 갖는 신탁
이라면 REIT를 선택하지 않는 경우에는 신탁재산이 세법상 회사로서 법
인세 납세의무자가 된다.

사법상 신탁이 세법상 회사로서 법인세 납세의무자가 되면 신탁이익
에 대해 신탁단계에서 과세가 되고 수익자단계에서 또 과세되어 이중과

---

6) 엄밀히 말하면 사법상 신탁이라는 표현은 적절하지 않다. REIT의 도입 논의
   의 계기가 된 메사츄세츠 신탁은 성문법의 산물이 아니고 관습법 하에서 이
   루어진 개념이다. 1960년 REIT 입법을 수용하기 위해 관습법에 의한 영업신
   탁이 메릴랜드주, 델라웨어주등 일부 주에서 성문화되었다. 여기에서 '사법
   상'이라고 한 것은 세법상 신탁으로 과세되는 것과 구별하기 위하여 이러한
   성문법상 신탁뿐만 아니라 관습법상 신탁도 포함한 개념으로 사용한다.

7) IRC 856조.

8) 보통 REIT로서 과세되기를 선택하는 것 자체를 REIT 요건 안에 포함시켜
   설명하지만, 여기에서는 그러한 선택여부를 뺀 다른 요건을 말한다.

9) IRC 856(c)(1)조.

10) IRC 856(a)(3)조.

세가 된다. 미국의 경우에는 법인과 주주간의 이중과세조정을 인정하지
않기 때문에 투자자로서는 이중과세의 부담을 지게 된다.[11]

사법상 신탁이 세법상 신탁인 경우에는 신탁재산이 독립된 납세의무
자가 되지만 수익자에 대한 분배액은 신탁소득에서 제외되므로 법인에
서 배당금손금산입 하는 것과 같은 결과가 된다.[12] 다만 위탁자가 임의
로 신탁계약을 취소할 수 있는 권한을 보유하는 위탁자신탁(grantor trust)
의 경우에는 신탁소득중 위탁자 귀속부분은 위탁자의 소득에 합산하여
과세된다.

사법상 신탁이 세법상 REIT, 회사, 신탁이 될 수 있다고 하였지만, 부
동산에 투자하기 위한 신탁의 경우라면 세법상 REIT나 회사로서 과세가
문제되는 것이 보통이다. 연방세법에서 REIT가 1960년에 도입된 것도
사법상 신탁이 세법상 회사로서 과세가 되던 것을 사실상 법인세를 면
제해 주기 위한 것이었다. 사법상 신탁이 세법상 신탁으로 인정되는 경

---

11) 이중과세조정방법이 전혀 없었던 것은 아니며, 1954년부터 1986년까지 이
중과세를 조정하기 위해 매년 100달러(합산신고의 경우에는 200달러)를 한
도로 배당소득공제방식(Shareholder Exclusion for Dividends Received)을 인정하
였다(IRC 116조). 그러나 100달러에 대한 소득공제에 대해서는 투자자극의
효과가 적은 반면 세수의 감소효과는 크다는 비판에 따라 1986년 조세개혁
법으로 폐지되었다. Boris I. Bittker & James S. Eustice, *Federal Income Taxation of
Corporations & Shareholder (2002)*, 8.06 ; 그 이후 미국에서는 이중과세조정을 위
한 다양한 논의가 이루어졌다. 1992년 재무부에서 발행한 보고서에서는 배
당소득공제방식의 도입을 주장되었고, 1993년 미국법조협회에서 발행한 보
고서에서는 배당세액공제방식(Shareholder Credit for Corporate Taxes Paid)이 주
장되었다. 이에 대한 자세한 내용으로는, Michael J. Graetz and Alvin C.
Warren, Jr, Integration *of U.S. Corporate and Individual Taxes : The Treasury
Department and American Law Institute Reports*, Tax Analysts (1998) 참조 ; 미 부시정
부에서는 이중과세조정을 위한 배당소득비과세방식 도입방안을 내 놓았다.
*'Bush Offers Huge Change in Taxes-Ending 'Double Taxation' Of Dividends Is Goal Of
President's Proposal By John D. McKinnon, Greg Hitt and Shailagh Murray'*, The Wall
Street Journal (January 8, 2003).
12) IRC 641(a)조.

우라면 현재의 REIT와 같이 이중과세 조정을 받기 때문에 과세혜택에서 보면 REIT라는 제도가 의미가 없게 된다.

　1880년대 메사츄세츠 신탁(영업신탁)은 그 당시 회사가 비업무용부동산을 취득하는데 제한을 받아 이를 피하기 위한 수단으로 이용되었고, 나중에 회사에 이러한 제한이 없어져 이를 이용한 유인이 없어졌음에도 1909년 법인에 대한 과세제도가 도입되면서 다른 회사는 법인세 과세가 되는데 메사츄세츠 신탁은 법인세 과세가 되지 않아 세제혜택면에서 보았을 때 좋은 투자수단이 되었다. 그러다가 1935년 Morrissey 판결[13]과 1942년 North American Bond Trust 판결[14]로 영업신탁이 법인세를 부과받기에 이르렀다. REIT는 영업신탁에 법인과세에서 제외시키기 위한 노력에서 1960년에 연방세법에 규정된 것이다. 일정한 투자신탁을 법인과세의 대상에서 제외시키려는 노력은 이미 Morrissey 판결직후인 1936년 RIC이 연방세법에 규정되면서 구체화되었다. REIT가 부동산투자신탁을 법인과세의 대상에서 제외하려는 것이었고 RIC은 증권투자신탁을 법인과세의 대상에서 제외하려는 것이었다는 점에서 양자가 차이를 보이지만, 법인세 과세를 전제로 해서 배당의 손금산입을 인정하여 실질적으로 이중과세를 배제하고 소액투자의 집합이 제도의 목적이라는 점에서는 공통점을 보인다.

　이러한 입법적 과정을 보더라도 부동산 간접투자에 있어서는 사법상 신탁이 과세상 문제되는 것은 세법상 회사로서 과세되는 경우라 할 것이다. 세법상 회사의 경우 모두 투자수익에 대해 회사단계에서 과세되고, 투자자단계에서 과세되는 이중과세의 문제에 부딪치게 되는데, REIT라면 회사의 소득이 투자자에게 분배하는 만큼 배당금손금산입 되어 회사가 투자자에게 분배하는 부분의 법인과세가 없어 이중과세의 문제가

---

13) Morrissey v. Comm'r, 296 US 344 (1935).
14) Commissioner v. North American Bond Trust, 122 F.2d 545(2d Cir. 1941) ; cert. denied 314 US 701(1942).

생기지 않게 된다. 물론 분배하지 않고 회사에 유보하는 소득에 대해서는 여전히 이중과세의 문제가 남는다. 세법상 회사의 경우라면 연방세법상 이중과세를 조정하지 않고 있어 분배하는 소득에 대해서도 이중과세 문제가 생기게 된다. 순전히 소득과세 부담만 따진다면 REIT가 될 수 있는 실체를 가진 사법상 신탁의 경우 REIT를 선택할 것이다.[15]

결국 사법상 신탁이 부동산 간접투자를 하면서 세법상 회사의 요건을 갖춘 경우라면 연방세법상 REIT에 대한 과세상 혜택을 받고자 할 것이다. 이때 과세상 혜택을 받기 위한 REIT의 요건과 그러한 요건을 갖추었을 때 주어지는 과세상 효과는 사법상 신탁이든 아니든가에 큰 차이가 없다.[16] 따라서 신탁형 REIT의 소득과세에 대한 설명은 회사형 REIT의 소득과세에 대한 설명으로 갈음한다.

2. 일 본

1) 부동산투자신탁에 대한 과세

(1) 부동산투자신탁 자체에 대한 과세

부동산투자신탁은 주된 투자대상이 부동산인 투자신탁을 말한다. 부동산투자신탁은 현재 일본 부동산증권화 시장의 주류[17]인 국내공모폐쇄

---

15) check-the-box regulation에 의해 일정한 사법상 신탁은 REIT로서 과세상 혜택을 받기 위해서는 REIT로서 과세상 취급을 받기 위한 선택이외에 세법상 회사로서 취급받기 위한 선택은 필요로 하지 않는다. Treas.Reg. 1.7701-3(c)(1)(v)(B)조.

16) 몇몇 주에서는 영업신탁이 주법에 근거하여 별도의 법적실체가 아니라는 점에서 회사에는 부과하는 Excise Tax와 사업면허세(Franchise Tax)를 면제한다. 이러한 경우에는 신탁형 REIT가 회사형 REIT보다 유리할 수 있다. 양자의 과세상 차이가 크지 않은 것은 어디까지나 연방세법만을 놓고 보았을 때의 이야기이다. 이에 대한 자세한 설명은 Richard T. Garrigan & John F. C. Parsons, *Id.*, 47~48 참조.

17) 中央靑山監査法人 編, 위의 책, 350頁.

형과 국내공모폐쇄형이 아닌 형으로 나눌 수 있다.

국내공모폐쇄형은 신탁세제의 원칙이 적용되어 신탁재산에서 생긴 수익은 수익자가 특정되어 있는 경우에는 수익자에게, 특정되어 있지 않은 경우에는 위탁자에게 과세된다.[18] 그런데 이러한 국내공모폐쇄형은 집합투자이기 때문에 수익자에게 분배되기 전까지는 수익자에게 신탁재산에서 생긴 수익을 귀속시키기 어렵고 그렇다고 신탁의 수익을 법률적 귀속에 따라 수탁자인 수탁회사의 소득으로 과세하는 것도 타당치 않아 수탁회사의 법인세도 과세되지 않는다.[19] 다른 집합투자신탁의 경우에는 이러한 문제 때문에 신탁세제의 원칙에 따라 과세하지 않고 투자신탁의 수익에 법인세가 과세된다.[20] 그러나 국내공모신탁은 그 수익계산기간이 비교적 짧고 수익 파악이 어렵지 않기 때문에 법인세 과세를 하지 않는다.[21] 결국 국내공모폐쇄형 부동산투자신탁은 신탁세제의 원칙이 적용되는 것이다. 이처럼 신탁세제의 원칙이 적용되는 투자신탁을 세법상 투자신탁이라고 하고 여기에는 투자신탁법 2조 3항에서 규정하고 있는 투자신탁 및 외국투자신탁이 속한다.[22]

국내사모폐쇄형은 집합투자신탁이지만 국내공모폐쇄형과 같은 예외를 인정하지 않고 있어 다른 집합투자신탁과 마찬가지로 신탁세제의 불합리성을 해소하기 위해 신탁재산의 수익에 법인세가 과세된다. 2000년 5월 법인세법 개정에 의한 것이다. 또한 투자법인・특정목적회사와의 과세상 중립성을 지키기 위해서 법인세가 과세된다.[23] 특정투자신탁과 특정목적신탁은 집합투자수단으로서 투자법인과 특정목적회사와 대체관계에 있기 때문에 세제의 투자 중립성을 유지하기 위해 특정투자신탁

---

18) 일본 소득세법 13조 1항, 법인세법 12조 1항.
19) 일본 법인세법 12조 2항.
20) 일본 법인세법 7조의2, 82조의2이하.
21) 증권투자신탁의 경우에도 집합투자신탁임에도 불구하고 신탁세제의 원칙이 적용된다. 金子宏, 위의 책, 315頁.
22) 일본 법인세법 2조 27항.
23) 田辺昇, 『投資ファンドと税制－集団投資スキーム課税の在り方』, 2002.9, 61頁.

과 특정목적신탁을 투자법인과 특정목적회사와 과세상으로 동일하게 취급할 필요가 있었던 것이다. 이렇게 신탁세제의 예외가 되는 신탁을 단서신탁24) 또는 특정신탁25)이라 한다. 특정신탁에는 증권투자신탁도 국내공모투자신탁도 아닌 투자신탁법상의 투자신탁인 특정투자신탁과 자산유동화법상의 특정목적신탁인26) 특정목적신탁이 있다.

2) 투자자에 대한 과세

법인세법 및 소득세법상 투자신탁은 단서신탁에 해당하기 때문에 부동산투자신탁의 투자자는 신탁재산을 보유하는 것으로 보지 않는다. 따라서 투자자는 원칙적으로 부동산투자신탁으로부터 수익을 분배받을 때와 수익증권의 양도를 할 때에 과세된다.

(1) 부동산투자신탁의 수익의 분배

공사채투자신탁 및 공모공사채등 운용투자신탁의 수익의 분배는 이자소득으로 보고, 그 이외의 투자신탁의 수익의 분배는 배당소득으로 본다. 따라서 부동산투자신탁의 수익의 분배는 배당소득으로 본다.

부동산투자신탁의 수익의 분배에 대해서는 거주자는 소득세 20% 원천과세 후 배당소득으로서 종합과세한다. 거주자는 지급한 원천세에 대해서는 소득세액공제를 받을 수 있다.

내국법인은 소득세 20% 원천징수 후 법인세액 계산시 소득세액공제

---

24) 金子宏, 위의 책, 314頁.
25) 일본 법인세법 2조 29항의3 ; 中央靑山監査法人 編, 위의 책, 342頁.
26) 자산유동화법상의 특정목적신탁이란 자산유동화를 할 것을 목적으로 하고 신탁계약 체결시점에 위탁자가 소유하고 있는 수익권을 분할함으로써 많은 사람으로 하여금 취득케 하는 것을 목적으로 하는 것이다(자산유동화법 2조 12항). Special Purpose Trust(SPT)로 표시하기도 한다. 平野嘉秋, 위의 책, 219頁.

의 적용을 받을 수 있다.

폐쇄형 국내공모 부동산투자신탁에 대해서는 수익의 분배에 대해 수취배당등의 익금불산입 또는 배당공제의 적용을 받을 수 없다.

(2) 부동산투자신탁의 수익증권의 양도

거주자의 경우 양도익에 대해서 원칙적으로 26%의 과세(소득세 20%, 지방세 6%)가 된다. 양도손실이 발행한 경우에는 주식 등에 관한 양도소득의 범위 내에서 손익 통산할 수 있다.

내국법인의 경우 양도손익은 법인세 및 지방세의 과세대상이 된다.

폐쇄형 국내공모 부동산투자신탁은 수익증권의 양도에 대해 토지중과, 단기양도소득과세 등의 특별과세의 적용을 받지 않는다.

Ⅱ. 현행법

여기에서는 우리나라 신탁업법상 은행의 부동산투자신탁과 관련된 과세를 자금이 모인 신탁재산에 대한 과세와 이러한 신탁재산으로부터 수익을 받는 수익자에 대한 과세로 나누어 살펴보고자 한다.

신탁재산에 귀속되는 수익의 형식적인 귀속자와 실질적인 귀속자의 불일치가 필연적으로 발생하여 형식적인 귀속자에게 과세를 하는 경우 중복과세라는 문제가 필연적으로 발생하게 된다.

현행 소득세법과 법인세법에서는 실질과세의 원칙의 적용을 통해 중복과세의 회피를 도모하고 있다. 즉 법인세법 제5조 제1항에서는 '신탁재산에 귀속되는 소득은 그 신탁의 이익을 받을 수익자(수익자가 특정되지 아니하거나 존재하지 아니하는 경우에는 그 신탁의 위탁자 또는 그 상속인)가 그 신탁재산을 가진 것으로 보고 이 법을 적용한다'고 규정하고 있다. 소득세법 제 46조 제9항에서는 '신탁재산에 귀속되는 소득은 그 신탁의 수익자(수익자가 특정되지 아니하거나 존재하지 아니하는 경우에는 신탁의 위탁자 또는 그 상속인)에게 당해 소득이 귀속되는 것으로 보아 소득금액을 계산한다'고 규정하고 있다.

1. 신탁재산에 대한 과세

신탁재산에 따르는 소득은 신탁에 대한 과세원칙에 따라 수익자에게 귀속된다(소득세법 46조 9항, 법인세법 5조 1항).

신탁재산을 수익자로부터 위탁받은 자는 신탁회사로 허가받은 은행인데, 이러한 신탁회사는 자기 고유의 재산과 신탁재산을 관리해야 하고(법인세법시행령 4조), 신탁재산에 귀속되는 수입과 비용은 신탁회사의 수입과 비용에 포함되지 아니한다(법인세법 5조 2항).

신탁재산 자체는 법인세의 납세의무를 지지 않으므로 신탁을 통해 받는 소득에 대한 과세는 이연된다. 다만 신탁재산에 지급되는 이자에 대해서는 14% 원천징수 세금이 부과된다(법인세법 73조 2항). 신탁회사는 수익자에게 소득을 배당하는 단계에서 원천징수하여 납부할 세금에서 이 14% 원천징수세를 공제받을 수 있다(법인세법시행령 112조 3항).

2. 수익자에 대한 과세

1) 수익자가 개인인 경우

수익자 단계에 가서 수익자가 개인인 경우 소득세법이 적용된다. 투자신탁의 수익은 유가증권 등을 보유함에 따라 발생하는 이자·배당금으로부터 수입되는 수익과 보유 유가증권의 가격상승에 의한 수익으로 당해 유가증권의 매매시 발생하는 매매차익을 들 수 있다.

신탁자산중 이자소득이 발생하는 자산이 50%이상인 경우에는 이자소득, 신탁자산중 배당소득이 발생하는 자산이 50% 초과하는 경우에는 배당소득이 과세된다(소득세법 16조 1항 5호 ; 동법시행령 23조 1항). 부동산투자신탁으로부터의 소득은 이자소득이 된다. 2006년 9월 정부의 세법개정안에서는 신탁에 편입된 자산 비중에 관계없이 배당소득으로 단일화하고 있다.

신탁의 이익의 수입시기는 신탁수익의 분배금을 지급받는 날, 신탁의 해약일로 본다. 다만, 원본에 전입하는 뜻의 특약이 있는 분배금은 그 특약에 의하여 원본에 전입된 날로 하며 신탁계약기간을 연장하는 경우에는 그 연장하는 날로 한다(소득세법시행령 45조 6호, 46조 7호).

개인납세자의 연간 금융소득이 4천만원 이하인 경우에는 분리과세가 된다(소득세법 14조 3항 4호). 이러한 분리과세대상자가 받는 신탁의 이익에 대한 최종 세 부담은 14% 원천징수세액이 된다. 신탁에서 돈을 투자받은 채무자의 단계에서는 지급이자를 손금산입하므로 세 부담이 없고 신탁재산 단계에서는 법인세가 없기 때문이다.

개인투자자가 종합과세대상인 경우에는 펀드에 대한 최종 세 부담은 최고 35% 누진세액이 된다.

수익증권 환매 또는 결산(상환)시 발생하는 이익금은 환매대금과 매입금액의 차이인 매매차익이 된다.

2) 수익자가 법인인 경우

법인간 배당의 경제적 이중과세 제도의 폐해를 막기 위해 지주회사가 아닌 일반법인의 경우 자회사(원칙적으로는 50% 자회사이지만, 상장회사나 협회등록법인인 자회사인 경우는 30% 자회사)로부터 받은 배당의 50%를 익금불산입 할 수 있고, 그 외의 법인에서 받은 배당은 30%를 익금불산입 할 수 있다(법인세법 18조의3). 그러나 신탁재산에서 받는 배당은 익금불산입의 대상이 아니다. 신탁재산 자체는 법인세 납세의무를 지지 않기 때문에 배당에 대한 이중과세조정이 불필요하기 때문이다.

신탁회사는 지급액의 14%를 반드시 원천징수해야 한다(법인세법 73조 1항, 소득세법 127조 1항, 16조 1항 5호). 수익자는 이를 기납부세액으로 공제받을 수 있다(법인세법 64조 1항 4호).

III. 문제점

부동산에 대한 간접투자의 방법 중 펀드에 대해 법인격을 인정하는 방식으로서 부동산투자회사와 법인격을 인정하지 않는 부동산투자신탁을 생각할 수 있다. 후자의 경우 부동산투자신탁은 신탁형으로 신탁에 대한 과세일반의 적용을 받게 된다. 이 경우 소득세법과 법인세법에 따라 신탁재산에 귀속하는 소득은 신탁이 아닌 신탁의 이익을 받을 자에게 귀속되어 신탁단계에 대해 과세를 하지 않게 된다. 이에 반해 부동산투자회사의 경우에는 법인이라는 형식을 취하기 때문에 일단 주주단계와는 별도로 법인단계에서 과세를 받게 되고 이를 어떻게 조정해 줄 것인가는 위에서 본 개인주주, 법인주주에 있어서 이중과세 조정방식에 해결할 수밖에 없게 된다.

그러나 1960년대 미국에서 시작된 REIT에 대한 세제혜택은 여러 과정을 걸치면서 회사형 REIT가 인정되는 단계에서 신탁형이든 회사형이든 동일한 세제혜택을 주고 있다는 점에서 우리나라의 경우 법인이기 때문에 법인세를 부과해야 된다는 법인실재설에 입각한 논의에 벗어나 과연 부동산투자신탁과 부동산투자회사에 과세상 차이를 두어 과세하는 것이 타당한지를 살펴볼 필요가 있다.

우리나라 신탁과세의 현황은 특정신탁에 대한 법인세를 들여오기 전의 일본법과 같다. 수익계산기간이 만료되어 수익이 수익자에게 분배되기 전까지는 신탁재산단계에서도 세금이 없고 수익자 단계에서도 세금이 없는 과세이연 문제가 생기는 것이다.

과세이연문제는 증권투자라면 기간이 짧아서 덜 심각하지만 부동산투자는 클 수 있다. 이에 대한 해결책으로는 신탁에 대해 법인세를 매기는 방법, 수탁자에 대해 과세를 하는 방법, 일정비율 예컨대 수익의 90%를 배당하도록 강제하는 방법이 있을 수 있다. 첫 번째 방법은 신탁에 법인세를 매기지 않는 현행법의 변경 없이는 도입할 수 없다. 두 번째 방법은 동일한 소득에 대해 수탁자와 수익자간 이중과세 문제가 발생할 수 있지만 세금을 낸 소득은 뒤에 이중과세조정을 하면 된다. 그러나 두 번째 방법 역시 신탁재산에 귀속되는 소득을 세법상 수익자에게 귀속되는 것으로 보는 현행법의 개정 없이는 도입할 수 없다. 세 번째 방법이 가장 현실적이다.

제3절 회사형의 소득과세

회사형 부동산 간접투자의 경우에도 회사를 별도의 납세의무로 삼지 않는다면 신탁형 부동산 간접투자에서처럼 회사가 투자수익을 올린 경우 투자자에 대해 언제 과세를 할 것인지가 문제될 수 있다. 회사에 대하여 법인세를 아예 매기지 않고 주주를 바로 과세하는 방식은 수많은 주주가 있고 그 주주가 끊임없이 바뀌는 오늘날의 상장기업 기타 회사조직에서는 받아들이기 어렵다. 투자자가 적은 경우 예컨대 미국의 소규모 폐쇄기업(S corporation)의 경우처럼 투자자가 75명 이내여야 하는 경우에 가능한 방식이다.[1]

회사를 투자자와 별도의 납세의무자로 삼고 있는 경우에는 동일한 투자수익에 대해 회사단계에서의 한번 과세되고 투자자단계에서 또 한번 과세되는 경제적 이중과세문제가 발생할 수 있다.

이러한 경제적 이중과세 문제를 해결하는 방법에 여러 가지가 있음은 이미 제2장 제3절 Ⅱ에서 본 바 같다. 간단히 정리하면, 우선 회사는 별도의 납세의무자이지만 회사가 투자자에게 배당금을 분배하는 경우에 회사소득에서 이 배당금을 손금산입 하여 법인세의 대상에서 제외하는 지급배당손금산입방식이 있을 수 있다.

회사단계에서 조정하는 방식과는 달리 투자자단계에서 조정하는 방식도 있다. 투자자가 받은 배당금과 그 배당금에 해당하는 법인세를 합친 금액을 종합소득에 합산하여 산출한 종합소득세액에서 그 배당금에 해당하는 법인세액과 같은 금액의 세액공제를 하는 법인세주주귀속방식(imputation method)이 있다. 이 방식에서는 법인의 소득을 주주의 소득으로 인정하여 법인세는 주주가 낼 세금의 선납으로 보는 것이다. 우리나

---

1) IRC 1361(b)조.

라 세법에서 원칙적으로 취하는 방식이다(소득세법 17조 3항, 56조 1항).

이외에도 투자자가 받은 배당금의 일정비율 또는 일정액을 소득에서 공제하거나 익금불산입 하는 배당소득공제방식이 있다. 미국,[2] 일본,[3] 우리나라(법인세법 18조의3) 모두 법인주주의 수입배당금에 대해서는 이 방식에 의한다.

회사형 부동산 간접투자에서 이중과세를 배제하는 방법은 근본적으로 지급배당금 손금산입방식을 따른 나라가 대부분이다. 미국의 있어서 RIC와 REIT,[4] 일본에 있어서 투자법인(투자대상이 증권이든 부동산이든 상관없다),[5] 우리나라의 기업구조조정 부동산투자회사(법인세법 51조의2) 등이 모두 그렇다.

I. 입법례

1. 미 국

REIT란 통상의 경우라면 법인세 납세의무를 질 사법상 신탁이나 회사가 투자를 모으기 위한 도관으로서 역할을 하는 경우에 그 도관으로서의 역할에 충실하게 하는 한 과세상도 도관으로서 지위를 인정해주는 제도라 볼 수 있다. 이러한 도관으로서 역할을 다하는지를 보기 위해 일정한 적격요건을 두고 있고, 이러한 적격요건을 충족하여 도관으로서 역할을 다한다고 판단되었을 때는 별개의 납세의무자이기는 하지만 배당의 손금산입을 인정하여 사실상 법인세를 부담하지 않도록 해 과세상 도관으로서 지위를 주는 것이다. 이러한 적격요건에 대해 먼저 살펴본

2) IRC 243(a)조.
3) 일본 법인세법 23조 1항, 4항.
4) IRC 851조, 856조.
5) 일본 조세특별조치법 67조의15.

후, 이러한 요건을 갖추었을 때 과세상 효과를 REIT단계와 투자자단계
로 나누어 살펴본다.

1) REIT의 적격요건

사법상 신탁이나 회사가 투자의 도관체로서 역할을 다하기 위해서는
먼저 외형적 요건 즉 조직요건을 갖추어야 하고, 구체적 내용에 들어가
서는 REIT란 부동산에 투자하기 위하여 자금을 모으는 것이고 어디까지
나 수동적인 투자의 도관으로서 역할을 한다는 점에서 자산의 일정부분
이 부동산이어야 한다는 자산요건, 소득의 일정부분이 수동적 투자에 의
한 소득이어야 한다는 소득요건, 소득의 일정부분을 투자자에게 분배하
여야 한다는 배당요건 등을 갖추어야 한다.

(1) 조직요건

① 수탁자 또는 이사에 의해 경영될 것(경영권의 집중)

REIT로 인정되기 위해서는 1인 이상의 수탁자 또는 이사에 의해 경영
되어야 한다.[6] 회사형 REIT의 경우에는 이사에게 일반적으로 주어지는
권한이 인정되는 경우에는 위 이사에 의해 경영된다는 요건이 충족된다
고 본다.[7] 문제는 신탁형 REIT의 경우 어떠한 경우에 수탁자에 의해 경
영된다고 볼 것인가에 있었다. REIT가 세법상 회사로 과세될 신탁에 과
세상 도관체로서 지위를 주기 위해 입법된 것이고 이를 반영하여 세법
상 회사로 인정되기 위한 요건중 하나인 경영권의 집중(centralized of
management)[8]이라는 요건을 요구하고 있다. 경영권의 집중요건은 수탁
자가 사업운영에 필요한 경영판단을 할 수 있는 지속적이고 독점적인

---

6) IRC 856(a)(1)조.
7) Theodore S. Lyhn & Micah Bloomfield, Id., 2.01[2].
8) IRC 856(a)(1)조, Treas.Reg. 1.856-1(d)(1)조.

권한을 갖는 경우에 충족되는 것으로 본다.9)

REIT 초기에는 외부전문가에게 권한을 위임할 경우 REIT가 경영권 집
중요건에 위반되는지가 문제되었다. 국세청(IRS)은 대출과 투자를 행하
는 의사결정을 외부전문가에 위임하더라도 일정범위 내에서는 규정위반
이 아니라고 판정하였다.10) 현재는 거의 모든 REIT가 내부에서 관리되
고 전문성이 확보되어 실제로 문제되는 경우가 드물다.11)

② 주식분산

REIT는 소액투자자도 그동안 부자와 기관투자자만이 누리던 부동산
으로부터 수익을 얻을 수 있도록 하기 위해 도입된 면이 있다.12) 이 때
문에 회사의 주식은 일정사람이상에게 분산되어야 한다는 '주주 100인
이상 요건',13) 너무 소수의 사람에게 회사의 주식이 집중되어서는 안 된
다는 '5인 이내 50%집중제한요건'을 요한다.

a. 주주 100인 이상 요건

REIT로 인정되기 위해서는 주주가 100인 이상이어야 한다.14) 과세연
도 내내 이러한 요건을 충족해야 되는 것은 아니고 1년 중 335일 이상
또는 과세연도가 1년에 못 미치는 경우는 그 비율만큼 동안만 요건을 만
족하면 된다.15) REIT로 인정되기 위해 선택한 1과세연도에 100인 이상
에게 주식을 분산하기가 쉽지 않으므로 1과세연도에는 이 요건에 미치

9) Treas.Reg. 301.7701-2(c)(1)조.
10) Rev.Rul. 72-254. 1971-1 CB 207.
11) Richard T. Garrigan & John F. C. Parsons, Id., 89.
12) Theodore S. Lyhn & Micah Bloomfield, Id., 2.01[7].
13) 엄밀히 말하면 주주가 아니라 '지분권자'라고 하여야 할 것이다. REIT가 사
법상 신탁의 경우 수익자를 주주라고 할 수는 없기 때문이다. 그러나 여기
에서는 회사형 REIT의 과세문제를 다루고 있으므로 지분권자를 주주라고
표시한다.
14) IRC 856(a)(5)조.
15) IRC 856(b)조.

지 못해도 된다.[16]

100인 이상이어야 하는 주주의 단위의 판단은 법적 주체에 따라 한다. 개인뿐만 아니라 회사, 조합, 재단, 신탁 등도 1인이 되는 것이다.[17] 회사가 주식을 보유한다고 해서 그 회사의 주주의 수에 따라 숫자를 세는 것은 아니다. 특수관계인들은 각각 별개의 주주로 본다.[18]

주주의 수를 세는 데에는 법적 주체에 따라 하기 때문에 소수에게 주식이 집중되어 있을 때 저가로 신주를 발행하거나 주식을 자선단체에 기부함으로써 이 요건을 얼마든지 충족할 수 있다. 다만 완전명목상의 주주의 경우에는 그러하지 아니하다. 국세청에서는 신설 REIT의 지분 99.9%이상을 모회사가 소유하고 있다가 주주 100인 이상 요건을 충족시키기 위하여 125명이 자문업체 종업원에게 우선주를 주당 10달러에 발행한 경우 100인 주주요건을 충족하였다고 판단한 바 있다.[19] 그러나 거래계에서는 명목상의 증자로 간주되지 않도록 발행신주에 대해 높은 액면가를 설정할 것을 권고하고 있다.[20]

b. 5인 이내 50% 집중제한요건[21]

REIT로 인정되기 위해서는 5인 이내의 대주주들이 직·간접적으로 발행주식액의 50%이상을 과세연도의 후반기의 어떤 시점에서도 초과 보유할 수 없다.[22] 이 요건은 REIT의 2차과세연도 초부터 적용된다.[23]

이 때 5인 숫자를 세는데 있어서는 주주 100인 이상 요건과는 달리 주

---

16) Theodore S. Lyhn &: Micah Bloomfield, *Id.*, 2.01[7].

17) Richard T. Garrigan & John F. C. Parsons, *Id.*, 89.

18) Richard T. Garrigan & John F. C. Parsons, *Id.*, 90.

19) PLR 8342016.

20) Richard T. Garrigan & John F. C. Parsons, *Id.*, 90.

21) '5/50 Test'라고도 한다. James M. Lowy, "REITS : 1999 Strategies for Finance & Growth in a Challenging Market", *1137 PLI/Corp 87* (April, 1999), 101.

22) IRC 856(a)(6)조.

23) IRC 856(h)(2)조.

주가 법인인 경우 법인의 수를 세는 것이 아니라 그 법인에 투자하는 최종투자자개인의 수를 세게 된다. 즉 일반적으로 회사, 조합, 신탁(외국의 연금 포함)들은 개별 주주, 조합원 또는 수익자의 지분율에 근거하여 REIT 주주수로 계산된다.24) 5인 이내 집중여부를 판단하기 위해 이 법인체의 내부를 살펴보기 때문에 이러한 취급을 투시의 원칙(look-through rule)이라 한다.

국내연금신탁의 경우 1993년 세법 개정 전에는 단일주주로 간주되었으나,25) 단일 REIT에 투자할 수 있는 금액에 제한을 받고 이러한 금액을 제한받지 않는 외국연금과의 차별대우가 문제가 되어 1993년 세법 개정 후에는 신탁의 수익자의 지분율에 근거하여 수를 센다.26)

5인 이내 50% 집중제한요건 때문에 많은 REIT가 정관에서 주주 1인이 회사 주식의 10%이상을 보유하는 것을 금지하고 있다.27)

c. 주식양도가 가능할 것

REIT가 세법상 회사로서 과세될 수 있는 것을 전제로 하므로 주식의 자유로운 양도가능성이 인정되어야 하겠지만 자유로운 주식의 양도로 주식이 일정사람에게 집중될 수가 있어 정관에 주식양도에 일정한 제한이 가해진다. 일반적인 제한 내용으로서는 양도로 인해 주주수가 100인 미만으로 되거나, 양수자 지분율이 9.8%28)를 넘게 되는 경우 양도를 금지하는 것이다.

---

24) IRC 544(a)(1)조.
25) IRC 542(a)(2)조, 544(a)(1)조.
26) IRC 856(h)조 ; 1993년 Omnibus Budget & Reconciliation Act(OBRA)에 의해 개정되었고, 1994년 1월 1일부터 시행되었다.
27) PLR 9534022 (May 31, 1995).
28) 9.8%로 정하는 이유는 5명일 경우에는 49%가 되어 50%미만의 가장 근사치이기 때문인 것으로 보인다.

d. 법적 형태

REIT는 사법상 신탁, 회사 기타 단체로서 세법상 회사로서 과세될 수 있는 것이어야 한다.29) 사법상 신탁은 1960년부터 가능하였고, 사법상 회사는 1976년 세법 개정 후에야 인정되었지만, 회사형은 책임의 주체가 분명하여 회사의 채무에 대해 투자자가 책임을 지지 않는데 반해, 신탁형은 책임의 주체가 명확하지 않아 오늘날 대부분의 REIT는 회사형이다.30)

외국법인은 REIT가 될 수 없다.31) 금융기관과 보험회사는 전형적으로 수동적 소득 활동이 아닌 활동에 종사하기 때문에 1976년 세법개정으로 이들도 REIT가 될 수 없다.32)

REIT로서 취급을 받기 위해서는 REIT로서 선택을 하여야 한다.33)

(2) 자산요건

자산요건의 대강은 제3장 제1절 Ⅳ에서 본 바 있다. REIT가 되기 위해서는 REIT가 부동산 간접투자라는 점에서 총자산의 75%이상을 부동산 자산, 현금, 현금상당자산 및 국채로 보유하고(75% 자산요건),34) 유가증권이 총자산의 25%를 넘어서는 안 된다(25% 자산제한요건).35) REIT의 분산투자가 요구된다는 점에서 발행자 1인의 유가증권이 REIT 총자산의 5%를 넘어서는 안 되고(5% 자산제한요건),36) REIT는 다른 한 회사의 의결권 있는 주식 또는 주식전체가치의 10%이상을 보유하여서는 안 된다(10% 자산제한요건).37) 자산요건은 각 사반기말일마다 충족하여야 한

---

29) IRC 856(a)(3)조.

30) Theodore S. Lyhn & Micah Bloomfield, *Id.*, 2.01[1].

31) Rev.Rul. 89-130, 1989-2 C.B. 117.

32) S. Rep. No. 94-938, 94th Cong., 2d Sess. 475 (1976).

33) IRC 856(c)(1)조.

34) IRC 856(c)(4)(A)조.

35) IRC 856(C)(4)(B)조.

36) IRC 856(c)(4)(B)조 ; Treas.Reg. 1.856-2(d)(2)조.

다.38) 이하에서는 자산요건을 더 자세히 살펴본다.

① 75% 자산요건

REIT 총자산가치의 75%이상은 부동산자산, 현금, 현금상당자산, 국채 등으로 나타나야 한다.39) 여기서 가치는 시장가치를 말한다.

부동산자산에는 부동산지분권, 부동산저당권, 적격단기투자가 포함된다.40) 부동산지분권이란 토지 또는 그 정착물의 소유권 및 임차권, 토지 및 그 정착물을 사거나 팔수 있는 선택권 또는 임차하거나 임대할 수 있는 선택권 등이 포함된다.41) REIT가 파트너쉽의 사원인 경우에는 지분율에 따라 파트너쉽의 자산을 소유한다.42) 다른 REIT의 주식도 부동산자산에 포함된다.43)

양도성 예금증서는 현금상당자산으로 인정되나, 환매조건부 채권매매는 비적격자산이다.44) 국채에는 연방주택국, 전국양도저당연합기관(Federal National Mortgage Association, FNMA), 연방가계대출은행, 연방토지은행, 연방중간결제은행, 협동조합방식집합주택을 위한 은행, 공용주택기구 등이 발행한 유가증권이 포함된다.45)

② 25% 자산제한요건

REIT이 총자산가치의 25%이상이 유가증권이어서는 안 된다.46) REIT가 75%자산요건을 충족하면 25% 자산배제요건도 충족하게 된다.47)

---

37) IRC 856(c)(4)(B)(ⅲ)(Ⅲ)조.
38) IRC 856(c)(5)조.
39) IRC 856(c)(4)(A)조, Treas.Reg. 1.856-2(d)조.
40) IRC 856(c)(5)(B)조, 856(c)(6)(B)조, PLR 9342021(July 22, 1993).
41) IRC 856(c)(6)(C)조.
42) Treas.Reg. 1.856-3(g)조.
43) IRC 856(c)(5)(B)조.
44) Rev.Rul. 77-59, 1977-1 C.B. 196.
45) Rev.Rul. 64-85, 1964-1 C.B. 230.
46) IRC 856(c)(4)(B)조.

③ 5% 자산제한요건

발행자 1인의 유가증권이 REIT 총자산의 5%를 넘어서는 안 된다.[48] 다른 REIT의 주식은 이 요건의 유가증권에 포함되지 않으므로 REIT가 다른 REIT의 주식을 갖는데 총자산상의 제한은 없게 된다.[49]

④ 10% 자산제한요건

REIT는 다른 한 회사의 의결권 있는 주식 또는 주식전체가치의 10% 이상을 보유하여서는 안 된다.[50] REIT가 소유하는 자회사의 경우에는 이러한 제한을 받지 않는다. REIT의 자산을 운용하는 자산운용회사가 자회사의 형태로 독립적으로 존재할 수 있는 것은 위 10% 자산제한요건의 적용을 받지 않기 때문이다. 다만 REIT가 다른 한 회사의 주식전체가치의 10%이상을 보유하여서는 안 된다는 규정은 1999년 REIT 현대화법에 의해 도입된 것이다.

REIT의 자산운용을 외부의 자산운용회사에 맡기지 않고 자신의 책임 하에 관리하도록 할 필요성이 생김에 따라 1986년 조세개혁법으로 REIT가 타법인 주식취득의 제한을 받지 않고 자회사의 자산을 자신의 자산으로 할 수 있어 75% 자산요건[51]도 충족할 수 있는 적격자회사(Qualified REIT Subsidiary, QRS)가 도입되었다. REIT가 100% 소유하는 적격자회사가 이 자격을 유지하기 위해서는 적격자회사의 주식 100%를 일년 내내 REIT가 보유하여야 한다.[52] 적격자회사의 모든 주식과 자산은 REIT가

---

47) Treas.Reg. 1.856-2(d)(2)조.
48) IRC 856(c)(4)(B)조 ; Treas.Reg. 1.856-2(d)(2)조.
49) Treas.Reg. 1.856-3(e)조.
50) IRC 856(c)(4)(B)(iii)(Ⅲ)조.
51) 종전에는 REIT가 75% 자산요건을 충족하면서 자회사를 두기 위해서는 자회사도 REIT여야 자회사의 주식이 75% 자산요건에 포함되어 설립이 가능했다. 그러나 자회사가 REIT가 되기 위해서는 100인 이상의 수익자가 있어야 한다는 요건을 충족하기 어렵다. 사실상 1986년 조세개혁법이전에는 REIT가 자회사 두기가 쉽지 않았다. Theodore S. Lyhn & Micah Bloomfield, *Id.*, 2.02[1][a].

소유하지만 REIT의 자산관리와 관련하여 발생하는 여러 가지 법적 책임
은 REIT가 아닌 적격자회사가 지게 된다. 과세에 있어서는 REIT와 적격
자회사는 합산하여 과세된다.

그런데 적격자회사가 REIT 소유가 아닌 부동산에 대한 관리수익을 올
리고 이 수익이 REIT 전체수입의 5%를 초과하게 되면 REIT로서의 요건
을 갖추지 못하게 된다. 이러한 문제를 해결하기 위하여 1988년 Technical
and Miscellaneous Act에 의해 REIT가 자회사 자산의 95%이상을 차지하는
무의결권 우선주를 소유할 수 있도록 하였다.53) REIT가 소유한 자회사
즉 우선주자회사(Preferred Stock Subsidiary, PSS)의 무의결권 우선주의 가
치가 전체 주식가치의 대부분을 차지함으로써 자회사가 올리는 대부분의
수익을 주식배당을 통해 REIT가 취하게 된다. 이러한 주식배당금은 REIT
전체수입의 25%를 넘지 않는 한 REIT의 자격이 상실되지 않게 된다.

1999년 REIT 현대화법에 의하여 REIT가 타회사 전체가치의 10%이상
을 가지지 못하게 되어54) REIT가 우선주자회사를 가질 수 없게 되었
다. 그러나 REIT가 적어도 20%이상의 수익을 획득하는 개인이나 파트
너쉽에 의하여 발행된 비조건부 부채를 보유하는 경우에는 위 10%자
산제한요건이 적용되지 않아 과세대상자회사(Taxable REIT Subsidiary,
TRS)를 100%까지 소유할 수 있다.55) 과세대상자회사는 REIT자산의 이
용자들에게 부동산의 운용관리 · 용역이라는 통산적인 서비스 외에 비
통상적인 서비스를 통해 수익을 올릴 수 있다. 이러한 과세대상자회사
의 수익은 REIT와는 별개로 과세되며 REIT 자체는 큰 경제적 수익관계
가 없지만 이러한 부가적인 서비스의 제공으로 REIT자산의 관리수익을
올릴 수 있다.

---

52) IRC 856(i)(2)조.
53) James M. Lowy, *Id.*, 109-110.
54) IRC 856(c)(4)(B)(ⅲ)(Ⅲ)조.
55) IRC 856(c)(7)(A), (C)조.

(3) 소득요건

REIT는 사업 등의 소득(operating income)이 아닌 수동적 투자에 의한 소득(passive income)을 얻고 있는 것을 확실히 하기 위하여 총소득의 원천에 대해서도 요건이 있다.

REIT의 총소득의 75%이상은 부동산에 대한 수동적인 투자 또는 부동산저당에 대한 투자에서 얻을 수 있는 것이어야 한다(75% 소득요건).56) 여기에는 부동산으로부터의 임대소득, 부동산처분에 따른 양도차익, 부동산저당채권으로부터의 수취이자 등이 있다.

총소득의 95%는 75% 소득요건에 적합한 소득이외에 배당, 이자, 장기보유 유가증권 등의 처분으로부터의 소득으로 구성되어야 한다(95% 소득요건).57)

이중 부동산 임대소득은 REIT에 있어서 가장 큰 비중을 차지하는 적격소득58)이고 REIT가 자기관리를 하는 경우 특히 수동성과 관련하여 적격소득이 되는지 여부의 판단이 쉽지 않으므로 이를 중심으로 살펴보고자 한다.

① 독립계약자에 의해 제공되는 용역

부동산 임대소득이란 REIT 소유 부동산을 사용하거나 사용권리를 갖는 대가로 수령하는 총금액을 말한다.59) REIT가 독립계약자를 통하지 않고 임차인에게 용역을 제공하거나 부동산을 관리·운영하는 경우 당해 부동산에서 직·간접적으로 발행하거나 수령한 금액은 임대소득에서 제외된다.60) 이러한 독립계약자 규정을 위반하면 당해 부동산으로부터

---

56) IRC 865(c)(3)조.
57) IRC 865(c)(3)조 ; 1년 미만동안 보유한 증권, 4년 미만 보유한 부동산, 비적격거래의 자산의 매각으로부터 발생한 소득이 총소득의 30%를 초과해서는 안 된다는 30% 소득배제요건은 1997년 Taxpayer Relief Act에 의해 삭제되었다.
58) James M. Lowy, *Id.*, 120.
59) Treas.Reg. 1.856-4(a)조.

수령한 임대소득은 부적격소득이 되는 것이다.

다만 임대료의 범위에 임대와 관련하여 일상적으로 제공된 용역에 대한 특별대가는 적격소득에 포함시킬 수 있다.[61] 일상적인 용역으로 인정받기 위해서는 당해 용역이 지역 내에서 유사건물에 대한 임차인들에게 일반적인 사항이어야 한다. 난방, 조명, 수도, 냉방, 일반보수, 공동구역의 경비, 승강기, 수영장, 감시인, 세탁 등이 그 예이다.[62] 1986년에는 독립계약자 규정이 변경되어 REIT가 특정 일반적·경상적인 관리기능을 직접 수행할 수 있도록 허용되었다. 그러나 비경상적인 용역과 대인 서비스에 대해서는 구규정이 계속 적용된다.

② 독립계약자의 정의

위의 독립계약자로서 적격을 갖추기 위해서는 REIT 주식의 35%이상을 직접·간접으로 소유해서는 안 된다. 독립계약자가 법인인 경우에는 REIT를 35%이상 소유하는 자가 그 법인의 의결권 주식 35% 또는 자산 이익의 35%를 점유해서는 안 된다.[63]

REIT의 직원은 독립계약자가 될 수 없지만, REIT의 임원이나 직원은 지분소유요건이 충족되는 범위 내에서 독립계약자인 법인을 소유하거나 양사 임원 겸직 수행은 가능하다.[64] 그러나 REIT의 고문은 REIT로부터 위탁받은 관계로 인해 독립계약자가 될 수 없다.

독립계약자로부터 소득을 얻어내는데 대한 금지사항과 관련하여, 하청계약자로부터 배당 또는 저당대출이자를 수령하게 되면 동계약자의 독립성이 부인된다.[65] 반면 국세청은 적격 독립계약자들이 자기사용을

---

60) IRC 856(d)(2)(c)조.
61) IRC 856(d)(1)조.
62) Treas.Reg. 1.856-4(b)(1)조.
63) IRC 856(d)(3)조.
64) Treas.Reg. 1.856-4(b)(5)조 ; Rev.Rul. 77.23, 1977-1 C.B. 197 ; Rev.Rul. 76-534, 1977-2 C.B. 195.
65) Treas.Reg. 1.856-4(b)(5)조 ; Rev.Rul. 74-520, 1974-2 C.B. 201.

위하여 REIT로부터 임차하는 경우 REIT 소유 부동산 관리에 기여한다면 이를 허용하고 있다.[66]

③ REIT에 대한 부동산 관리서비스

1986년 독립계약자 관련규정이 개정되어 REIT도 세입자에게 서비스를 제공하거나 자체보유 부동산을 관리할 수 있게 되었다.[67] 이는 비과세법인이 업무무관과세소득을 발생시키지 않고 행하는 것과 같은 수준이다. 이 조항에 의해 인정되는 용역이나 활동에 대해서는 REIT가 임대소득을 적격소득으로 인정받기 위해 독립계약자를 개입시킬 필요가 없다.

국세청에 의하면 일반적으로 공간사용자에게 용역도 제공되는 경우 공간의 사용대가로 수령한 금액은 임대료로 간주되지 않는다. 용역이 공간사용자에게 제공된 경우란, 사용편의를 위한 것으로서 임차 및 단순입주와 관련해 일반적으로 제공되는 사항을 벗어난 것을 말한다.[68] 오피스빌딩의 체육관에서 에어로빅 강습 등을 하는 부동산 관리에 관련되지 않는 용역이나 임대기간 중의 아파트 칠과 같은 세입자의 편의를 위한 용역들은 외부계약자를 사용하지 않는 한 적격 임대소득으로 인정되지 않는다.[69]

REIT가 독립계약자를 사용하지 않고도 수행할 수 있는 용역 중에는 공용구역에 대한 보수, 일반조명, 전기, 현관, 승강기, 제설, 조경, 공용구역 도색, 경비, 스프링클러, 쓰레기 수거 등이 있다.[70] 세입자와 그의 고객을 위한 무료주차 서비스는 허용되나, 주차관리는 독립계약자가 수행함이 일반적이다.[71]

---

66) Rev.Rul. 66-188, 1966-2 C.B. 276.
67) 1986년 Tax Reform Act 663(a)조.
68) Treas.Reg. 1.512(b)-1(c)(5).
69) PLR 9436025 ; PLR 9340056 ; PLR 9216007 ; PLR 9233008.
70) PLR 944026 ; PLR 9340056 ; PLR 9248022 ; PLR 9012032 ; PLR 8914048 : PLR 9313010 ; PLR 9507007.
71) PLR 9152030 ; PLR 9635032.

④ 수탁자로서의 의무사항

REIT의 직원 및 수탁자가 수행하는 용역 및 활동 중 일부는 임차인에게 용역을 제공하기보다는 투자가를 위한 수탁자로서의 의무이행으로 간주된다. 따라서 이러한 활동은 임대료의 적격여부에 영향을 주지 않는다. 임대조건 결정, 임차인 선정, 임대계약 체결 및 재계약, 세무, 이자와 보험료 지급, 부동산 취득, 수선 및 자본적 지출 등이 그 예이다.72)

⑤ 임차인 지분권 제한

REIT가 임차인 지분권의 10%이상을 직·간접으로 보유하는 경우 임대료는 부적격소득이 된다. REIT의 투자성과가 임차인의 사업성과가 아닌 부동산 투자성과에 근거하도록 하기 위해서이다.73)

임차인이 회사인 경우 위와 같은 제한은 의결권을 가진 주식전체 또는 총 발행주식수를 기준으로 적용한다. 임차인이 회사가 아닌 단체인 경우 당해 단체에 대한 자산 또는 순이익에 대한 REIT의 지분을 기준으로 적용한다.74)

⑥ 동산에 대한 임대

적격 부동산임대소득에는 부동산 임대차에 의하거나 부동산 임대차와 관련된 동산임대소득을 포함한다. 이는 동산임대소득이 부동산과 동산의 임대소득 합계의 15%를 넘지 않아야 인정된다. 동산에 귀속되는 임대소득이 15%를 초과하는 경우에는 동산에 해당하는 모든 임대소득이 비적격소득이 된다. 그러나 부동산에 귀속되는 임대소득은 영향을 받지 않는다.75)

동산규정은 호텔, 식당 등 동산을 많이 이용하는 부동산에 투자하는

---

72) Treas.Reg. 1.856-4(b)(5)(ⅱ)조.
73) Richard T. Garrigan & John F. C. Parsons, *Id.*, 98.
74) IRC 856(d)(2)(B)조.
75) Treas.Reg. 1.856-4(b)(2)(i)조.

REIT에게 특히 중요하다. 경우에 따라서는 동산에 대한 소유권을 임차인에게 넘겨서 과다한 비적격소득을 방지할 필요도 있다. 쇼핑센터의 유모차 대여를 부동산 임대차에 관련된 동산으로 본다.[76]

⑦ 순이익 연동 임대소득

일반적으로 부동산임대소득은 임차인의 소득 또는 이익에 근거한 금액은 아니지만 임대소득을 매출액 또는 순수입의 일정비율로 설정하는 방식도 인정되고 있다.[77] REIT의 임차인 지분 보유제한 뿐만 아니라 REIT의 임차인이익에 대한 참여를 제한함으로써 REIT가 임대차를 통해 적극적인 사업 활동을 할 수 있는 여력을 제한하고 있다.[78]

(4) 배당요건

REIT의 경우 일정 한도 내에서 법인단계의 과세를 피할 수 있는 것은 실제로 투자의 도관체로서 역할을 한다는 점 때문이다. 이러한 투자의 도관체로서 역할을 확보하기 위하여 배당요건을 규정하고 있다. 배당요건이란 REIT가 일년 기준으로 과세대상소득의 90%이상을 주주에게 배당해야 한다는 것을 말한다.[79] 배당을 할 때 똑같은 주식에 대해 차등적인 배당은 할 수 없으며 규정에 위배하여 초과 보유한 주식에 대해서는 배당금을 지급하지 않는다. REIT는 REIT 자체의 특징을 유지하기 위해 자본이득을 배당할 필요는 없으나 보유한 자본이득의 90%이상을 배당하지 않으면 4%의 Excise Tax를 납부해야 한다.

---

76) PLR 961309.
77) IRC 856(d)(2)(A)조.
78) Richard T. Garrigan & John F. C. Parsons, *Id.*, 99.
79) 2001년 이전에는 95%였으나, 1999년 REIT 현대화법에 의해 2001년부터는 90%가 되었다.

① REIT의 과세대상 소득

요구되는 배당액을 계산하기 위해서는 REIT는 먼저 과세대상소득 (Taxable Income)을 계산해야 한다. 이러한 계산방식은 일반회사의 경우에도 마찬가지이지만 몇 가지 특별한 조정사항이 존재한다. REIT 자체가 도관체이기 때문에 다른 회사에 주어지는 다양한 특별공제가 허용되지 않는다. 법정처분 부동산으로부터의 순소득은 REIT 과세대상 소득과 구분되어 계산되고 과세된다. 다만 이익배당요건에는 포함된다. 그리고 비적격거래로부터의 소득 및 부적격 소득은 100% 벌칙과세의 대상이 되므로 REIT의 과세대상 소득에서 제외되고 배당요건상에서도 제외된다. 또한 REIT 과세대상 소득 계산에서 결산기의 변동이 있더라도 특별한 조정은 이루어지지 않는다.

과세대상 소득과 관련하여 먼저 양도차익에 대해 살펴본다. REIT가 순양도차익의 전부 및 일부를 내부 유보하는 경우에는 REIT의 정규세율과 법인의 양도차익세율 중에서 낮은 세율을 적용하여 계산하다. 유보된 양도차익금액이란 REIT가 실현한 순양도차익과 양도차익 배당액과의 차액을 말한다. REIT가 주주에게 양도차익배당을 지급하는 범위 내에서 순영업손실(Net Operating Loss, NOL) 또는 순영업손실이월(Net Operating Loss Carryover)을 계산하는 목적상 순양도차익은 REIT의 과세대상 소득에서 제외된다. 따라서 순영업손실은 양도차익이 아닌 일반소득과만 상계될 수 있다. 이로 인해 REIT의 총 과세대상 배당 중에서 더 많은 부분이 양도차익 우대율을 적용받을 수 있는 양도차익배당으로 취급될 수 있다. REIT는 부동산의 매각, 처분에서 실현된 양도차익 20%까지를 일반소득으로 회복시키는 291조의 적용을 받는다.

다음으로는 법정처분 부동산소득에 관한 것이다. 70년대 초에 모기지 REIT들이 비정상적으로 많은 유입부동산을 소유하는 사태가 발생하였는데, 당시 REIT관련 규정들은 이로 인해 발생할 문제들을 처리하도록 고려된 바가 없었다. 매각이 자유로운 다른 저당대출업자들과는 달리,

REIT는 유입부동산 처분에 있어서 비적격거래에 저촉될 위험이 컸다. 게다가 법정처분을 위해서는 당해 부동산에 대한 새로운 관리자나 임차인이 나타날 때까지 REIT가 전소유자가 수행하던 관리역할을 맡아야 하므로 비적격소득 위험이 발생했다. 이런 문제를 처리하기 위해 1974년 법정처분 규정이 추가 제정되었다. 만일 REIT가 부동산을 유입하거나 임대차 채무불이행으로 인해 부동산을 재취득하게 되면 REIT는 법정처분을 선택할 수 있다. 법정처분 선택이 이루어지면 REIT는 당해 부동산이 매각될 때까지 보유하면서 그로부터 발생하는 소득을 75%소득요건과 95%소득요건상 적격 처리한다.

비적격거래로 인해 생성된 순이익에는 100% 과세가 이루어진다. 비적격거래란 1221(1)조에서 규정하고 있으며, REIT가 그 사업 및 거래활동에서 고객에게 판매할 목적으로 보유한 부동산 및 재고 부동산을 매각하는 경우를 포함한다. 비적격거래로부터의 순소득은 직접관련비용을 공제할 수는 있지만 다른 비적격거래로부터의 손실과는 상계될 수 없다. 그러나 REIT의 과세대상 소득과 상계될 수 있으며 REIT의 배당요구액을 낮추게 된다. 비적격거래로부터의 총소득은 REIT의 75% 및 95% 적격소득 요건에 영향을 미치지 않는다.

REIT가 75% 및 95% 적격소득요건들 중 하나라도 미달하게 되더라도 그 미달원인이 합당한 원인에 의한 것과 고의적인 의무해태에 의한 것이 아니라면 856(c)(7)조에 의해 REIT 자격상실을 회피할 수 있다. 그러나 동조항에 의해 자격을 유지하기 위해서는 범칙금을 내야한다. 벌침금은 적격소득 부족액에 해당하는 순소득 100%이다. 만일 두 가지 요건이 다 미달인 경우 세금은 두 가지 중 부족액이 큰 쪽에 근거하게 된다.

② 회사 이익잉여금

배당요구액이 REIT의 과세소득에 근거하여 계산되지만 적격배분액은 가용한 수익과 이익에 근거한 배당이어야만 한다. REIT의 가용수익과 이익이 과세소득보다 낮아 공제가능 배당액을 충당하기에 부족한 경우가 발생할 수 있고 실제로도 발생한다.

REIT는 REIT가 아니었던 해에 누적한 모든 수익과 이익을 당해연도 결산이전에 배당 지급해야 한다. 최근의 재무부 시행령에 의하면 연방국세청은 REIT가 수익 및 이익을 회사(C Corporation)와 합병하면서 물려받은 경우 및 REIT자격 취득이전에 획득한 경우에 위의 요건이 적용된다는 입장을 취하고 있다. 또한 REIT가 이익 및 수익을 배당하는 목적상 852(e)에 의해 등록된 투자회사에 대한 부족액추가배당절차도 적용될 수 있다.[80)]

③ 회사소득재분류

291조에 의한 소득재분류규정은 REIT의 배당요구액에 중대한 영향을 미칠 수 있다. 291조에 의하면 부동산매각에서 자본이득(capital gain)의 20%를 경상소득으로 재분류한다. 이는 1,250조에 의해 경상소득으로 재분류된 감가상각에 가산된다. 과거의 모든 감가상각 공제액을 초과하는 이익은 291조의 적용을 받지 않는다.

291조에 재분류된 금액이 REIT에 의해 유보되고 경상소득으로 재분류되는 만큼 REIT의 배당 요구되는 금액을 증가시킨다. 반면 291조에 의한 금액은 REIT에게 있어서 양도소득 배당으로 배분되는 한은 재분류의 대상이 되지 않는다. 291조에 의한 재분류된 금액이 회사의 주주들에게 배당된다면 291조 목적상의 성격을 유지한다.

예컨대 REIT가 부동산을 매각하여 90달러의 차익을 얻었는데 감가상각이 60달러가 있고 이중 20달러는 1,250조에 의해 경상소득으로 재분류 대상이다. REIT가 자본이득 배당을 하지 않는다면 29달러(291조 해당액인 40달러의 20%에 1,250조 반환액인 20달러를 더한 액)를 경상소득으로 분류하여 일반적인 배당 요구대상금액으로 되게 한다. 반면 REIT가 자

---

80) Treas.Reg. 1.857-11조.

본이득 배당으로 30달러(자본이득의 반액으로서 291조 적용이전)를 지급
한다면 잔액중의 24달러(40달러의 절반액의 20%에 20달러 가산)를 경상
이익으로 취급하고 26달러를 자본이득으로 처리한다. 이 경우에 회사주
주들은 30달러의 자본이득 배당이 291조에 의한 20달러를 포함하는 것
으로 처리해야 한다. 이 금액 중에서 4달러(20%)를 경상소득으로 간주하
고 잔액 26달러는 자본이득의 배분으로 계상된다.

④ 과잉배당

각 연도 말(10, 11, 12월)에 등록된 주주들에게 배당 선언되고 익년도
1월 말 이전에 지급되는 배당액은 REIT가 12월 말에 주주에게 지급한
것으로 간주된다.[81] 이규정은 배당이 연말에 지급되어도 실제로 주주들
이 익년도에 수금하게 되는 시차를 해소하기 위한 것이다.

법령이나 규정에서는 과잉배당(spillover)에 관해서 수익과 이익에 대한
취급을 언급하고 있지 않다. 업무처리상의 편의를 위해서 과잉배당에 대
한 성격부여는 전년도연말 현재의 현행 수익 및 이익을 초과하는 배당
은 전년도에 대한 자본의 환급으로 간주되어야 한다. 그러나 법령에서는
과잉배당처리가 자본의 환급과는 관계없이 배당에만 적용될 것을 명시
하고 있다. 법규정대로 해석하면 전년도의 수익 및 이익계정을 초과하는
배당은 과잉배당으로 처리될 수 없고 다음연도의 배분으로 간주된다.

⑤ 차후 배당 선택

부동산회사가 연말이전 적기에 배당요구액을 정확히 추정하여 배당
을 선언하기는 어렵다. 이러한 상황에서 미국세법에서는 REIT가 연말
이후에 배당을 선언하고 지급해도 이를 전년도에 일어난 것처럼 지급배
당공제를 신청하도록 허용하고 있다. 차후배당선택(Late Dividend Election)
을 신청하기 위해서는 REIT는 배당선언을 세금신고기일(연장일 포함) 이

---

81) IRC 857(b)(8)조.

전에 해야 하며, 배당지급을 다음번 정기배당일(또한 해당연도 종료이후 12개월 이내) 이전에 완결해야 한다. 추가배당은 REIT 단계에서만 적용되면, 과잉배당과 달리 주주가 배당을 수령한 것으로 간주되는 시점에 영향을 주지 않는다. 따라서 정부의 입장에서는 REIT가 소득연도에 대해서 공제 신청한 반면 주주들의 소득신고는 다음해에 이루어지는 시차가 발생한다.

차후 배당지급은 관련된 과세연도의 수익과 이익이 존재하는 범위 내에서만 가능하다. 현행 수익과 이익계정 잔고는 856(d)조에 의한 특별규정(공제 불가능한 항목에 대한 조정 및 소비세 대상이 되지 않는 최소액 관련)이 적용된 후 기준이지만, 부족분추가배당 및 전년도분 차후배당(Late Dividend)을 공제하기 이전 금액이다.

현행 수익과 이익 제한규정의 의미는 Late Dividend조항에 의한 배당지급액이 자본의 환급액을 전혀 포함하지 못한다는 것이다. 예컨대 REIT의 수익과 이익잔고가 당해연도에 100불이고 익년도 2월에 150불 배당을 선언하고 지급했을 때, REIT가 Late Dividend로 인정받는 금액은 100불이다. 잔액 50불은 익년도의 배분액으로 간주되며, 그의 배당으로의 인정여부는 익년도의 수익과 이익계정 잔액이 충분한지의 여부에 좌우된다.

⑥ 부족액 추가배당

만일 REIT가 불리한 판정을 받게 되어 직전연도의 과세소득의 증가 또는 배당액공제 감소를 당하는 경우에, REIT는 그로 인한 세금부담 증가액을 해소하기 위해 부족액 추가배당(Deficiency Dividends)을 실시할 수 있다. 추가배당은 직전연도 종료이후 오랜 시간 경과 후에 실행되었다고 하더라도 전년도의 배당공제의 적용대상이 된다.[82]

추가배당을 공제적용 받기 위해서는 법원의 최종판결, 국세청과의 최

---

82) IRC 860조.

종합의 또는 계약으로 추가배당액을 확정하는 판정이 선결되어야 한다. 동판결에 의해서 REIT의 과세소득, 법정처분소득, 또는 순자본이득의 증가 또는 배당액 공제의 감소가 발생해야 한다.[83]

추가배당은 REIT 적격유지상 필요여부에 관계없이, 해당과세 연도에 배당으로 인정받는 한 조정필요금액 전액에 대해 지급될 수 있다. 추가배당결의에 의해 배당공제액 및 과세대상 소득이 증가하게 되는 경우에는 추가배당 가능액은 과세소득증가액이 원래의 배당공제액에 대한 조정액을 초과하는 범위 내에서만 허용된다. 자본이득 조정에 대해서도 유사한 원칙이 적용된다.[84]

불리한 과세판정에 의한 납세부담액을 추가배당에 의해 줄일 수는 있지만, 이자 및 필요한 가산세는 지불하여야 한다. 더구나 이자는 발생된 또는 지급된 해에 공제되어야 한다.[85]

추가배당은 결의 후 90일 이내에 지불되어야 하며, 추가배당에 대한 공제신청은 결의 후 120일 이내에 국세청에 제출하여야 한다. 추가배당이 허위이거나 세무신고 누락되는 경우 공제 받을 수 없다.[86]

⑦ **청산배당**

562(b)(1)(A)에 의해 누적된 수익과 이익으로 완전 청산배분 하는 경우 이를 지급배당공제가 인정된다. 더구나 REIT가 청산을 결정하고 2년 이내에 완전 청산하는 경우, 동기간 중에 청산계획에 의해 지급된 분배액은 배당공제의 혜택을 받는다.

여기에서 청산 계획기간 중에는 자본손실로 인해서 수익과 이익계정이 감액되지 않는다. 청산배당에 있어서 차별지급문제가 발생하지 않도록 적기에 안분 지급될 수 있도록 유의해야 한다.

---

83) IRC 860(d), (e)조.
84) IRC 860(f)(2)조.
85) IRC 860(c)조.
86) IRC 860(f)(1), 860(g), 860(i)조.

청산배분액을 배당으로 간주하는 경우는 배당세액공제 목적상의 경우에만 적용된다. 주주의 입장에서는 이러한 배분액은 주식의 대가로 수령하는 금액으로 취급한다. 더구나 청산배당 세금공제는 Built-in gain tax의 적용을 받는 이익과 상계 될 수 없다.

⑧ 차별배당

REIT는 차별적인 배당에 대해서는 세금공제를 받을 수 없다. 이는 우선주에 대한 배당을 규제하는 것은 아니며, 동일한 종류의 주식 간에 또는 상이한 주식 간에도 각 종류의 발행조건 내에서 차별적인 경우를 말하는 것이다.

국세청은 배당재투자에 의한 주식취득에 대해서 합리적인 할인(5%)을 허용하는데, 이는 REIT의 관리비 및 주식매각비용 절감액을 나타내기 때문이다. REIT가 금액상 동등한 금액을 배당하더라도 지급시점에 차이를 둔다면 이 경우에도 차별배당에 해당한다. 이 경우 배당액 전부가 세금공제 부적격이 된다. 이와 유사하게 일부 주주는 부동산을, 다른 주주는 현금 또는 다른 부동산을 수령하는 경우에도 REIT는 세금공제 혜택을 잃게 된다. 청산시에는 청산신탁을 사용하면 위와 같은 문제를 해결할 수 있지만, REIT가 계속 기업인 상태에서는 해결책이 없다.

주식의 종류가 여러 가지인 경우에도 각 종류 간에 차별이 존재한다. 예로서 만일 우선주 전부가 미수 누적배당을 받을 권리를 행사하지 못하였다면 REIT가 보통주에 대한 다음 배당을 실시하는 자체가 차별이 된다. 이러한 경우 보통주나 우선주에 대한 모든 배당이 세금공제 목적상 부적격 된다.

2) REIT의 과세

(1) 회사형 REIT에 대한 과세

일반적으로 회사나 사업용 신탁 중 적격요건을 갖추고서 REIT 취급받기를 선택할 경우 주주에 대한 배당을 소득공제를 해줌으로써 실질적으로 REIT단계에서 법인세를 부과하지 않고 주주단계에서만 과세하는 결과를 가져온다.[87]

분배되지 않은 자본이득이 REIT의 과세소득에 포함되었을 때보다 세부담이 낮다면 그 분배되지 않은 자본이득에 대해서는 회사의 자본이득 세율로 대체세가 과세된다. 그리고 REIT 총수입의 75%는 부동산에서만 실현된 것이 아닌 경우에는 법정처분재산으로부터의 순소득에 대해 가장 높은 법인세율이 적용된다. 또한 비적격거래에 의한 소득에 대해서는 100% 세율로 과세된다. 합리적인 이유 없이 REIT가 소득요건을 충족하지 못한 경우에는 소득요건을 충족하지 못한 수년 동안의 특정소득에 대해 100% 세율로 과세한다.

(2) 투자자에 대한 과세

① 개인주주의 경우

일반적으로 REIT 주주들에 대한 연방세는 일반기업의 주주에 대한 과세와 동일하다. 그러나 REIT에 대해 과세상 특별한 취급을 하므로 일반적으로 C Corporation에서의 주주와는 다른 과세상 취급이 나타난다.

REIT가 주주들에게 양도차익을 지급할 수 있고, 이는 세무보고상 장기양도차익으로 취급될 수 있다. 주주가 주식을 6개월 미만 보유했고 양도차익 배당을 받았다면 당해주식의 매각손은 배당액 범위 내에서는 장기 양도손으로 처리된다.

일반적인 기업배당처럼 REIT의 배당도 수동적 손실 규정상 포트폴리

---

87) IRC 856(a)조.

오 소득으로 간주되며, 수동적 손실과 상계될 수 없다. 또한 REIT 배당은 비과세 주주들에게는 배당으로 간주되며, 이에 따라 업무무관소득과세의 적용을 받지 않는다. REIT가 소수의 비과세 주체에 의해 압도적인 지분이 소유될 경우 REIT 배당은 업무무관소득과세의 적용을 받게 된다.

② **법인주주의 경우**

일반적으로 법인주주가 다른 법인으로부터 배당을 수령하고 이를 다시 주주에게 배당하는 경우 다중과세가 발생할 수 있고, 이를 제거하기 위해 법인에게 다른 내국법인이나 일정한 외국법인으로부터 지급받은 배당에 대하여 소득공제가 허용된다. 따라서 배당실시법인 주식의 20% 미만을 소유하는 법인은 지급받은 배당금액의 70%를 소득공제할 수 있고, 20%이상을 소유하는 법인은 80%를 소득공제할 수 있다.[88]

그러나 REIT 주주가 회사인 경우에 REIT 배당금은 243조에 의한 배당금 소득공제를 받을 수 없다. 이미 조직, 소득, 자산요건을 갖춘 REIT의 경우 REIT 단계에서 배당소득공제를 인정하고 있기 때문이다.

양도차익 배당의 일부 또는 전부는 291조에 의해 일반소득으로 재분류대상이 될 수 있다.

2. 일 본

1) 부동산투자법인에 대한 과세

부동산투자법인은 투자신탁법상 및 법인세법상 투자법인에 해당한다. 투자법인은 투자신탁법에 따라 설립된 사단으로서 법인격을 갖고 있고,[89] 법인세법상으로도 내국법인에 해당하기 때문에 통상의 내국법인

---

88) IRC 243조.
89) 일본 투자신탁법 2조 19항.

과 마찬가지로 법인세의 납세의무를 지게 된다. 그러면서도 투자법인은 자산운용이외의 행위를 영위하는 것이 허용되지 않고 등록투자법인은 실제 자산의 운용은 투자신탁위탁업자에게, 자산의 관리는 자산관리회사에게 위임하지 않으면 안 되는 등 실질적으로는 운용자산의 집합체라고 말할 수 있다. 이러한 점을 고려하여 세법상 투자신탁법 제2조 제19항에 규정된 투자법인에 대해서는 몇 개의 특별한 규정이 있다.

① **배당금 손금산입**

투자법인은 투자법인과 사업연도에 관한 다음 2가지 요건을 충족한 경우에 당해사업연도의 배당가능이익의 90%이상을 지급한 배당을 전부 손금산입 하는 것이 인정된다.[90]

즉 투자법인에 대한 요건으로 ⅰ) 투자신탁법 187조의 등록을 받고 있어야 하고, ⅱ) 법인설립시 발행한 주식총액이 1억 엔 이상이거나 사업연도 종료시에 있어서 그 발행총주식이 50인 이상에 의해 소유되고 있거나 적격기관투자자(증권거래법 2조 3항 1호)만에 의해 소유되고 있을 것을 요하며(소수사모는 적용 제외된다), ⅲ) 발행주식총수에서 국내모집이 차지하는 비율이 50%이상을 넘어야 하고, ⅳ) 기타 정령(政令)[91]에서 정한 요건을 충족하여야 한다.

사업연도에 관한 요건으로 ⅰ) 투자신탁법 63조의 규정에 위반하고 있는 사실이 없고 즉 능력의 제한에 위반하고 있지 않고, ⅱ) 자산운용에 관한 업무를 투자신탁법 198조 1항에서 규정한 투자신탁위탁업자등에 위탁하고 있고, ⅲ) 자산보관에 관한 업무를 투자신탁법 208조 2항에서 규정한 자산보관회사에 위탁하고 있고, ⅳ) 사업연도 종료시에 법인세법 2조 10항에서 규정하는 동족회사(주주 등 3인 이하와 그들과 특수관계에 있는 개인 및 법인이 갖는 주식총수 내지 출자금액합계액이 회사의 총

---

90) 일본 조세특별조치법 67조의15, 동법시행령 39조의32의3.
91) 정령에서는 투자법인의 영업연도 등이 1년 이내일 것을 규정하고 있다. 일본 조세특별조치법시행령 39조의32의3 3항.

발행주식 내지 출자금액의 50%이상인 회사)에 해당하지 아니하며, v) 당해사업연도의 배당 등으로 지급한 금액이 배당가능액의 90% 초과하고 있고, vi) 타법인의 발행주식총수 내지 출자총액의 50%이상을 보유하고 있지 않고, vii) 차입을 한 경우 적격기관투자가로부터 차입한 것이어야 한다.

이러한 요건을 충족하는 경우 손금에 산입되는 금액은 투자신탁법 제136조 제1항에서 규정한 금전배당금 가운데 이익배당이 되는 부분의 금액이고 당해사업연도의 소득의 금액을 한도로 한다. 즉 손금에 산입되는 금액은 금전의 분배액이 배당가능액92)의 90%를 넘는 경우에 회계상의 이익(법령상 의제배당 포함)과 당해사업연도의 과세소득 금액(지급배당 및 이월결손금의 손금산입전 과세소득) 중 적은 금액으로서 계산한다. 따라서 회계상 및 세무상 부동산투자법인내에 과연도의 유보이익 및 이월손실이 없고 세무상 별표4에 가산항목이 있는 경우라면 회계상의 이익금액은 당해사업연도의 과세소득보다 작아 당해사업연도의 회계상의 이익을 전액 분배한다고 해도 부동산투자법인의 과세소득이 영이 되지는 않는다.

이익배당의 손금산입 요건의 하나인 90%초과배당요건은 세법상 소득금액(별표4 30의①)에 이익초과분배금액을 가산한 액을 분모로 하여 회계상 이익에 이익초과분배금액을 가산한 액을 분자로 하여 산출된다. 따라서 회계상 비용항목 등에 가산항목이 있는 경우 이익초과분배금액을 아무리 증가시킨다고 하더라도 분모는 분자보다 세무상 가산금액만큼 많아지게 된다.

회계상 및 세무상 부동산투자법인에 과년도의 유보이익 및 이월결손이 없는 경우에는 회계상의 이익을 100% 분배해도 과세소득금액의 90%

---

92) 배당가능액=소득금액총액(별표4 30의①)-공제말총결손금액+이익초과분배금액(당해사업연도에 관한 것)-출자총액환급금액(과연도의 이익초과분배금에 관한 것)

인 경우 세무상의 가산금액의 9배의 금전분배를 행할 필요가 생긴다.

따라서 회계상의 소득금액과 세무상의 소득금액과의 괴리가 생기나지 않도록 세무조정항목이 적은 회계처리방법을 선택하는 일이 90%초과배당요건의 계산상 매우 중요한 것이다. 세무조정항목으로는 감가상각비, 이연자산, 각종충당금 등이 생각될 수 있기 때문에 당초 회계처리법의 선택에 주의가 필요하다.93)

② 수취배당금 익금불산입규정의 배제

법인이 국내법인으로부터 받은 이익의 배당, 잉여금의 분배, 특정신탁의 수익의 분배 등(이하 '수취배당등'이라 한다)은 그 전부 내지는 일부를 익금에 산입하지 않는 것으로 되어 있다. 소위 법인이 다른 내국법인의 발행주식총수 내지 출자금액의 25%이상을 갖고 있는 경우 및 은행지주회사가 존속은행으로부터 합병신주권의 교부를 받아 이것을 인수하여 소유하고 있는 경우(이 경우의 주식등을 '특정주식등'94)이라 한다)에 있어서 당해 주식 등에 관련된 수취배당 등은 그 전액을 익금에 산입하지 않는다. 특정주식등이외의 주식등에 관계된 수취배당은 그 80%를 익금에 산입하지 않는 것으로 되어 있다.95) 이때 확정신고서에 기재할 것이 요건으로 되어 있다.

이것은 샤우프권고의 법인세를 소득세의 전단계로 보는 견해에 기한 제도로서 법인의 수취배당 등에 대해서는 지불법인의 단계에서 이미 법인세가 과세되었기 때문에 법인소득에 대해서 여러 번 중복하여 과세되는 것을 피하기 위해서는 수취법인의 단계에서 그것을 법인세의 대상에서 제외할 필요가 있다는 생각에 의한 것이다. 특정주식 등과 그 이외의 주식 등을 구별하고 있는 것은 사업목적으로 주식 등을 소유하는 것과 투자목적으로 주식 등을 소유하는 구별하기 위한 취지이다.

---

93) 中央靑山監査法人 編, 위의 책, 337頁.
94) 일본 법인세법 23조 4항, 동법시행령 22조의2 참조.
95) 일본 법인세법 23조 1항, 4항.

　　남용을 방지하기 위해 수취배당 등의 원본이 되는 주식등이 배당등의
액이 계산의 기초가 된 기간의 말일이전 1개월 이내에 취득하고 동일 후
2개월 이내에 양도한 것일 때에는 당해수취배당등에 대해서는 이 규정
이 적용되지 아니한다.96) 수취법인에 당해사업연도에 지급할 부채의 이
자가 있는 경우에는 그 금액 가운데 수취배당등의 원본인 주식과 관계
된 부분(특정주식등 이외의 주식등에 관계된 수취배당등의 경우는 이 부
분의 80%에 상당하는 금액)은 익금에 산입되지 않는 수취배당등의 금액
에서 공제된다.97) 이는 수취배당등의 과세와 반대되는 것으로 그것에 대
응한 부채이자의 손금산입의 효과를 상쇄하기 위한 규정이다.

　　소득세법의 경우와 마찬가지로 다른 법인의 주주인 법인이 합병(적격
합병은 제외), 분할형분할(적격분할형 분할은 제외), 자본 내지는 출자의
감소, 주식의 소각 기타 일정한 사유에 의해 다른 법인으로부터 교부받
은 금전 기타 자산의 가액의 합계액 가운데 당해교부의 원인이 된 주식
또는 출자에 대응한 자본등의 금액을 넘는 부분의 금액은 이익의 분배
내지 잉여금의 분배로 보고(의제배당), 수취배당등의 익금불산입의 규정
의 적용을 받는다.98) 또 합병법인이 피합병법인의 주식을 소유하고 있는
경우에 있어서 합병시 그 주식에 자기주식의 할당을 행하지 않았던 경
우에 있어서도 주식의 할당을 받은 것으로 보고 의제배당과세의 규정이
적용된다.99) 상장회사가 주식소각특례법에 따라 공개매수에 의해 자본
준비금으로 주식의 소각을 행한 경우에는 2002년 3월 31일까지의 임시
조치로서 24조 1항 4호의 의제배당규정이 적용되지 않는 것으로 되어
있다.100)

　　그러나 이러한 이중과세를 회피하기 위한 법인주주의 수취배당등의

---

96) 일본 법인세법 23조 2항.
97) 일본 법인세법 23조 3항.
98) 일본 법인세법 24조 1항.
99) 일본 법인세법 24조 2항.
100) 일본 주식소각특례법 3조의2, 부칙 7조 2호.

익금불산입규정은 투자법인에 대해서는 그 적용이 배제된다. 투자법인에게는 위 배당을 손금산입 하는 제도에 의해 이중과세를 회피하고 있기 때문이다.101)

③ 직접외국세액공제의 소득금액 및 간접외국납부세액공제 규정의 배제

직접외국세액공제란 국제적 이중과세를 조정하기 위해 당해사업연도에 있어서 국외소득금액이 있는 국내법인이 그 소득금액에 대하여 외국법인세를 납부한 경우에 공제한도액의 범위 내에서 외국세액공제를 할 수 있는 것을 말한다.102) 투자법인에 있어서는 외국세액공제계산에 있어서 당기 소득금액을 '이익배당을 손금산입하기 전 금액'으로 하고 있다.103)

간접외국세액공제란 내국법인이 외국자회사(25%이상의 총 발행주식총수 또는 출자금을 보유)로부터 수취한 배당금이 있는 경우 외국자회사의 소득에 대하여 과세된 외국법인세액 가운데 배당금등에 대응한 금액이 외국세액공제로 보게 된다는 규정이다.104) 투자법인은 도관이기 때문에 간접외국납부세액공제가 적용되지 않는다.105)

④ 중소기업등의 대손충당금의 특례의 부적용

내국법인의 대손충당금의 이월한도액의 계산상 중소기업등에 대해서는 법인이 영위하는 주된 사업에 따라 정해진 법정이월율을 이용하여 이월한도액을 계산할 수 있다.106) 그러나 부동산투자법인은 도관이기 때문에 중소기업등에 대한 정책적 배려가 필요 없어 이러한 대손충당금의 특례규정이 적용되지 않는다.107)

---

101) 일본 조세특별조치법 67조의15 3항.
102) 일본 법인세법 69조 1항.
103) 일본 조세특별조치법 67조의15 3항.
104) 일본 법인세법 69조 8항.
105) 일본 조세특별조치법 67조의15 3항.
106) 일본 조세특별조치법 57조의9.
107) 일본 조세특별조치법 67조의15 4항.

⑤ 교제비등의 손금불산입

　보통법인에 있어서 자본금액이 5,000만 엔을 넘는 법인은 교제비금액
이 손금불산입 되고, 1,000만 엔 초과 5,000만 엔 이하의 법인은 300만 엔
에 달할 때까지의 교제비의 20%가 손금불산입 되고, 1,000만 엔 이하의
법인은 400만 엔에 달할 때까지의 교제비가 20%가 손금불산입 된다.108)
　부동산투자법인은 도관이기 때문에 자본금액이 5,000만 엔 이하의 법
인과 동일한 정책적 배려가 필요하지 않아 교제비의 손금산입을 인정하
고 있지 않는다.109)

⑥ 투자법인의 운용재산에 대한 이자등의 과세의 특례

　설립시 투자지분의 모집에 관한 권유가 50인 이상의 자를 상대방으로
행해지는 공모에 해당하고 투자지분신청서에 그 취지가 기재되어 있는
투자법인의 운용재산에 대한이자, 배당 등은 그 이자, 배당 등을 지급자
의 장부에 재무성령으로 정한 일정사항(투자법인의 명칭 및 본점의 소재
지, 등록한 연월일등)의 등재를 한 경우에는 원천세가 과세되지 않는다.

2) 개인주주에 대한 과세

① 투자지분에 대한 이익배당

　거주자가 지급받은 투자법인(국내공모, 폐쇄형 투자법인의 경우)의 투
자지분에 대한 이익배당에 대해서는 소득세 20% 원천징수 후에 배당소
득으로서 종합과세 된다.110) 거주자는 지급된 원천세에 대해서는 소득세
액공제의 적용을 받을 수 있다. 일반 주식회사가 발행한 주식에 대한 배
당과는 달리 배당공제의 적용을 받을 수는 없다(일본 조세특별조치법 9
조 1항).

---

108) 일본 조세특별조치법 61조의4 1항.
109) 일본 조세특별조치법 67조의15 4항.
110) 일본 조세특별조치법 8조의4 1항, 지방세법 71조의6.

이익배당금이 25만 엔(계산기간이 1년 미만) 내지 50만 엔(계산기간이 1년 이상) 미만이고, 사업연도종료일에 있어서 그 거주자가 부동산투자법인의 총 발행투자지분수의 5%미만의 투자지분을 소유한 경우에는 소득세에 대해서 35% 원천분리과세의 적용을 선택할 수 있다(일본 조세특별조치법 8조의5). 이때 지방세는 종합과세 된다. 그리고 이익배당액이 연 10만 엔 이하인 경우에는 소액배당의 신고불요제도의 적용을 받을 수 있다(일본 조세특별조치법 8조의6).

최근 증권세제 개정논의에 따르면 배당금액에 상관없이 상장 증권은 20%의 원천징수로 과세관계가 종료된다. 이러한 개정이 이루어지면 배당금에 의한 수입이 중시되는 J-REIT 투자증권의 매매가 활발할 것으로 기대되고 있다.[111]

폐쇄형 투자법인은 계산기간말일에 계상한 감가상각비의 60%에 상당하는 액을 한도로 하여 출자의 반환을 하여 투자자에게 분배할 수 있지만, 출자의 반환액의 가운데 일부는 의제배당으로 과세될 가능성이 있고, 의제양도에 관한 양도수입이 주식 등에 관한 양도소득으로서 신고분리과세 될 가능성이 있다.[112] 구체적으로는 출자환급액에서 의제배당을 뺀 액이 의제양도수입이 되어 여기에서 양도원가를 뺀 것이 양도소득이 된다.

그런데 개방형 투자법인(정관에 의해 투자자가 투자지분의 환매를 청구할 수 있고 그 설립시 투자지분의 모집이 공모인 투자법인)인 경우 투자지분에 대한 이익배당에 대해서는 거주자는 소득세 15%, 주민세 5% 원천세의 원천분리과세에 의해 과세관계가 종료된다.[113] 일반 주식회사가 발행한 주식에 대한 배당과는 달리 배당공제의 적용을 받을 수는 없다.[114]

일본에 항구적 시설이 없는 비거주이 지급을 받은 투자법인의 투자지

---

111) http://www.spc-reit.com/topics/topics.html (2002.10.25 방문).
112) 일본 조세특별조치법 37조의10 3항 5호.
113) 일본 조세특별조치법 8조의4 1항, 지방세법 71조의6.
114) 일본 조세특별조치법 9조 1항.

분에 대한 이익배당에 대해서는 원칙적으로 소득세 20%의 원천과세에 의해 과세관계가 종료된다. 투자가의 소재국과의 조세조액에 의해 소득세액이 경감될 가능성이 있다.

② 투자법인의 투자지분 양도

거주자가 투자법인의 투자지분을 양도하는 경우에는 원칙적으로 양도익에 대해서 26%(소득세 20%, 주민세 6%)의 신고분리과세가 행해진다. 양도손실이 발생한 경우에는 주식등의 양도소득의 범위 내에서 손익통산할 수 있다. 투자법인의 투자지분가 상장주식등에 해당하는 경우 일정한 조건하에 당해투자지분의 양도에 따른 양도소득에 대해서는 2003년 3월 31까지는 양도가액의 1.05%의 원천분리과세의 적용을 받을 수 있다.

거주자가 개방형이고 공모로 모집된 일정한 투자법인 가운에 그 보유자산을 주로 유가증권에 대한 투자로서 운용하는 것을 목적으로 하는 투자법인의 투자지분을 양도하는 경우에는 양도익이 비과세되어 양도손이 없는 것으로 볼 수 있지만, 개방형 부동산투자법인은 보유자산을 부동산등에 투자하기 때문에 이러한 규정은 적용되지 않는다.

일본에 항구적 시설이 없는 비거주자는 투자지분을 양도한 경우 양도익은 원칙적으로 과세되지 않지만 일정 사업양도와 유사한 경우에는 양도익에 대해서 소득세가 과세될 수 있다. 다만 투자자소재지국과의 조세조액의 적용에 의해 당해 과세가 면제되는 경우도 있을 수 있다.

③ 운용자산이 주로 토지등인 투자법인이 투자지분의 양도에 대한 특별과세

거주자에 대해서 그 운용자산에 속한 자산이 주로 토지등인 투자법인의 투자지분의 양도로서 토지등의 양도와 유사한 것으로서 정령에서 정한 것에 대해서는 각각 소득세법상의 토지등에 대한 단기양도소득과세의 특례 및 법인세법상의 토지 중과의 대상이 된다.[115]

그러나 투자법인의 투자지분 가운데 그 설립시에 발행한 투자지분가 공모이고 1억 엔 이상인 것 또는 사업연도 종료시에 있어서 그 총 발행투자지분이 50인 이상의 자에 의해 소유되고 있는 것 또는 적격기관투자만에 의해 소유되는 것에 대해서는 당해투자법인이 소위 동족회사에 해당하지 않는 한 당해투자의 양도는 소득세법상의 토지등에 대한 단기양도소득과세의 특례 및 법인세법상의 토지 중과의 대상이 되지 않는다. 따라서 국내공모, 폐쇄형 부동산투자법인은 설립시에 투자지분가 공모되고 발행가액이 1억 엔 이상 또는 사업연도 종료시에 그 총 발행투자지분가 50인 이상 또는 적격기관투자가만에 의해 소유되고 있고 동족회사에 해당하지만 않는다면 투자지분의 양도익이 단기양도소득과세나 토지중과의 대상이 되는 일은 없다.

3) 법인주주에 대한 과세

① 투자지분에 대한 이익배당

내국법인이 지급 받은 투자법인의 투자지분에 대한 이익배당에 대해서는 소득세 20% 원천징수 후에 법인세액 계산상 익금산입 되지만, 원천세에 대해서는 소득세액공제의 적용을 받을 수 있다.[116] 다만 수취배당금의 익금불산입은 적용되지 아니한다.[117]

내국법인이 지급 받은 부동산투자법인의 투자지분에 대한 이익배당에 대해서는 그 투자법인이 개방형 투자법인인 경우 소득세 15%(주민세 5%)의 원천과세 후 법인세액 계산상 익금산입 되지만, 원천세에 대해서는 소득세액공제의 적용을 받을 수 있다.[118] 다만 수취배당금의 익금불산입은 적용되지 아니한다.[119]

---

115) 일본 조세특별조치법시행령 21조 4항.
116) 일본 조세특별조치법 8조의4 1항, 지방세법 71조의6.
117) 일본 조세특별조치법 67조의15 3항.
118) 일본 조세특별조치법 8조의4 1항, 지방세법 71조의6.
119) 일본 조세특별조치법 67조의15 3항.

일본에 항구적 시설이 없는 외국법인이 지급을 받은 투자법인의 투자지분에 대한 이익배당에 대해서는 원칙적으로 소득세 20%의 원천과세에 의해 과세관계가 종료된다. 투자가의 소재국과의 조세조약에 의해 소득세액이 경감될 가능성이 있다.

② 투자지분의 양도

내국법인이 투자법인의 투자지분을 양도하는 경우 양도손익은 법인세 및 지방세의 과세대상이 된다.

일본에 항구적 시설이 없는 외국법인은 투자지분을 양도한 경우 양도익은 원칙적으로 과세되지 않지만 일정 사업양도와 유사한 경우에는 양도익에 대해서 법인세가 과세될 수 있다. 다만 투자자소재지국과의 조세조약의 적용에 의해 당해 과세가 면제되는 경우도 있을 수 있다.

II. 현행법과 문제점

부동산투자회사와 관련된 과세는 ⅰ) 부동산투자회사 자체에 대한 과세와 ⅱ) 부동산투자회사의 주식을 매입하여 주주가 되는 투자자에 대한 과세로 나누어 볼 수 있다. 후자의 경우 즉 투자자의 경우에는 양도소득세 감면이나 분리과세 등의 조세혜택을 주고 있다. 전자의 경우 즉, 부동산투자회사 자체에 대한 과세의 경우에는 부동산투자회사가 법인이라는 점에서 법인세가 부과되는데 정책상의 이유로 법인세를 이연하는 일정한 혜택이 주어지고 있고 기업구조조정 부동산투자회사의 경우에는 법인세를 감면해 주기까지 하고 있다. 또한 부동산을 취득하거나 등록할 때는 취득세와 등록세를 감면하여 세제상 지원을 하고 있다.

이러한 회사 자체에 대한 조세혜택은 부동산투자회사와 기업구조조정 부동산투자회사의 경우 그 정도에 차이를 보이고 있다. 또한 부동산투자신탁이 부동산투자회사와 같은 부동산 간접투자수단이기는 하지만 신탁재산에 귀속되는 소득은 그 신탁(회사)의 수입과 지출로 보지 아니하고 그 신탁의 이익을 받을 수익자가 그 신탁재산을 가진 것으로 보고 세법을 적용하기 때문에 신탁(회사)의 법인세 자체가 문제되지 않는다 (법인세법 5조 1항, 2항).

1. 자기관리부동산투자회사와 위탁관리부동산투자회사의 이중과세 조정방식 차이

1) 자기관리부동산투자회사와 위탁관리부동산 투자회사의 이중과세 조정방식의 내용

간접투자의 경우에는 동일한 투자수익에 대해 간접투자기구 단계에서의 과세, 투자자 단계에서의 과세라는 이중과세 문제가 발생한다. 직접투자의 경우라면 아래의 <표 7> 우측 끝에서 보듯이 이중과세 문제는 생기지 않는다. 문제는 일반회사, 자기관리부동산투자회사, 위탁관리부동산투자회사, 기업구조조정 부동산투자회사, 유동화전문회사의 경우이다. 일반회사에 대해서는 배당세액공제방식(법인세주주귀속방식)에 의해 이중과세를 조정한다. 자산유동화에 관한 법률에 의한 유동화전문회사는 SPC이므로 배당금손금산입방식에 의해 이중과세를 조정한다.

〈표 7〉 투자형태에 따른 이중과세 조정방법

투자형태 / 조정방법	일반회사	자기관리 부동산 투자회사	위탁관리 부동산 투자회사	기업구조조정 부동산 투자회사	유동화 전문회사	직접투자
배당금 손금산입			배당금 손금산입	배당금 손금산입	배당금 손금산입	이중과세 없음
배당세액 공제	배당세액 공제	배당세액 공제				

이중과세조정방법으로 자기관리부동산투자회사는 일반법인으로서의 성격에 따라 배당세액공제방식(법인세주주귀속방식)이, 위탁관리부동산투자회사와 기업구조조정 부동산투자회사는 SPC로서의 성격에 따라 유동화전문회사와 마찬가지로 배당금손금산입방식이 적용된다. 우리 현행법의 배당세액공제는 법인세이중과세부담을 일부만 제거하므로, 결국 자기관리부동산투자회사는 위탁관리부동산투자회사보다 무거운 세 부담을 지게 된다.

부동산투자회사법이 개정되기 전에는 일반 부동산투자회사와 기업구조조정 부동산투자회사간 이러한 이중과세 조정방식에 있어 차이가 있었고, 이러한 차이가 크게 작용하여 일반 부동산투자회사는 설립되지 않았고 기업구조조정 부동산투자회사만 설립되었다. 부동산투자회사법 개정으로 새롭게 허용된 위탁관리부동산투자회사의 경우 종전 기업구조조정 부동산투자회사와 같은 이중과세 조정방식을 채택하였으므로 개정법이 시행되는 2005년 4월 이후 이 역시 설립이 많이 될 것으로 예상된다.

그런데 위탁관리부동산투자회사는 기업구조조정 부동산투자회사가 기업의 상시 구조조정을 지원하기 위해 공모의무가 면제되고 1인당 주식소유한도의 제한이 없고 일정비율의 '부동산 유가증권'의 보유의무가 없다는 점에서 차이를 보이고 있다. 이점에서는 위탁관리부동산투자회사는 자기관리부동산투자회사에 가깝다. 이러한 특성을 중시하는 경우 이중과세 조정방식에 있어 위탁관리부동산투자회사와 자기관리부동산투자회사가 서로 달라야 되는 것인지 의문을 제기할 수 있다.

2) 자기관리부동산투자회사와 위탁관리부동산 투자회사의 이중과세 조정방식 차이의 타당성 여부

2004.10.22 개정 전에는 기업구조조정 부동산투자회사에 대칭되는 실체회사형의 일반부동산투자회사의 경우에는 간접투자기구라는 점에 초점을 맞춘다면 기업구조조정 부동산투자회사와 같이 배당금손금산입방

식에 의해 세제상 혜택을 주는 것이 일면 타당하고, 부동산을 통해 수익을 얻는 활동을 적극적으로 한다는 점에 초점을 맞춘다면 일반회사와 같은 법인세주주귀속방식을 채택하는 것이 타당할 것이다.[120]

그런데 2004.10.22 부동산투자회사법 개정으로 이러한 일반부동산투자회사 중 자산운용전문인력이나 임직원이 없이 투자의 도관으로써만 이용되는 위탁관리부동산투자회사라는 형태가 인정되었고 이러한 위탁관리부동산투자회사는 간접투자기구에 더 초점을 맞추었다는 점에서 기업구조조정 부동산투자회사와 같은 배당금손금산입방식을 취하게 되었다. 기업구조조정 부동산투자회사와 위탁관리부동산투자회사 둘 다 SPC로서 이러한 이중과세조정방법은 타당하다.

그런데 자기관리부동산투자회사가 위탁관리부동산투자회사와 비교하여 자산운용전문인력을 반드시 갖추어야 하는 등 부동산 수익을 얻는 활동을 하는 실체성이 있다는 점에서 이중과세 조정방법을 위탁관리부동산투자회사와 달리 정하는 것이 타당하다.

일본의 예를 보아도 그러하다. 일본의 경우 우리나라의 자기관리부동산투자회사와 같은 실체회사형을 인정하지 않고 SPC형만 인정하면서[121] 이러한 SPC형이 배당가능이익의 90%이상을 배당하는 등 세법상의 요건

---

120) 일반 부동산투자회사(현행 자기관리부동산투자회사)와 기업구조조정 부동산투자회사의 과세상 차이에 대해 찬성하는 견해로는 옥무석, "부동산투자회사제도의 법리와 세제(토론발표 발언부분)", 『조세법연구』 Ⅶ, 세경사, 2001, 188~191쪽 참조 ; 위 과세상 차이에 반대하여 일반 부동산투자회사(현행 자기관리부동산투자회사)에 대해서도 배당금손금산입방식의 도입을 주장하는 견해로는 박상덕, 위 발언부분, 191쪽 참조.

121) 일본 투자신탁 및 투자법인에 관한 법률 63조. 일본 투자신탁 및 투자법인에 관한 법률에서는 회사형 부동산투자기구 뿐만 아니라 신탁형 부동산 간접투자기구도 함께 규율하고 있다. 또한 투자대상이 부동산인지 부동산 이외의 것인지 구별하지 않고 간접투자를 투자신탁, 투자법인으로 구별하고 다시 전자는 위탁자지도형 투자신탁, 비위탁자지도형 투자신탁으로 구별할 뿐이다. 투자대상이 부동산인지 여부에 따른 투자기구의 구별은 부동산투신회계규칙과 상장기준에서 하고 있다.

을 충족하는 경우 배당금을 손금산입 하여 실질적으로 법인단계에서 과세가 되지 않는다.[122] SPC형인 일본의 부동산투자회사는 배당세액공제 방식의 적용[123]을 받는 일반법인과는 달리 배당금손금산입방식의 적용을 받는다. SPC형인 경우와 SPC형이 아닌 경우의 이중과세 조정방법의 차이를 인정하고 있는 것이다.

미국의 경우는 이중과세조정방법에 있어 자기관리부동산투자회사와 위탁관리부동산투자회사의 차이를 인정하지 않는 것으로 볼 여지가 있다. 미국의 경우 회사형 REIT는 부동산 투자의 장기성을 중시하여 실체 회사형일 수도 있고, 투자의 도관체로서 특성을 중시하여 자산관리·운용을 외부에 위탁주어야 하는 SPC형일 수도 있는데, 실질회사형이든 SPC형이든 일단 REIT의 요건을 갖추면 배당금 손금산입이 인정되어 사실상 투자자 단계에서만 과세된다. 이것만 보면 우리나라와 일본의 경우와는 다르게 실체회사형과 SPC형의 이중과세조정방법을 같게 한 것으로 볼 수 있다. 그런데 실체회사형의 경우라도 자산운용회사를 자회사로 만들고 그 자회사가 운용위탁을 받아 REIT의 자산을 관리하는 형식을 취하는 경우가 많다는 점에서 실체회사형이 우리나라의 자기관리부동산투자회사와 반드시 일치하는 것은 아니다. 따라서 미국의 예를 들어 자기관리부동산투자회사에 배당금손금산입방식의 적용을 주장할 것은 아니다.

자기관리부동산투자회사의 경우 위탁관리부동산투자회사와 이중과세 조정방법에 있어 차이를 인정하는 경우라도 자기관리부동산투자회사에 대한 이중과세를 불완전하게 조정해주는 것이 타당한지는 따로 검토해 볼 필요가 있다.

---

122) 일본 조세특례조치법 67조의15, 동법시행령 39조의32의3.
123) 일본 소득세법 92조.

3) 자기관리부동산투자회사의 경우 완전한 이중과세 조정방식의 채택의 가능성 여부

(1) 일반회사의 이중과세 조정방식 자체를 개선하는 방안

자기관리부동산투자회사가 따르고 있는 일반회사의 이중과세 조정방식인 부분적 법인세주주귀속방식을 개선하거나 조정방식을 변경하여 이중과세문제를 완전히 해결한다면 자기관리부동산투자회사와 위탁관리부동산투자회사 사이에서 생기는 법인세 부담의 차이를 해결할 수 있을 것이고 자기관리부동산투자회사의 활성화도 기대해 볼 수 있을 것이다. 문제는 일반회사의 경우 이중과세방법의 개선이나 변경이 타당한지 여부이다. 먼저 주요한 이중과세 해결방식을 살펴본다.

① 투자자단계에서 배당과세를 하지 않는 방법

법인세의 세율을 개인소득세의 세율과 같은 수준에 놓고 투자자단계에서는 배당소득을 과세하지 않는 방식이 있을 수 있다. 그러나 이러한 방식은 누진세 제도 하에서 고소득자 경과세로 말미암아 수직적 공평을 깨뜨린다는 문제가 있다.[124]

② 지급배당손금산입방식

회사는 별도의 납세의무자이지만 회사가 투자자에게 배당금을 분배하는 경우에 회사소득에서 이 배당금을 손금산입 하여 법인세의 대상에서 제외하는 지급배당손금산입방식이 있을 수 있다. 배당금 전액을 손금산입 하는 경우에는 법인소득 중 배당에 충당한 부분에 관한 한 이중과세가 완전하게 배제된다. 다만 회사의 유보이익에 대해서는 누진세 제도 하에서 고소득자가 상대적으로 경과세 되는 문제가 있고, 유보이익을 나중에 배당한 경우 이미 납부한 법인세 환급의 문제가 생긴다.[125]

---

124) 이태로 · 안경봉, 『조세법강의』(신정4판), 박영사, 2001.1, 273쪽.

이러한 지급배당손금산입방식이 인정되는 예로는, 미국의 경우에는 RIC(Regulated Investment Company)[126]와 REIT,[127] 일본의 경우에는 투자법인(투자대상이 증권이든 부동산이든 상관없다),[128] 우리나라의 경우에는 유동화전문회사(자산유동화에관한법률), 투자회사, 사모투자전문회사 및 투자목적회사(간접투자자산운용업법), 기업구조조정 투자회사(기업구조조정 투자회사법), 기업구조조정 부동산투자회사 및 위탁관리부동산투자회사(부동산투자회사법), 선박투자회사(선박투자회사법) 등이 있다.[129]

③ 배당세액공제방식 또는 법인세주주귀속방식

투자자가 받은 배당금의 일정비율 또는 일정액을 소득세액에서 공제하는 방식인 배당세액공제방식이 있다. 배당소득자의 소득계층 여하에 불구하고 배당의 이중과세로부터 구제액이 동일하지만, 이중과세로 인한 과다과세로부터의 구제율은 고소득계층에 있는 납세자일수록 높아진다는 문제가 있다. 유보소득에 대한 문제도 여전히 존재한다. 일본에서 채택하고 있는 방식이다.[130]

특히 투자자가 받은 배당금과 그 배당금에 해당하는 법인세를 합친 금액을 종합소득에 합산하여 산출한 종합소득세액에서 그 배당금에 해당하는 법인세액과 같은 금액의 세액공제를 하는 방식을 법인세주주귀

---

125) 金子宏, 『租稅法』(第八版增補版), 弘文堂, 2002.4, 240-241頁.

126) IRC 851조.

127) IRC 856조.

128) 일본 조세특별조치법 67조의15.

129) 법인세법 51조의2. 조세특례제한법 제104조의11에서는 합명 · 합자회사 형태로 운영되는 지식기반산업(엔지니어링 산업, 부가통신업, 연구 및 개발업, 정보처리 및 기타 컴퓨터운영관련업 등)에 대해서 배당금을 법인의 소득에서 공제하고, 구성원이 배당금 수령시 30% 세율로 원천징수하되 다른 금융소득이 있는지 여부와 관계없이 종합과세(원천징수분은 기납부세액으로 공제)하고 있는데, 이 방식도 소득이 있는 회사의 법인소득에서 배당하는 것을 뺀다는 점에서 지급배당손금산입방식이라 할 수 있다.

130) 일본 소득세법 92조.

속방식(imputation method)이라고 한다.131) 법인세주주귀속방식도 결국 투자자에게 배당세액의 전부 또는 일부 공제를 허용하는 결과를 가져온다는 점에서 배당세액공제방식으로 볼 수 있다. 이 방식에서는 법인의 소득을 주주의 소득으로 인정하여 법인세는 주주가 낼 세금의 선납으로 본다. 우리나라에서는 원칙적으로 이 방식을 취한다(소득세법 17조 4항, 56조 1항).

2004.12.31 개정 전 소득세법은 법인세율이 16%라는 것을 전제로 배당소득에 가산하는 금액 및 배당세액공제를 하는 금액을 19%로 정하였다.

2004.12.31 소득세법개정으로 19%가 15%로 바뀌었지만 법인세법이 13%라는 것을 전제로 하였다는 점에서 여전히 배당세액공제율이 실제 법인세 부담과 맞지 않을 수 있다. 따라서 우리나라의 이중과세조정방식은 부분적 법인세주주귀속방식이라 할 수 있다.132)

④ **배당소득공제방식**

투자자가 받은 배당금의 일정비율 또는 일정액을 소득에서 공제하는 배당소득공제방식133)이 있다. 법인주주의 경우 법인주주단계에서 회사

---

131) 일본에서 취하는 배당세액공제방식은 배당금의 일정비율 또는 일정액을 바로 배당세액으로 공제한다는 점에서 우리나라에서 채택하고 있는 법인세주주귀속방식과 차이를 보인다. 이 때문에 법인세주주귀속방식을 배당세액공제방식과 구별하여 설명하기도 한다. 이태로·안경봉, 위의 책, 274쪽 ; 金子宏, 위의 책, 241頁.

132) 강남언·옥무석, "배당세제 개선에 관한 연구－주식양도세제의 포함", 한국상장회사협의회, 2001.7, 36쪽 ; 김완석, 『법인세법론』, 광교TNS, 2004.2, 49쪽 ; 이태로·안경봉, 위의 책, 164쪽.

133) 법인세법 제51조의2는 '유동화전문회사등에 대한 소득공제'를 규정하고 있다. '소득공제'라는 용어 때문에 유동화전문회사등의 경우에는 이중과세 배제방식으로 배당소득공제방식을 채택하는 것으로 오해하기 쉬우나, 유동화전문회사등에 대한 이중과세 배제방식은 배당금을 지급하였을 때 배당금을 지급한 회사의 소득에서 그 배당금을 공제하는 것으로 '지급배당 손금방식'에 해당한다.

로부터 받은 배당금의 일정부분을 익금불산입 하는 방식도 이에 포함된다.[134] 이러한 방식은 누진율세제하에서 세 부담의 경감이 고액소득자에게 크다는 문제가 있다. 미국,[135] 일본,[136] 우리나라[137] 모두 법인주주의 수입배당금에 대해서는 이 방식에 의한다.[138]

⑤ 소 결

위에서 살펴본바와 같이 법인세와 배당소득세의 이중과세 조정방법은 각각 장단점을 갖고 있다. 일반법인의 경우에 배당한 소득세 대해 완전한 이중과세 조정이 되는 지급배당손금산입방식을 취한다면 부동산투자회사의 유형별 이중과세 조정방법에 차이를 없앨 수는 있다. 그러나 지급배당손금산입방식도 회사의 유보이익에 대해서는 누진세 제도 하에서 고소득자가 상대적으로 경과세 되는 문제가 있고, 유보이익을 나중에 배당한 경우 이미 납부한 법인세 환급의 문제가 생긴다는 점에서 일반법인의 경우 현행 법인세주주귀속방식을 포기하는 데에는 어려움이 따른다.

문제는 법인세주주귀속방식을 그대로 취하더라도 배당소득에 가산하는 금액 및 배당세액공제를 하는 금액을 정하는 15%의 비율로는 현행 25% 세율의 법인세 부담시 이중과세 문제를 완전히 해결하지 못하고 있다는 점이다. 그렇다고 15%가 아닌 33%[139]를 그 비율로 하는 경우 이중과세 조정문제와는 다른 문제가 나타날 수 있다. 14%의 분리과세를 받는 주주의 경우에는 이중과세 조정의 혜택을 못 받고, 금융소득 종합과

---

134) 최명근, 『법인세법』(97증보판), 세경사, 1997.3, 64쪽.
135) IRC 243(a)조.
136) 일본 법인세법 23조 1항, 4항.
137) 법인세법 18조의3.
138) 상장기업 배당과세에 대한 문제점과 개선방안에 대해서는 강남언·옥무석, 위의 글, 31~47쪽 참조.
139) 배당소득세 가산하는 금액 및 배당소득공제를 하는 금액을 정함에 있어 '법인세율×(1-법인세율)'에서 법인세율에 25%를 대입한 결과이다.

세의 적용을 받는 주주의 경우에는 이중과세 조정의 혜택을 보는 결과
가 나타나는 것이다. 이것이 부분적 법인세주주귀속방식을 유지할 수밖
에 없는 이유가 될 것이다.[140]

(2) 자기관리부동산투자회사만 법인세주주귀속방식을 개선하는 방안

일반회사의 경우 부분적 법인세주주귀속방식을 취할 수밖에 없다면,
자기관리부동산투자회사 만이라도 완전한 법인세주주귀속방식으로 법
인세 부담의 전부를 주주단계에서 없애주는 방법을 생각할 수 있다.

그러나 일반회사의 경우와 마찬가지로 자기관리부동산투자회사의 경
우에도 이자소득과 배당소득을 반드시 종합소득에 포함시키고 있지 않
은 우리나라 세제하[141]에서는 이미 살펴본 바와 같이 이러한 완전한 법
인세주주귀속방식은 수직적 공평을 희생하는 결과를 가져올 수 있다. 만
일 배당세액 공제율을 올리는 경우 이자소득과 배당소득을 반드시 종합
소득에 포함시키고 있지 않는 우리나라의 세제 하에서는 분리과세가 되
는 배당소득에 대해서는 배당세액공제가 배제되면서 법인세 부담에 더
해서 원천징수세액을 부담하게 되는 반면 종합과세가 되는 배당소득에
대해서는 배당세액공제를 통해 법인세 부담이 일부 제거된다는 점에서
세 부담에 있어 상장법인이나 등록법인의 대주주가 소액주주보다 세 부
담을 적게 지는 결과를 가져올 수도 있는 것이다.[142]

---

140) 배당세액공제율을 얼마로 정할 것인가는 금융소득종합과세 제도와 얽혀
    있는 복잡한 문제이다. 이에 대해서는 이창희, 『세법강의』 제5판, 박영사,
    2006, 510쪽 이하 참조.
141) 구조세특례제한법(2003.12.31 법률 제7030호로 개정되기 전) 제55조의2 제5
    항에 따르면 2003년 12월 31일 이전에 부동산투자회사로부터 지급받는 배
    당소득에 대해서 당연종합과세가 되는 대주주가 받는 배당소득이나 비상
    장주식에 대한 배당소득의 경우에도 분리과세 되었다. 당연종합과세는
    2003.12.30 소득세법 개정(법률 제7006호)으로 폐지되었다.
142) 이에 대한 실제 계산예로는 이창희, 위의 책, 513~517쪽 참조.

일반회사의 경우 부분적 법인세주주귀속방식을 채택할 수밖에 없는 바와 같이, 자기관리부동산투자회사의 경우 법인세주주귀속방식을 채택하여야 한다면 이 역시 부분적 법인세주주귀속방식을 채택할 수밖에 없을 것이다.

2. 자기관리부동산투자회사와 위탁관리부동산투자회사의 조세특례제한법상 과세상 혜택의 차이

1) 자기관리부동산투자회사와 위탁관리부동산 투자회사의 조세특례제한법상 과세상 차이

조세특례제한법에 따르면 자기관리부동산투자회사의 경우에는 투자손실준비금 손금산입과 국민주택임대소득 50% 소득공제의 혜택이 주어지는데 반하여, 위탁관리부동산투자회사의 경우에는 이러한 혜택이 허용되지 않고 있다. 자기관리부동산투자회사에게 인정되는 법인과세상 혜택의 내용을 보면 다음과 같다.

조세특례제한법에서는 자기관리부동산투자회사는 부동산을 투자, 운용하는 과정에서 발생하는 손실보전을 위하여 매년 순투자금액의 50% (사업연도 종료일 현재의 투자금액에서 투자손실준비금잔액을 차감한 금액을 한도로 한다)를 투자손실준비금으로 손금산입 할 수 있도록 규정하고 있다(조세특례제한법 55조의2 1항). 일반 국민이 부동산에 투자할 수 있는 기회를 확대하고 부동산에 대한 건전한 투자를 활성화하여 국민경제의 발전에 이바지할 수 있도록 하기 위하여 제정된 부동산투자회사법 본래의 목적을 원활히 달성할 수 있도록 하기 위한 조치이다. 2003.12.30 조세특례제한법 개정시(법률 제7003호) 부동산투자회사가 아직 정착단계에 이르지 못한 점을 감안하여 적용기한을 2003.12.31에서 2006.12.31까지 3년간 연장하였다.[143)]

위탁관리부동산투자회사와 기업구조조정 부동산투자회사는 투자손실준비금을 설정할 수 있는 법인에 해당하지 않는다. 투자손실준비금은 미래에 발생될 손실 등을 보전하기 위하여 이를 미리 세무상 비용인 손금으로 계상한 후 투자손실준비금과 상계하고 남은 금액은 4년 후 익금에 산입하는 제도를 말한다. 따라서 감소된 법인세만큼의 자금을 정부로부터 무이자로 대부 받아 사용하고 이를 나중에 상환하는 것과 동일한 효과가 있다.

투자손실준비금을 손금 산입하는 구체적인 내용을 보면, 자기관리부동산투자회사가 자산을 부동산에 투자·운용(부동산투자회사법 제21조에서 규정한 방법에 의한 투자 및 운용)함에 따라 발생하는 손실을 보전하기 위해 2006년 12월 31일 이전에 종료하는 사업연도까지 투자손실준비금을 손금으로 계상한 때에는 ⅰ) 당해 사업연도에 시행령 제51조의2 제1항에서 규정한 부동산의 취득, 부동산의 개발, 부동산관련 유가증권의 매입 및 지상권·임차권 등 부동산사용에 관한 권리의 취득을 위해 투자한 금액의 합계액에서 당해 사업연도에 회수 또는 처분한 금액의 합계액을 차감한 금액의 50%, ⅱ) 당해 사업연도 종료일 현재 투자금액에서 투자손실준비금 잔액을 차감한 금액(다만, 당해 금액이 부수인 경우에는 영으로 본다) 중 적은 금액의 범위 안에서 이를 손금에 산입한다. 자기관리부동산투자회사가 설정한 투자손실준비금은 향후 손실이 발생할 경우 우선적으로 그 손실과 상계하여야 하며, 준비금을 손금에 산입한 사업연도 종료일 이후 4년이 되는 날이 속하는 사업연도까지 손실과 상계하고 남는 준비금의 잔액은 그 4년이 되는 날이 속하는 사업연도에 일시 환입하여야 한다.

자기관리부동산투자회사가 국민주택을 신축하거나 취득당시 입주된

143) 조세특례제한법상 인정되었던 투자손실금 손금산입제도가 일몰조항에도 불구하고 모든 회사의 경우 연장되었던 것은 아니다. 기업구조조정 전문회사의 경우에는 일몰종료로 추가적인 투자손실금 손금산입이 인정되지 아니하였다.

사실이 없는 국민주택을 매입하여 임대업을 영위하는 경우에는 당해 임대업으로부터 최초로 소득이 발생한 사업연도와 그 다음 사업연도 개시일부터 5년 이내에 종료하는 사업연도까지 국민주택을 임대함으로써 발생한 소득금액의 100분의 50에 상당하는 금액을 각 사업연도의 소득금액에서 공제한다(조세특례제한법 55조의2 4항).

2) 자기관리부동산투자회사와 위탁관리부동산 투자회사의 조세특례제한법상 과세상 차이의 타당성 여부

투자손실준비금의 손금산입이나 국민주택임대소득 50%의 공제는, 간접투자기구라는 특징을 반영하는 것은 아니다. 투자손실준비금의 손금산입은 일반기업에 대하여 산업정책적 수단의 하나로 널리 쓰이고 있는 제도이며, 국민주택임대소득의 일부 감면은 국민주택의 보급이라는 일반적 주택정책의 일환이다.

위탁관리부동산투자회사의 경우 이러한 산업정책, 주택정책상 혜택을 특별히 배제할 이유는 없는 것으로 보인다. 비록 위탁관리부동산투자회사의 경우 배당금손금산입방식에 의해 법인세 부담에 있어 자기관리부동산투자회사보다 많은 혜택을 누리고 있지만 이러한 혜택이 조세특례법상 혜택을 배제할 이유가 되지는 않는다. 결국 위탁관리부동산투자회사의 경우에도 자기관리부동산투자회사와 마찬가지로 투자손실준비금의 손금산입과 국민주택임대소득 50%의 공제를 허용하는 것이 타당하다.

제4절 부동산 유통에 관한 과세

부동산 간접투자는 주된 투자대상이 부동산이므로 이를 취득, 보유, 처분하는 과정에서 투자수익을 올리고 그 수익을 투자자에게 분배하게 된다. 부동산은 투자단위가 거액이라는 점에서 다른 투자수단보다 거래가 쉽지 않고 부동산 유통과 관련해서 세금이 큰 경우 더욱 거래를 어렵게 만든다. 부동산 유통에 관한 세금 부담이 큰 세제하에서는 세제 감면이 없다면 부동산 간접투자가 사실상 이루어지기 어렵게 된다.

동일한 투자수익을 부동산 간접투자수단 단계와 투자자단계에 이중과세되는 문제를 해결하는 것에 대해서는 위 신탁형과 회사형에 있어서의 소득과세부분에서 이미 살펴보았다. 여기에서는 부동산 유통과 관련된 세금을 감면해 주는 것과 관련하여 미국, 일본의 경우를 먼저 살펴보고 우리나라의 경우를 검토한다.

Ⅰ. 입법례

1. 미 국

미국의 부동산 관련 조세를 보면 부동산 취득단계에서는 유산세와 증여세, 보유단계에서는 소득세, 법인세, 재산세(property tax), 처분단계에서는 소득세, 법인세, 부동산거래세(transfer tax) 등이 있다.

취득단계에서의 유산세와 증여세는 부동산 간접투자라고 해서 특별한 취급을 하지는 않는다.

보유단계에서의 소득세, 법인세는 부동산임대소득에 관한 것으로 부동산 간접투자수단이 이러한 소득을 얻고 투자자에게 분배하는 것에 대해서는 소득과세에서 이미 설명하였다.

처분단계에서의 소득세, 법인세는 부동산양도차익에 대한 과세를 말하며, 부동산 간접투자라고 해서 특별한 취급을 하지는 않는다.

결국 부동산 유통과 관련해서 문제되는 것은 재산세와 부동산거래세라 할 수 있다. 재산세나 부동산거래세는 주정부세 또는 지방세로서 각 주마다 그러한 세목의 존부와 세율에 있어서 차이를 보인다.[1] 재산세는 우리나라의 재산세와 같이 부동산과 동산을 보유하고 있는 자에 대한 조세이고, 부동산거래세는 부동산 처분시 처분하는 쪽이 원칙적으로 부담한다는 점에서 우리나라에서는 취득하는 쪽에서 부담하는 취득세와는 그 부담자가 다르다.

미국의 부동산 관련 조세에 있어서는 REIT에 특별한 과세상 혜택을 주는 경우는 보이지 않는다. 미국의 경우는 REIT가 실제 거래하면서 소득과세 이외에 반드시 고려해야 중요한 세금으로는 부동산 관련 조세보다는 사업면허세(franchise tax)가 거론된다.[2] 사업면허세는 법인형태로 사업을 하는 특전에 대해 주정부가 부과하는 세금으로서 과세표준은 소득액, 수권자본액, 순자산액등이 있고, 과세표준 없이 일정액을 과세하는 주도 있다.

결국 부동산 유통세 감면이 논의되려면 부동산 유통세가 높아 그 감면 없이는 부동산 간접투자가 어려운 경우여야 하는데, 미국의 경우는 일본과 우리나라와 달리 부동산 유통세의 부담이 낮아 이러한 논의가 이루어지지 않는 것으로 보인다.[3]

---

1) M. David Gelfand, Joel A. Mints & Peter W. Salsch. J. R., State and Local Taxation and Finance, in a Nutshell (2nd ed., 2000), 36.

2) Theodore S. Lyhn & Micah Bloomfield, Id., 3.09(3).

3) 부동산 유통세의 부담은 주정부에 따라 다르므로 일률적으로 말하기는 어렵다. 다만 부동산 보유세(위의 재산세) 부담은 우리나라가 미국보다 높은 것으로 평가된다. 외교통상부 통상교섭본부, '주한 EU 상공회의소 2002년도

2. 일 본

일본의 부동산 관련 조세를 보면 부동산 취득단계에서는 상속세, 증여세, 인지세, 소비세, 등록면허세, 지방소비세, 부동산취득세, 택지개발세, 보유단계에서는 지가세, 소득세, 법인세, 소비세, 고정자산세, 도시계획세, 특별토지보유세, 사업소세, 주민세, 사업세, 지방소비세, 처분단계에서는 소득세, 법인세, 소비세, 주민세, 사업세, 지방소비세, 국민건강보험세 등이 있다.

이중에서 부동산 간접투자의 부동산 유통과 관련해서 특히 문제되는 것으로는 취득단계에서의 등록면허세 및 부동산취득세와 보유단계에서의 특별토지보유세가 문제된다. 등록면허세는 부동산가액의 1,000분의 50, 부동산취득세는 1,000분의 40, 특별토지보유세는 1,000분의 30이기 때문에 부동산 유통시 큰 부담이 된다. 이러한 세 부담의 경감 없이는 부동산 간접투자가 사실상 이루어지기 어렵다는 이유 때문에 이러한 부동산 간접투자에 대해 일정한 감면혜택을 주고 있다. 구체적인 내용을 신탁형과 회사형으로 나누어 살펴보면 다음과 같다.

1) 신탁형

(1) 등록면허세의 감면

부동산을 취득하는 경우 소유권이전등기에 대해서 원칙적으로 부동산의 가액에 대해서 1,000분의 50의 등록면허세가 과세되지만, 다음의 요건을 만족하는 경우에는 2004년 3월 31일까지 부동산 소유권이전등기에 관한 세율을 1,000분의 16으로 한다.[4)]

통상보고서 검토', 2002.7 (부동산위원회 정부답변부분) 참조 ; 보유세 자체의 부담이 높은 것은 오히려 부동산 유동성을 촉진하는 면이 있다.
4) 일본 조세특별조치법 83조의7 2항.

그 요건이란 ⅰ) 특정부동산(신탁수익권 포함)의 가액의 합계액이 당해 투자신탁이 보유한 특정자산 가액의 합계액에서 차지하는 비율이 75%이상이라는 취지가 투자신탁약관에 기재되어 있고 ⅱ) 위탁자지도형 투자신탁의 경우 자산운용에 관한 업무를 위탁받은 투자신탁위탁업자가 택지건물거래업법에서 정한 인가를 받고 있고 ⅲ) 자금을 차입한 경우에는 적격기관투자가로부터 차입한 것이고 ⅳ) 특정부동산의 비율이 75%이상이거나 취득에 의해 비율이 75%이상인 경우이다.

(2) 부동산취득세의 감면

부동산을 취득하는 경우 원칙적으로 부동산 취득시 가격을 과세표준으로 하여 1,000분의 40의 세율로 부동산취득세가 과세된다. 그러나 투자신탁에 대해서는 2003년 3월 31일까지 금융청장관 및 국토교통대신에 의해 다음의 요건을 충족하는 것이 증명되는 경우에는 일정 부동산에 대해 과세표준을 부동산 취득시 가액의 3분의 1로 한다.[5]

위 등록면허세를 감면받기 위한 요건과 함께 각 연도에 취득한 부동산(신탁수익권을 제외) 가액의 합계액이 당해연도에 취득한 특정자산 가액의 합계액에서 차지하는 비율이 특정부동산의 비율의 2분의 1 이상이라는 취지가 투자신탁약관에 기재되어 있어야 한다.

2) 회사형

(1) 등록면허세의 경감

부동산을 취득하는 경우 소유권의 이전등기에 대해서는 원칙적으로 부동산가액에 대해 세율 1,000분의 50의 등록면허세(우리나라의 등록세에 해당)가 과세된다.[6] 그러나 부동산투자법인의 등록면허세는 부동산

---

5) 일본 지방세법부칙 11조 27항.
6) 일본 등록면허세법 9조.

투자법인이 다음의 요건을 충족하는 경우 2001년 4월 1일부터 2004년 3월 31일까지 등록면허세가 3분의 1인 0.16%로 경감된다(일본 조세특별조치법 83조의7 3항).

ⅰ) 정관에 자산운용방침으로서 특정부동산(부동산, 부동산의 임차권, 지상권 또는 부동산, 토지의 임차권 내지 지상권을 신탁하는 신탁의 수익권) 가치합계액이 특정자산합계액에서 차지하는 비율(특정부동산의 비율)이 75%이상이고, ⅱ) 투자신탁법 187조의 등록을 받고 있고, ⅲ) 부동산투자법인으로부터 투자신탁법 198조에 의해 자산운용업무를 위탁받은 투자신탁위탁업자(투자신탁법 2조 18항)가 택지건물거래업법 50조의2 1항(거래일임대리등)의 인가를 받고 있고, ⅳ) 자금을 차입하는 경우 적격기관투자가로부터의 차입이고, ⅴ) 특정부동산의 비율이 75%이상이거나 부동산투자법인이 부동산을 취득하는 것에 의해 특정부동산의 비율이 75%이상인 경우이다.

(2) 부동산취득세의 경감

부동산을 취득하는 경우에 원칙적으로 부동산의 취득시의 가격을 과세표준으로 하여 세율 1,000분의 40으로 부동산취득세(우리나라의 취득세에 해당)가 과세된다.[7]

그러나 부동산투자법인이 부동산을 취득하는 경우에는 다음과 같은 요건을 충족하는 경우에 2003년 3월 31일까지 취득한 것에 한하여 3분의 1로 경감된다.[8]

ⅰ) 투자신탁법 제67조 제1항에 규정한 정관에 자산의 운용의 방침으로서, 특정부동산(부동산투자법인이 취득한 특정 자산 중 부동산, 부동산의 임차권, 지상권 또는 부동산, 토지의 임차권 또는 지상권을 신탁한 신탁의 수익권을 말한다)의 가액의 합계액이 해당 부동산투자법인이 가

---

7) 일본 지방세법 73조의15.
8) 일본 지방세법부칙 11조 26항, 동법시행령부칙 7조 25항, 26항.

지는 특정 자산의 가액의 합계액에 차지한 비율이 75%이상이라는 취지
의 기재가 있고, ⅱ) 정관에 자산의 운용의 방침으로서 각 연도에 있어서
취득하는 부동산가격합계액의 특정자산가액합계액에서 차지하는 비율
이 위 특정부동산의 비율의 50%이상이고(2002년 4월 1일 이후 적용), ⅲ)
투자신탁위탁업자가 택지건물거래업법 50조의2 1항(거래일임대리등)의
인가를 받고 있고, ⅳ) 자금을 차입하는 경우 적격기관투자가로부터의
차입이고, ⅴ) 해당 부동산투자법인이 운용한 특정자산 중 특정부동산비
율이 75%이상이거나 투자법인이 부동산취득세의 감면을 받기 위해 부
동산을 취득하고 특정부동산비율이 75%이상일 것을 요한다.

(3) 특별토지보유세의 비과세

특별토지보유세는 토지의 취득 및 보유에 대하여 시읍면이 과세한 지
방세로, 관리비용 증대를 통하여 유효이용이나 토지공급을 촉진하려는
정책적 목적에서 마련된 것이다. 일정토지를 취득한 경우 토지의 취득가
액에 대하여 세율 1,000분의 30으로 특별토지보유세가 과세되지만,9) 부
동산취득세 감면이 인정되는 일정한 부동산투자법인에 대해서는 2003년
3월 31일까지 특별토지보유세가 비과세된다.10)

Ⅱ. 현행법과 문제점

우리나라 일본의 경우처럼 부동산을 전통적으로 생활이나 사업상
만 보유하는 것으로 보는 경우에는 부동산은 단기투자의 대상이 되지
않아 부동산의 거래 및 보유에 따른 세금이 고액일 수밖에 없다. 우리나
라의 부동산 관련 조세를 보면 부동산 취득단계에서는 취득세, 등록세,

---

9) 일본 지방세법 585조.
10) 일본 지방세법부칙 31조의2의2 1항.

면허세, 상속세 및 증여세, 인지세, 농어촌특별세, 보유단계에서는 재산세, 종합부동산세, 도시계획세, 공동시설세, 사업소세, 지방교육세, 소득세(부동산임대소득, 산림소득), 법인세, 주민세, 부가가치세(부동산임대용역), 특별소비세, 농어촌특별세, 처분단계에서는 양도소득세, 법인세(토지등양도소득),[11] 종합소득세(부동산매매업의 사업소득세), 부가가치세(건물의 양도), 농어촌특별세 등이 있다.

이중에서 부동산 간접투자에 있어 특히 문제되는 것으로는 취득단계에서의 취득세와 등록세와 보유단계에서의 재산세와 종합부동산세가 문제된다. 우리나라의 경우 취득세는 부동산가액의 1,000분의 20, 부동산 등록세는 1,000분의 20[12]이어서 부동산 거래시 세부담이 크다. 2005년 종합부동산세법 제정이전에도 부동산을 보유하는 경우 보유세제의 부담이 적지 않았으나 종합부동산세 신설로 그 부담이 더욱 커졌다. 이러한 부동산 거래세 및 보유세라는 투자비용을 낮추지 않고는 사실상 부동산 간접투자를 하기는 어렵다. 이러한 세 부담의 경감 없이는 부동산 간접투자가 사실상 이루어지기 어렵다는 이유 때문에 부동산 간접투자에 대해 일정한 감면혜택을 주고 있다.

---

11) 2001.12.31 법인 특별부가세가 폐지되기 이전에는 부동산 처분시 특별부가세에 대한 부담을 덜어주기 위해 구조세특례제한법(2001.12.29 법률 6297호로 개정되기 전의 것) 제55조의2 제3항에서 일반 부동산투자회사와 기업구조조정 부동산투자회사가 보유한 부동산을 매각하는 경우 양도차익에 대하여 특별부가세를 50%감면하도록 규정하였다. 부동산투자회사에 부동산을 매각하는 입장에서 특별부가세에 대한 부담을 덜어주는 것으로는 구조세특례제한법(2001.12.29 법률 6297호로 개정되기 전의 것) 제37조상 기업 및 금융기관의 구조조정용 부동산 매각시 특별부가세 면제규정을 들 수 있다.

12) 2005.1.5 지방세법 개정시(법률 제7332호) 부동산 보유세제 개편과 관련하여, 부동산소유권이전등기를 함에 있어서 납부하는 등록세의 세율을 1,000분의 30에서 1,000분의 20으로 하향조정하였다.

1. 취득세 50% 감면 : 일몰조항 존재

부동산투자회사(기업구조조정 부동산투자회사 포함)가 2006년 12월 31일까지 취득하는 부동산 취득하는 부동산에 대하여 취득세(2%의 세율)의 100분의 50에 상당하는 세액을 감면한다(조세특례제한법 120조 4항).

2003.12.30 조세특례제한법 개정(법률 제7003호) 이전에는 일반 부동산투자회사(현행 자기관리부동산투자회사와 위탁관리부동산투자회사를 아우르는 개념)가 취득하는 부동산에 대하여는 취득세의 100분의 50에 상당하는 세액을 감면하고, 기업구조조정 부동산투자회사가 취득하는 부동산에 대하여는 취득세를 아예 면제하였다(구조세특례제한법 120조 4항). 기업구조조정 부동산투자회사는 기업구조조정을 위해 신속성이 요구되기 때문에 일반 부동산투자회사보다 취득세 감면혜택을 더 준 것으로 보인다.

2003.12.30 조세특례제한법 개정시 구조조정관련회사에 대한 지방세 감면 축소의 맥락에서 기업구조조정 부동산투자회사의 취득세 감면율이 다른 부동산투자회사와 마찬가지로 50% 수준으로 축소되었다.

2. 등록세 50% 감면 : 일몰조항 존재

부동산투자회사(기업구조조정 부동산투자회사 포함)가 2006년 12월 31일까지 취득하는 부동산(지방세법 제112조 제2항 각호의 1에 해당하는 부동산 예컨대 별장, 골프장, 고급주택, 고급오락장, 고급선박 등 제외)에 관한 등기에 대하여도 등록세(2%의 세율)의 100분의 50에 상당하는 세액을 감면한다(조세특례제한법 119조 6항). 2003.12.30 조세특례제한법 개정(법률 제7003호) 이전에는 취득세의 경우와 마찬가지로 기업구조조정 부동산투자회사가 취득하는 부동산에 관한 등기에 대하여는 등록세를 면제하였다(조세특례제한법 119조 6항).

일반 부동산투자회사와 기업구조조정 부동산투자회사의 경우 수익이 발생하는 대형부동산이 대부분 대도시에 분포하므로 회사가 주로 대도시에 설립될 것으로 예상되어 지방세법 제138조 제1항의 대도시 지역 내 법인등기 등의 3배 중과세율을 적용하지 아니하고 일반세율을 적용한다(조세특례제한법 119조 7항).

3. 토지분 재산세[13] 분리과세

부동산투자회사(기업구조조정 부동산투자회사 포함)가 목적사업에 사용하기 위하여 소유하고 있는 토지에 대하여 재산세를 과세함에 있어서 보다 높은 세부담이 예상되는 종합 내지 별도 합산과세대상으로 분류하지 않고 상대적으로 세부담이 낮은 분리과세대상으로 분류한다(지방세법 182조 1항 3호 다목, 동법시행령 132조 4항 23호).

분리과세대상으로 분류된다는 것은 재산세 세율이 낮다는 것 이외에도 종합부동산세 과세대상이 되지 않는다는 점에서 분리과세 되지 않는 경우와 비교하여 세부담이 훨씬 줄어들게 됨을 의미한다. 일반적으로는 부동산 보유시 세금을 낮추면 관리비 감소로 부동산 유동성을 낮추는 면이 있으나, 부동산투자회사에 있어서는 장기간 부동산을 보유하면서 사업을 하는데 필연적으로 발생하는 관리비용을 낮추어 주므로 부동산투자회사를 지원한다는 의미를 갖는다.

---

13) 2005년 종합부동산세 도입 이후 주거용 건물의 경우에는 건물이 있는 토지와 그 건물 자체를 합산하여 주택분 재산세와 종합부동산세가 과세되고, 그 외 건물의 경우에는 건물만 재산세가 과세된다. 토지의 경우에는 주거용 건물이 있는 경우가 아니라면 토지만 토지분 '재산세'와 종합부동산세가 과세된다. 종합부동산세가 과세될 때에는 재산세 과세표준이 일정한도를 초과하여야 한다. 종합토지세라는 세목이 사라지면서 '재산세'가 더 넓게 적용되고 종합부동산세라는 새로운 세목이 과세되는 것이다. 종합부동산세의 내용과 문제점에 대해서는 박훈, "종합부동산세법안의 내용과 문제점", 『한국토지공법학회 제43회 학술대회 자료집』, 2004.12.11, 1~58쪽 참조.

제5장 마치며

 제2장에서는 간접투자와 부동산 간접투자 전반에 걸친 법적구조와
과세에 관한 이론적 검토를 한 후 제3장, 제4장에서는 부동산 간접투
자의 법적구조(회사형 중심)와 세제의 구체적인 내용과 문제점 그리고
그 개선방안에 대해 살펴보았다. 지금까지의 논의를 요약하면 다음과
같다.

 부동산 간접투자는 그 법적 형태로 신탁과 회사를 택할 수 있다. 회사
형은 실질회사 또는 SPC(Special Purpose Company)일 수 있다. 실질회사는
부동산의 관리·운용업을 사업목적으로 한다는 점에서 본래 일반회사이
다. 부동산투자회사법상의 일반 부동산투자회사가 그 예이다. 이와 달리
SPC는 부동산 관리를 직접 할 수 없는 도관체(pass-through entity)이다. 부
동산투자회사법상 기업구조조정 부동산투자회사가 그 예이다.

 이 논문에서는 미국과 일본에서의 신탁형과 회사형의 부동산 간접투
자에 대한 법제와 그 밑바탕을 이루는 정책을 분석하면서 우리나라 일
반 부동산투자회사와 기업구조조정 부동산투자회사의 법적 구조와 세제
의 문제점에 대해 살펴보고 부동산투자회사법의 개선방안을 제시하였
다. 이를 2004년 10월 22일 개정 전과 개정된 후의 개선방안으로 나누어
살펴보면 다음과 같다. 2004년 10월 22일 이후는 세제를 중심으로 정리
한다.

1. 2004년 10월 22일 개정 전

1) 법적 구조 측면

첫째, 부동산 간접투자는 일반 부동산투자회사와 기업구조조정 부동산투자회사만 가능한 것은 아니다. 상법상 일반회사라도 부동산 간접투자가 가능하다. 그러나 이러한 회사는 부동산투자회사법에 따른 부동산투자회사에게 인정되는 부동산 유통시 세금 감면이나 다른 과세상 혜택을 받지 못하여 사실상 부동산 간접투자가 불가능하다.

둘째, 다른 SPC형태의 회사가 유한회사에 관한 법률의 적용을 받는 데 반하여 기업구조조정 부동산투자회사는 SPC이면서도 주식회사에 관한 법률이 적용된다는 점을 지적하면서 부동산투자회사법을 비판하는 견해가 있다. 그러나 투자자보호, 공시, 증권거래의 원활을 위한 보다 나은 법률을 적용한다는 측면에서 보면 기업구조조정 부동산투자회사에는 주식회사에 관한 법률이 적용되는 것이 더 낫다.

셋째, 미국에서 부동산 간접투자의 보편적인 방법 중의 하나인 UPREIT(Umbrella Partnership REIT)는 우리나라 시장에서도 필요하다. 그러나 UPREIT는 현행 세법의 주요개정 없이는 도입될 수 없다(엄밀히 말하면 REIT 자체의 도입을 말하는 것이 아니라 UPREIT라는 형태의 REIT가 가능하기 위한 유한파트너쉽의 도입에 관한 것이다).

넷째, 부동산투자회사법에서 일반 부동산투자회사의 차입을 제한하고 있는 것은 타당하지 않다. 일반 부동산투자회사가 실질회사로서의 특성을 갖고 있는 것과 상치되기 때문이다.

다섯째, 부동산투자회사법에서는 일반 부동산투자회사에게는 90%이상 배당의무를 지우는 반면, 기업구조조정 부동산투자회사에게는 이러한 배당의무를 지우지 않고 이러한 배당을 하였을 때만 과세상 혜택을 주고 있다. 배당가능이익과 과세소득의 차이로 인한 행정상 어려움을 해소한다는 점에서 보면 기업구조조정 부동산투자회사의 경우도 90% 배당의무를 강제하는 것이 타당하다.

여섯째, 부동산투자회사법에서는 일반 부동산투자회사에 있어 소유의 집중을 허용하지 않고 주식분산 요건을 요구하고 있다. 이러한 제한은 일반회사가 투자목적으로 부동산을 소유하는 것을 막기 위해 무거운 세부담을 지우던 전통적인 경제정책을 반영한 것이다. 부동산투자회사법의 주식분산 요구는 투자자의 포트폴리오 투자와 관련한 부동산 간접투자의 경우에 예외적으로 회사가 부동산에 투자하는 것을 허용하겠다는 쪽으로 정책을 일부 수정한다는 의미를 갖고 있다.

일곱 번째, 일반적인 재무정보의 공시와는 달리 부동산투자회사법에서는 부동산투자회사에 대해서 소유부동산의 시가정보를 공시하도록 하고 있다. 이는 부동산 투자의 장기성으로 인해 장부가격 또는 원가정보만으로는 주식의 환매나 매도시 적정한 주식가격을 결정하기 어렵기 때문이다.

여덟 번째, 부동산투자회사의 유가증권 투자나 증권투자회사의 부동산 투자가 제한되는 것은 투자의 투명성과 자본시장의 효율성을 해하기 때문이다. 일반적으로 다양한 SPC를 포괄하는 통일적 입법의 미비는 법적 구조를 복잡하게 하지만, 일반 부동산투자회사를 이러한 통일적 입법의 범주 안에 넣기는 어렵다. 일반 부동산투자회사는 실질회사의 특성을 갖기 때문이다.

아홉 번째, 부동산투자회사법에서는 일반 부동산투자회사, 기업구조조정 부동산투자회사 모두 자산관리회사의 의결권 있는 발행주식 10%를 초과하여 취득하지 못하게 하고 있다. 자산관리회사의 이용은 단지 회계의 투명성을 위한 것이라는 점에서 이러한 제한은 타당하지 않다.

2) 세제 측면

세제면에서 보면 부동산 간접투자는 부동산 유통세와 소득세 분야에서 특별한 취급을 받는다. 부동산 간접투자에 대한 부동산 유통세 감면은 사실상 회사가 부동산에 투자하는 것을 막아왔던 전통적인 경제정책을 반영한 것이다. 전통적으로 회사의 부동산 투자는 투자목적으로 부동산을 소유하고 이전하는 데 따른 높은 세 부담 때문에 사실상 불가능했다. 일정한 요건을 갖춘 부동산 간접투자에 대한 부동산 유통세 감면은 포트폴리오를 부자인 몇몇의 개인보다는 불특정 다수인이 소유한다는 전제하에서 부동산 포트폴리오 투자를 가능케 한다. 소득세 측면에서 보면, 회사형과 신탁형은 차이를 보인다. 우리나라 법제하에서는 신탁은 과세이연의 수단으로 사용될 수 있다. 왜냐하면 수익이 수익자에게 분배되지 않거나 될 때까지는 수탁자나 수익자 어느 쪽에도 수익에 대한 과세를 할 수 없기 때문이다. 이에 반하여 일반 부동산투자회사는 과세목적상 일반회사로 취급되어 배당세액공제에 의해 부분적으로 이중과세조정을 받는다. 기업구조조정 부동산투자회사는 SPC로 취급되어 투자자에게 90%이상 배당을 한 경우 배당액을 그 법인의 소득에서 공제하여 사실상 법인세 부담을 지지 않게 한다.

부동산 간접투자의 과세에 관한 이 글의 주요 제안은 다음과 같다.

첫째, 신탁형에 있어서 과세이연문제에 대한 완전하지는 않지만 손쉬운 해결방법은 신탁에 수익의 일정비율(예컨대 90%이상)을 분배하도록 강제하는 것이다.

둘째, 법인세 부담에 있어서 일반 부동산투자회사와 비교하여 기업구조조정 부동산투자회사가 누리는 과세상 혜택은 금융소득 분리과세제도 하에서는 없애기 어렵다.

셋째, 기업구조조정 부동산투자회사에 대한 현행 배당금손금산입방식은 이중과세문제를 완전히 해결하고 있지 않다. 왜냐하면 회사법상 배당가능이익과 과세목적상 과세소득을 계산하는데 시차가 생기기 때문이다. 이러한 계산상 차이가 배당가능이익의 90%를 배당할 수 없게 한다.

넷째, 미국에서 통용되는 UPREIT에 관한 제도는 있는 그대로 받아들일 수 없다. 왜냐하면 우리나라 현행 세법하에서는 조합의 현물출자를 양도소득의 과세계기로 보기 때문이다.

2. 2004년 10월 22일 개정이후 과세문제

현행 부동산투자회사법상 부동산투자회사의 과세문제를 살펴보면 다음과 같다.14)

첫째, 이중과세 조정방식에 있어 '자기관리부동산투자회사'는 과세목적상 일반회사로 취급되어 배당세액공제에 의해 부분적으로 이중과세조정을 받고 있는데 반해, '위탁관리부동산투자회사'는 배당금손금산입방식으로 이중과세가 완전히 조정된다. 이 둘 사이의 이중과세 조정방법의 차이는 타당하다. 자기관리부동산투자회사의 경우 완전한 이중과세조정을 위해 부분적 법인세주주귀속방식이 아닌 완전한 법인세주주귀속방식을 취하는 방법을 생각할 수 있으나, 배당소득을 분리과세 하는 세제하에서는 부분적 법인세주주귀속방식이 더 타당하다.

둘째, 자기관리부동산투자회사의 경우 조세특례제한법상 투자손실준비금 손금산입, 국민주택임대소득 50% 소득공제가 허용되는데 위탁관리부동산투자회사의 경우에는 이러한 과세상 혜택이 인정되지 않고 있다. 위탁관리부동산투자회사에도 이러한 과세상 혜택을 인정하는 것이 타당하다.15)

---

14) 부동산투자회사법이 2004년 10월 개정된 직후를 기준으로 한 결론이다. 2006년 12월 현재에는 다소의 변화가 있고 이에 대해서는 특별한 경우 각주로 표시하였다.

15) 투자손실준비금 손금산입규정은 2006년 12월 조세특례제한법 개정으로 폐지되었고 국민주택임대소득 50% 소득공제제도는 여전히 남아있다. 다만

셋째, 부동산투자회사는 유형에 상관없이 취득세, 등록세 및 재산세, 종합부동산세에 있어 동일한 감면을 받고 있다. 부동산 거래세 및 보유세의 부담이 큰 우리나라의 경우 이러한 세 부담의 경감 없이는 부동산 간접투자가 사실상 이루어지기 어려운 점, 모든 부동산 간접투자가 아니라 일정한 요건을 갖춘 부동산 간접투자에 대한 부동산 거래세 및 보유세 감면은 부자인 몇몇의 개인보다는 불특정 다수인이 소유한다는 전제 하에서 부동산 포트폴리오 투자를 가능케 한다는 점에서 볼 때 부동산투자회사에 대한 부동산 거래세 및 보유세 감면은 타당하다.

넷째, 미국에서 인정되는 부동산투자회사의 또 다른 형태라 할 수 있는 UPREIT는 우리나라에서 가능하지 않다. 별도의 입법 없이는 무한책임사원을 조합원으로 둘 수 없고, 무한책임사원을 조합원으로 할 수 있도록 하는 경우에도 조합에의 출연을 양도소득의 과세계기로 삼는 현행 세법체제하에서는 도입할 실익도 없기 때문이다. 그리고 간접투자자산운용업법상 투자회사형 부동산간접투자기구에 대해 재산세 분리과세를 인정할 수 있도록 지방세법시행령 제132조 제4항을 개정하는 것이 타당하다.16)

이러한 사실을 통해 부동산투자회사에 대한 다음과 같은 예측을 할 수 있을 것이다. 현행 세법상 부동산거래세 및 보유세에 있어서 위탁관리부동산투자회사에 자기관리부동산투자회사와 동일한 혜택이 주어지고 있지만, 이중과세 조정시 위탁관리부동산투자회사가 자기관리부동산투자회사보다 유리하기 때문에 위탁관리부동산투자회사의 활용도가 높게 될 것이다. 조세특례제한법 개정을 통해 위탁관리부동산투자회사에도 투자손실준비금의 손금산입이나 국민주택임대소득 50%의 공제를 인

최초소득발생연도의 개념을 구체적으로 명확히 하고 2009년말까지 3년기간의 일몰을 신설하였다. 이에 대해서는 박훈, "부동산간접투자에 따른 과세문제", BFL 제21호, 서울대학교 금융법센터, 2007.1, 65~66쪽 참조.
16) 2005년 12월 31일 지방세법시행령 개정으로 재산세 분리과세를 허용되면서 이 문제는 해결되었다. 이에 대해서는 박훈, 위의논문, 58쪽 참조.

정하는 경우에는 더욱 그러하다.

한편 부동산간접투자상품으로서는 이러한 위탁관리부동산투자회사만이 있는 것이 아니고 간접투자자산운용업법상 소위 부동산펀드로 불리우는 투자회사형 부동산간접투자기구도 허용되고 있다. 간접투자자산운용업법상 투자회사형 부동산간접투자기구에 대해서도 재산세 분리과세를 인정할 수 있도록 지방세법시행령 제132조 제4항을 개정하기 전까지는 위탁관리부동산투자회사를 통해 부동산 간접투자 하는 것이 유리할 것이다.

종전의 일반부동산투자회사의 형태인 자기관리부동산투자회사는 그 설립과 운영이 쉬어졌음에도 불구하고 위탁관리부동산투자회사, 투자회사형 부동산간접투자기구의 허용으로 예전과 마찬가지로 잘 활용되지 않을 것으로 보인다.

〈참고문헌〉

Ⅰ. 국내문헌

1. 단행본

강인애, 『부동산 세금(부동산관련 국세·지방세)』, 한일조세연구원, 2002.2.

김건식, 『증권거래법』(보정 제2판), 두성사, 2002.

김영곤·오준석·이창석·정상철, 『부동산투자론』, 형설출판사, 2002.8.

김옥순·구자명, 『부실채권정리와 구조조정』, 도서출판 두남, 2001.6.

김재진·홍용식, 『신탁과세제도의 합리화 방안』, 한국조세연구원, 1998.7.

김정수, 『현대 증권법원론』, 박영사, 2002.12.

랄프 블록, (주)한화/한화리츠팀(역), 『부동산투자신탁 리츠』, 청림출판, 2000.12.

박삼철, 『투자신탁해설』, 삼우사, 2001.9.

박상덕 외 8인, 『우리나라 리츠이론과 실무』, 형설출판사, 2001.7.

박원석·김범식·박재룡, 『주택저당채권 유동화제도의 도입이 주택시장에 미치는 영향』, 삼성경제연구소, 1999.2.

박정식·박종원, 『현대투자론』, 다산출판사, 2002.7.

오 윤, 『금융거래와 조세 ― 우리나라세제와 미국세제의 이론과 실제』, 한국재정경제연구소, 2003.1.

유해웅, 『부동산증권화법제』, 부연사, 2002.3.

윤승한, 『자산유동화의 이론과 실무』, 삼일세무정보주식회사, 1998.

이창희, 『세법강의』, 박영사, 2001.

_____, 『세법강의』(제5판), 박영사, 2006.

이태로·안경봉, 『조세법강의』, 박영사, 2001.

자산유동화실무위원회, 『금융혁명 ABS』, 한국경제신문사, 1999.

현대증권주식회사 편, 『투자신탁의 이론과 실무』(전면개정판), 도서출판 무한, 2002.6.

홍유석, 『신탁법』(전정판), 법문사, 1999.2.

2. 논문 및 기타자료

강남언·옥무석, "배당세제 개선에 관한 연구-주식양도세제의 포함", 한국
　　상장회사협의회, 2001.7.

강종만, "프로젝트 금융 투자회사법(가칭) 제정 추진방향", 한국금융연구원,
　　2001.12.

국회 건설교통위원회, "부동산투자회사법중 개정법률안 심사보고서", 2001.4.

국회 재정경제위원회, "증권투자회사법안 심사보고서", 1998.9.

국회사무처 예산정책국, "2003년도 예산안 분석보고서(Ⅰ)-총괄분석", 2002.10.

금융정책국 정책제도과, "자산운용업법(안)의 제정요강", 2002.9.

김건식·이중기, "금융자산의 증권화", 상사법연구 17권 2호(통권 21호), 한국
　　상사법학회, 1998.

김기완, "REITs법(안)의 개선의견과 제도의 활성화 방안", 한국감정원, 2000.11.

김양수, "부동산증권화 관련 감정평가", 한국감정원, 2001.8.

김영곤, "도입배경 및 필요성, 현행 법률개정시 한계, 도입방향", 부동산투자
　　회사제도도입을 위한 공청회 발표자료집, 한국부동산분석학회·아
　　더앤더슨코리아·한국토지공사, 2000.5.29.

김우진, "리츠제도의 도입효과와 대응방안", 한국감정원, 2000.11.

김재형, "「자산유동화에관한법률」의 현황과 문제점", 민사판례연구 XXⅢ, 2001.2.

김화진, "뮤추얼펀드 산업의 현황과 규제방향-우리나라 금융산업과 제도의
　　국제적 정합성론", 민사판례연구 XXⅢ, 박영사, 2001.

민태욱, "예상되는 부작용 및 대책, 필요한 후속조치", 부동산투자회사제도도
　　입을 위한 공청회 발표자료집, 한국부동산분석학회·아더앤더슨코
　　리아·한국토지공사, 2000.5.29.

박　훈, "MBS의 법리와 세제", 조세법연구 Ⅶ, 세경사, 2001.11.

_____, "부동산투자회사제도의 과세상 구조와 문제점", 조세학술논집 18집,
　　한국국제조세협회, 2002.4.

_____, "부동산투자회사법상 부동산투자회사의 과세문제", 세무학연구 제22
　　권 제2호, 한국세무학회, 2005.6.

_____, "부동산간접투자에 따른 과세문제", BFL 제21호, 서울대학교 금융법
　　센터, 2007.1.

박균성, "자산유동화 과세제도에 관한 연구", 경희대 법학박사학위논문, 2002.8.

박신영·김영범, "부동산투자신탁의 국내도입가능성 검토", 주택금융 제211

호, 1998.3.

박원석 · 박용규, "REITs의 도입의 영향과 정책과제", 삼성경제연구소, 2000.4.

박휜일, "구조조정전문기구의 법인격에 관한 고찰", 경희법학 36권 1호, 2001.8.

손재영, "IMF이후 부동산시장의 새로운 틀", 토지연구 9권 3호(1998년 송년호), 한국토지공사.

왕세종, "계약형 부동산투자신탁제도의 활성화 방안", 한국감정원, 2000.11.

외교통상부 통상교섭본부, "주한 EU 상공회의소 2002년도 통상보고서 검토", 2002.7(부동산위원회 정부답변부분).

윤영신, "사채권자보호에 관한 연구-주주와 사채권자의 이익충돌을 중심으로-", 서울대학교 법학박사학위논문, 1997.2.

윤황지, "부동산신탁제도에 관한 연구", 부동산학보 17집, 한국부동산학회, 2000.12.

윤희섭, "REITs 시장 전망과 건설업계에 미치는 영향 분석", 하나경제연구소, 2001.8.27.

이동성, "부동산투자신탁(REITs)제도의 발전방향", 한국감정원, 2000.11.

이미현, "자산유동화에관한법률에 대한 고찰", 인권과 정의 275호, 1999.7.

_____, "저당권부 대출채권의 증권화(Securitization)에 대한 고찰", 변호사 28집, 1998.

이상영 · 서후석 · 김진우 · 신웅식, "부동산투자회사 제도의 도입 방안에 관한 연구", 한국건설연구원 · 신신법률사무소, 1991.1.

이소한, "부동산투자신탁(REITs)제도의 도입방안", 한국감정원, 1999.2.

이용만 외 3인, "초기리츠(REITs)시장 활성화 방안에 관한 연구", 한국토지공사, 2001.10.

이제원, "기관투자자의 의결권행사에 관한 법적 검토", 상장협 41호, 2000.3.

이중기, "투자신탁제도의 신탁적 요소와 조직계약적 요소", 한림법학 Forum 9권, 한림대학교 법학연구소, 2000.

_____, "투자신탁펀드의 지배구조에 관한 비교법적 연구", 증권법연구 2권 2호, 2001.12.

이창석, "부동산 간접투자에 관한 연구", 부동산학보 17집, 2000.12.

이창희, "국제투자기금과 특수목적법인에 대한 과세", 조세법연구 Ⅷ-1, 세경사, 2002.7.

_____, "미국법상 파트너쉽 세제의 정책적 시사점", 『21세기 한국상사법학

의 과제와 전망』(심당송상현선생화갑기념논문집), 박영사, 2002.1.

이창희, "배당세액공제와 금융소득분리과세간의 모순이 기업이 재무구조 및 지배구조에 미치는 영향", 인권과 정의 261호, 1998.5.

_____, "소득세제의 이론적 기초", 서울대 법학 41권 4호, 2001.2.

_____, "조합 및 회사의 설립과 자본출연 – 세법의 시각에서 본 법인격의 의 의 – ", 서울대 법학 43권 1호, 2002.3.

이태일, "자산디플레이션과 부동산증권화", 한국감정원, 1999.2.

임승옥, "외국사례, 주요내용, 기대효과", 부동산투자회사제도도입을 위한 공 청회 발표자료집, 한국부동산분석학회·아더앤더슨코리아·한국토 지공사, 2000.5.29.

장재식, "법인소득과 배당소득의 이중과세조정에 관한 연구", 한국경제연구 원, 1983.9.

재정경제부 금융정책국 증권제도과 보도자료, "자산운용업법 제정안 입법예 고", 2002.9.28.

조상욱, "Netizen Fund의 투자자 보호상의 문제", 증권법연구 2권 2호, 2001.12.

최 광, "법인세 폐지를 제안한다", 열림사회 포럼, 자유기업원, 2001.11.28.

_____, "법인세의 폐지", 정책제안, 자유기업원, 2002.5.13.

코스닥관리부 제도연구팀, "일본증권시장(동경증권거래소)의 REIT 현황과 제 도연구", 2002.9.

투자신탁협회 편, "국내·외 투자신탁 동향(2001-2호)", 2001.2.

한만수, "수입배당금의 익금불산입제도에 관한 고찰", 조세법연구 Ⅷ-2, 세경 사, 2002.11.

한만수·박훈, "주택저당채권유동화회사의 법리와 세제", 법조 543호, 2001.12.

현진권, "미국의 근본적 세제개혁안 : 내용과 교훈", 재정포럼 2002년 3월호, 한국조세연구원.

http://www.daetoo.com (대한투자신탁증권(주)).
http://www.jwasset.com ((주)JW Asset : 자산관리회사).
http://www.koramco.co.kr ((주)코람코 : 자산관리회사).
http://www.kse.or.kr (한국증권선물거래소).
http://www.moct.go.kr (건설교통부).
http://www.mofe.go.kr (재정경제부).

II. 외국문헌

1. 일본문헌

1) 단행본

四宮和夫, 『信託法』, 有斐閣, 1997.9.
新井誠, 『信託法』, 有斐閣, 2002.7.
金子宏, 『租稅法』(第八版增補版), 弘文堂, 2002.4.
森藤有倫, 『不動産投資信託の計理・稅務』, 稅務經理協會, 2001.9.
乙部辰良, 『詳解 投資信託法』, 第一法規, 2001.3.
中里實, 『金融取引の課稅－金融革命下の 租稅法』, 有斐閣, 1999.1.
中央靑山監査法人 編, 『不動産投信の實務』, 中央經濟社, 2001.7.
井出保夫, 『REITのしくみ』, 日本實業出版社, 2002.5.
佐藤英明, 『信託と課稅』, 弘文堂, 2000.5.
藤本幸彦・鬼頭朱實, 『基礎解說 證券化の稅務』, 中央經濟社, 2001.2.
三菱信託恩倖 不動産金融商品研究會 編, 『圖解 不動産金融商品』, 東洋經濟
　　　新報社, 2001.7.
大塚正民・樋口範雄, 『現代 アメリカ信託法』, 有信堂, 2002.3.
山崎和哉, 『資産流動化法－改正SPC法・投信法の解說と活用法』, 社團法人 金
　　　融財政事情研究會, 2001.4.
岡內幸策, 『不動産證券化と不動産ファンド』, 日本經濟新聞社, 2002.7.
佐藤一雄, 『不動産證券化の實踐』, ダイヤモンド社, 2002.11.
平野嘉秋, 『不動産證券化の法務・會計・稅務』, 稅務經理協會, 2001.10.
三口有一朗, 『入門 不動産金融工學』, ダイヤモンド社, 2001.8.
住信基礎研究所 不動産投資調査グループ 編, 『不動産投資ファンドの分析と
　　　評價』, 東洋經濟新報社, 2002.3.
田辺昇, 『投資ファンドと稅制－集団投資スキーム課稅の在り方』, 弘文堂, 2002.9.

2) 논문 및 자료

Eric M. Zolt, "アメリカにおける法人稅改革の展望", 稅研 91号, 2000.5.
Frans Vanistendael, '歐州所得課稅統合への方途', 稅研 91号, 2000.5.

三浦元二郎, '平成14年度稅制改正の內容と對策－金融・證券稅制' 稅經通信 802号, 2002.4.

神野直彦, "法人稅制の變容と所得稅との統合論", 稅研 104号, 2002.7.

田辺昇, "解禁された不動産ファンド(J-REIT)－制度の本質と商品特性について－,『月刊資本市場』, (財)資本市場研究會, 2002.1·3·5·7.

＿＿＿, "集団投資スキーム－改正後の新しに「投信法」と「資産流動化法」を中心にして－,『フィナンシャル・レビュー』第56号, わが國の家計・企業の資産選擇特集, 財務省 財務總合政策研究所, 2001.3.

＿＿＿, "證券投資信託の法的構造等の課題－その國際比較を通じて－",『證券投資信託月報』, (社)證券投資信託協會, 1991.7.

＿＿＿, "證券投資信託の稅制－檢討されるべき現狀と今後在り方について－",『フィナンシャル・レビュー』第36号, 證券投資信託特集, 大藏省 財政金融研究所, 1995.12.

佐藤英明, "特定信託の課稅", 稅研 104号, 2002.7.

＿＿＿＿, "わが國における投資信託稅制の立法論的檢討", 日稅研論集 41卷, 1999.5.

中里實, "經濟對策と租稅政策の整合性", 稅研 91号, 2000.5.

＿＿＿, "法人と事業信託の分類基準", ジュリスト 1035号, 1036号, 1993.

＿＿＿, "セキュリタイゼイションと課稅", 日稅研論集 41卷, 1999.5.

增井良啓, "證券投資ファント稅制の比較", 日稅研論集 41卷, 1999.5.

http://www.spc-reit.com

http://www.nbf-m.com

http://www.j-re.co.jp

2. 영미문헌

1) 단행본

Boris I. Bittker & James S. Eustice, Federal Income Taxation of Corporations & Shareholder, Warren Gorham & Lamont (2002).

John A. Mullaney, REITs : Building Profits With Real Estate Investment Trusts, John Wiley & Sons (November, 1997).

M. David Gelfand, Joel A. Mints & Peter W. Salsch. J. R., State and Local Taxation and Finance, in a Nutshell (2nd ed.), St. Paul. Minn. (2000).

M. David Gelfand, Joel A. Mints & Peter W. Salsch. J. R., State and Local Taxation and Finance, in a Nutshell (2nd ed., 2000).

Michael J. Graetz and Alvin C. Warren, Jr, Integration of U.S. Corpoarte and Individual Taxes : The Treasury Department and American Law Institute Reports, Tax Analysts (1998).

Ralph L. Block, Investing in REITS : Real Estate Investment Trusts-Revised and Updated Edition, Bloomberg Press (April, 2002).

Richard Imperiale, Real Estate Investment Trusts-New Strategies for Portfolio Management, John Wiley & Sons, Inc (2002).

Richard T. Garrigan & John F. C. Parsons, Real Estate Investment Trusts, McGraw-Hill (1997).

Su Han Chan, John Erickson & Ko Wang, Real Estate Investment Trusts : Structure, Performance, and Investment Opportunities, Oxford University Press (October, 2002).

Theodore S. Lyhn & Micah Bloomfield, Real Estate Investment Trusts, Warren, Gorham & Lamont (1995).

William B. Brueggeman & Jeffrey D. Fisher, Real Estate Finance & Investment(11 ed.), McGraw-Hill (2001).

2) 논문 및 자료

American Bar Association Section of Taxation Committee on Financial Transactions Subcommittee on Asset Securitization, "Legislative Proposal To Expand The REMIC Provisions Of The Code To Include Nonmortgage Assets", 46 Tax. L. Rev. 299 (1991).

Brian K. Jordan, 'Ups And Downs : A REIT Dilemma', 73 Fla. B. J. 54 (July/August, 1999).

Carl Estes II, 'The Effect on REITs of Recent Limitations on the Deduction For Interest', 18 J. Real Est. Tax'n 195 (Spring, 1991).

Chadwick M. Cornell, "REITs And UPREITs : Pushing The Corporate Law Envelope", 145 U. Pa. L. Rev. 1565 (June, 1997).

Charles E. Wern III, 'The Stapled REIT on Ice : Congress' 1998 Freeze of The

Grandfather Exception For Stapled REITs', 28 Cap. U. L. Rev. 717 (2000).

Comment, "The Real Estate Investment Trusts : State Tax, Tort, and Contract Liabilities of the Trust, Trustee, and Shareholder", 71 Mich. L. Rev. 808 (1972-1973).

Diane M. Sullivan, "Why Does Tax Law Restrict Short-Term Trading Activity for Asset Securitization?", 17 Va. Tax Rev. 609 (Winter, 1998).

Evan Miller, "Real Estates Stocks, Correlation, And The Erisa Prudence Rule", 28 Journal of Pension Planning & Compliance 1 (Fall, 2002).

Jeffrey L. Kwall, 'The Uncertain Case Against The Double Taxation of Corporate Income', 68 N. C. L. Rev. 613 (1990).

Jerald David August, "Benefits And Burdens of Subchapter S in A Check-The-Box World", 4 Fla. Tax Rev. 28 (1999).

John H. Langbeinn, "The Secret Life of The Trust : The Trust as An Instrument of Commerce", 107 Yale L. J. 165 (October, 1997).

Leslie H. Loffman & Sanford C. Presant, "Taxation of Real Estate Investment Trusts ("REITS")", 461 PLI/Tax 1113 (February 7, 2000).

Linklaters Report, "REITs in Asia(Part Ⅰ)" (November, 2002).

Martin D. Begleiter, "Does The Prudent Investor Need The Uniform Prudent Investor Act-An Empirical Study of Trust Investment Practices", 51 Me. L. Rev. 27 (1999).

Martin L. Camp & Maria Lusia Canovas, "Advising Foreign Investment in U.S. Real Estate, or How To Be A Modern Renaissance Attorney", 3 NAFTA : L. & Bus. Rev. Am. 2 (Autumn, 1997).

Michael H. Schill, 'The Impact of The Capital Markets on Real Estate Law And Practice', 32 J. Marshall L. Rev. 26 (Winter, 1999).

Michael S. Knoll, 'An Accretion Corporate Income Tax', 49 Stan. L. Rev. 1 (1996).

Robert W. Hamilton, "Corporate General Partners of Limited Partnership", 1 J. Small & Emerging Bus. L. 7 (Spring, 1997).

Rottschaefer, "Massachusetts Trusts under Federal Tax Law", 25 Colum. L. Rev. 305 (1925).

Russell J. Singer, "Understanding REITs, UPREITs, And Down-REITs, And The Tax And Business decisions Surrounding Them", 16 Va. Tax Rev. 329 (Fall, 1996).

Stefan F. Tucker, 'Recent Developments Affecting Real Estate And Pass-Through Entities', American Law Institute-American Bar Association Continuing Legal Education(ALI-ABA Course of Study September 26-28, 2002).

W. Brantley Phillips, Jr., "Chasing Down The Devil : Standards of Prudent Investment under The Restatement (Third) of Trusts", 54 Wash. & Lee L. Rev. 33 (Winter, 1997).

http://www.nareit.com (전미리츠협회).

찾아보기

박 훈

서울대 법대 졸업
서울대 대학원 석사/박사 졸업(조세법 및 상법 전공)
사법시험, 행정고시, 세무사시험, 관세사시험 등 출제위원
한국세법학회, 한국국제조세협회, 한국세무학회 이사
현, 서울시립대 세무학과 조교수

<주요 논저>

「지방세 세목이전과 기초재원 확충방안」(2005)
「현행 종합부동산세의 내용과 문제점」(2006)
「2005년도 상속세 및 증여세법 판례회고」(2006)
『조세법』(지식공간, 2003, 공저)
『상법』(웅지경영아카데미, 2006, 공저)

부동산투자회사제도의 법적 구조와 세제   값 13,000원

2007년 2월 20일   초판 인쇄
2007년 2월 28일   초판 발행

저 자 : 박   훈
발 행 인 : 한 정 희
발 행 처 : 경인문화사
편   집 : 김 하 림
　　　　　서울특별시 마포구 마포동 324-3
　　　　　전화 : 718-4831~2, 팩스 : 703-9711
　　　　　이메일 : kyunginp@chol.com
　　　　　홈페이지 : http://www.kyunginp.co.kr
　　　　　　　　　 : 한국학서적.kr
등록번호 : 제10-18호(1973. 11. 8)

ISBN : 978-89-499-0464-1 94360
ⓒ 2007, Kyung-in Publishing Co, Printed in Korea